47都道府県・
乾物/干物百科

星名 桂治 著

丸善出版

まえがき

　乾物という言葉から皆さんは何を連想しますか。日本で乾物は、そもそもいつごろ誕生し、なぜ今なお受け継がれているのでしょうか。

　乾物の歴史は極めて古く、縄文時代の遺跡で見つかる貝塚などからは、魚を天日干しして干物にしたように見える痕跡や、穀物である麦、大豆、稗、海藻などが発見されており、それらが古くから食材として利用されてきたことがうかがわれます。

　その後、奈良・平安時代では乾物が想起される食材の名が現われます。『大宝律令』『日本書紀』『古事記』をはじめとする8世紀の文献にも記述があります。乾物は、特に中国からの仏教の伝来とともに各種の文献にも登場し始め、禅の精進料理、貴族階級の宮廷料理などの食材に形を変える一方で、神社・仏閣などでは豊作を祈る神事の供物として珍重されていきました。

　その後、保存・運搬技術の向上、北前船貿易の発展などと相まって、乾物は遠く全国各地へと運ばれ、時代の変遷とともに、各地特有の地域性、季節感、年中行事などに取り入れられながら、その地に独特の文化を発達させる役割を果たしてきました。それこそが乾物の役割といえるのではないでしょうか。

　日本はその後、第二次世界大戦という不幸な時代を経て、戦中・戦後の食糧事情が悪かった受難の時代から、高度経済成長時代へと移行し、そして今日では、食料が潤沢になり、世界中のさまざまな料理を居ながらにして楽しむことができる時代を迎えていますが、その一方で、栄養過多による肥満・糖尿病をはじめ、各種の現代病が問題視されるようになりました。

　そのような状況のもとで、生活環境の変化を踏まえたうえで、栄

養バランスの偏りを正すためにも、今こそ「伝統的食文化の見直し」が必要であるといえます。そして、その中で見直されるべき食材は乾物ではないでしょうか。

乾物は、常温で保存できるだけではなく、太陽エネルギーから授かった力をたっぷり含んでおり、食物繊維やミネラルをはじめ、さまざまな成分が凝縮されています。また乾物は、農産物や海産物の持つ素材本来のよさを先人が正しく理解したうえで、毎日の食生活の中に定着させ、豊かな自然とともに育んできた歴史的な知恵の結晶なのです。

2013（平成25）年に、「和食：日本人の伝統的な食文化」がユネスコ無形文化遺産に登録されました。和食の基本は、「だしとうま味」です。代表的なだし、すなわちうま味の素材は、乾物である昆布（グルタミン酸）、かつお節（イノシン酸）、椎茸（グアニール酸）です。わが国のうま味食材は、唯一世界に誇れる基礎調味料なのです。この食文化を次世代に残していくためにも、乾物のすばらしさを多くの人に知っていただきたいと願い、本書を著しました。

乾物の世界は奥深く、また食材の種類も大変多いため、1冊の成書で語りつくすことは容易ではありませんが、本書をきっかけとして乾物が一人でも多くの方々に愛されるようになれば幸いです。

最後に、本書をまとめるにあたり、丸善出版（株）企画・編集部の松平彩子氏をはじめ協力者の皆さまに感謝申し上げます。

2016年11月

かんぶつ伝承人　星 名 桂 治

目　次

第Ⅰ部　乾物 / 干物の基礎知識

1. 乾物の歴史：乾物は伝統食品である ……………… 2
2. かんぶつって何 ……………………………………… 2

　乾物、干物は同じ意味を持つ　2 ／　乾物の付加価値、保存　4 ／地域ごとの特性　4 ／　乾物は脇役で光る　5 ／工夫次第で広がる乾物の用途　5 ／　乾物は食材以外の用途でも活躍している　6

3. 日本の主な伝統乾物 / 干物の食材、産地、製法 ……… 6

　海の乾物　6 ／　里の乾物　35

第Ⅱ部　都道府県別・乾物 / 干物の食と文化

　北海道　58 ／【東北地方】青森県　71 ／岩手県　75 ／宮城県　80 ／秋田県　86 ／山形県　89 ／福島県　94 ／【関東地方】茨城県　97 ／栃木県　102 ／群馬県　106 ／埼玉県　109 ／千葉県　112 ／東京都　116 ／神奈川県　120 ／【北陸地方】新潟県　123 ／富山県　131 ／石川県　134 ／福井県　139 ／【甲信地方】山梨県　141 ／長野県　143 ／【東海地方】岐阜県　150 ／静岡県　153 ／愛知県　157 ／【近畿地方】三重県　160 ／滋賀県　164 ／京都府　168 ／大阪府　174 ／兵庫県　178 ／奈良県　181 ／和歌山県　187 ／【中国地方】島根県　190 ／鳥取県　193 ／岡山県　196 ／広島県　199 ／山口県　202 ／【四国地方】徳島県　205 ／香川県　208 ／愛媛県　211 ／高知県　215

／【九州／沖縄】福岡県　218／佐賀県　221／長崎県　225／熊本県　230／大分県　233／宮崎県　240／鹿児島県　244／沖縄県　247

付録1　乾物と年中行事、季節・雑節の行事　252
付録2　乾物料理の縁起と由来　260
付録3　乾物となじみ深い懐石料理（会席料理）について　262
付録4　代表的な乾物の戻し率（倍率）　264
付録5　乾物／干物の主な栄養・機能性成分一覧表　266
付録6　乾物の保存について　269
付録7　手軽な乾物料理の例（豆料理）　272
付録8　乾物親父が語る四方山話　275

索　引　283

第Ⅰ部

乾物／干物の基礎知識

1. 乾物の歴史：乾物は伝統食品である

　乾物は古代から今日に伝えられている伝統食品である。古くは奈良時代、平安時代の文献『古事記』『大宝律令』『日本書紀』『万葉集』などに記されている（例えば、かつお節は奈良時代の『大宝律令』に「堅魚」の記載がある）。また多くは、中国からの仏教伝来の時期ごろから登場してくる。

　平安時代の文献には、宮廷料理に始まる乾物の記述がある。例えば、昆布は『延喜式』（927年）にその名が記載されている。また精進料理と同様、その後の中国や、高麗などとの船による交易を通じて多くの乾物が保存食としてその製法・技法と共に伝えられた。餡子などの材料になるいんげん豆は1654年、明の禅僧・隠元が持ち込んだといわれる。さらに、江戸幕府の公的行事、祝日としての5節句などにも乾物が登場してくる。正月の節句から始まり、1月7日人日の節句、3月3日上巳の節句、5月5日端午の節句、7月7日七夕の節句、9月9日重陽の節句など、これらの日の祝い行事には乾物が多く登場してくる。

　近年、古くからの日本食はバランスが大変よいと、海外、特に欧米などでは高く評価されるようになった。特に米国など豊かな資源を持つ国では肥満対策として日本食がクローズアップされ、どこのスーパーマーケットでも日本食コーナーが設けられているほどである。

　豆腐、こんにゃく、納豆、寿司。うま味のあるだしなどを含む「和」の食品がユネスコの無形文化遺産に認定された今日では、改めて日本の食材、特に乾物が多くの人に注目されている。

2. かんぶつって何

乾物、干物は同じ意味を持つ

　乾物（かんぶつ）とは生の海産物、野菜、山菜などの食品に含まれている水分を抜いただけのものではなく、太陽エネルギーを浴びることにより食品に含まれている成分に変化が生じ、さらに付加価値が加わった物をい

う。干物、乾物は本来は意味も等しい。乾物の特徴を簡単に表すと以下の通りである。
1、基本的には常温保存が可能である。
2、日本の先人の知恵による食文化である。
3、太陽の恵み
4、軽くて場所を取らない
5、使いたい時に使える
6、素材により色や形がみな違う
7、戻すと元の形に近くなる
8、栄養価が高くうま味がでる

　ただ昔から干物はどちらかというと魚介類を干したものというイメージを持たれているのではないだろうか。干物は一般的には塩干物を指す。海水の「塩」を魚に浸透させ、じっくりと干すという製法である。塩かんぶつ屋と表示しているところが多い。「干物屋」の文字を使った店は、どちらかというと昆布、海苔、煮干し、かつお節など海で収穫したものの干物を扱っていた。しかし、近年は茶を販売する店が茶とともに海苔、ふりかけ類を扱う。お茶などの専門店は、季節による作業の有利・不利や匂いがある切り干し大根やするめなどは扱わないなど、それぞれ専門化してきた。

　里の乾物である植物性・動物性食品は、乾燥する過程でその含有成分が変化し、熟成過程で香りや味、栄養価が上り、優れたものへと変化する。

　なお、経済産業省の分類では、茶は乾物には入らない。本書でもこちらにならうことにしている。

　太陽エネルギーがもたらす作用は大きく、殺菌、漂白、保存作用のほか、うま味、味、香りを強めることにより、ビタミンをはじめとした多くの栄養分を増幅させる力を持っている。たとえば生大根は大根おろしに見られるように消化酵素ジアスターゼがあり、清涼感も味わえるが、干し大根にすることによって、ビタミン、ミネラル、カルシウム、食物繊維がとりやすくなるなど多くの付加価値が生まれる。

　生椎茸から干し椎茸、生昆布から乾燥昆布、夕顔から干瓢、生かつおからかつお節が生まれる。生豆は枝豆が夏の涼味としてビールなどのつまみになる程度であるが、大豆を天日干しすることによって、タンパク質豊富な「畑の肉」となり、豆腐、納豆、黄粉、湯葉、食用油と切りがないほど

姿を変えるのである。海苔、煮干し、スルメ、身欠きにしん、棒たら等、乾物は太陽からの恵みなのである。

乾物の付加価値、保存

　乾物の中で、特に昆布、かつお、椎茸は日本3大乾物と呼ばれている。これらは「だしの文化」の日本料理には欠かせない食材であり、世界に誇れる，秀逸のうま味である。

　乾物は海の幸、山の幸の味を凝縮した最高の保存食品でもある。これらから得られるだしを合わせることによって、うま味は飛躍的に増すといわれる。

　時間が経つにつれて食品が劣化、腐敗するのは、食品中に含まれる酵素や微生物の働きによる、酸化が要因であるが、一般的には、ほとんどの酵素や微生物は、水分が40％以下で活動がゆるやかになり、15％以下でほぼ休止状態になる。さらに水分が10％以下になると，酵素や微生物が引き起こすほとんどの変化が停止する。つまり食品を干して水分を抜くことで、酵素や微生物が働かなくなり、食品の劣化、腐敗などが進みにくくなり保存性は高まるのだ。

地域ごとの特性

　南北に長いわが国にはいろいろな郷土料理がある。各地に気候風土、風習等によって育まれた生活があるように、味付けや、加工方法などがほかの地域とは異なるさまざまな料理、調理方法が存在する。また同じ食材、同じ料理でも、呼び名が違ったり、商品名も違うことがある。特に、片口煮干しやむぎこがし、凍り豆腐などは、地域によっていくつもの名前が存在する。

　片口煮干しの場合、東日本では「ニボシ」と単一な呼び名が普及しているが、全国的には呼び名は多様で20種類以上もあり、地域ごとに伝統的な呼び名があるようだ。たとえば、宮城では「たつこ」、富山では「へしこ」、関西では「だしじゃこ」、和歌山では「いんなご」、中国地方では「いりこ」、熊本では「だしこ」などがある。

乾物を多く利用するおせち料理も、全国各地で作り方や具材が異なり、また、人気の乾物も地域によって異なる。麸は東北、関東、北陸地方では消費量が多いが、九州地方などではあまり需要がない。なぜなら雪国と違い、冬のタンパク源の食材確保に困らないからである。寒い地域では保存性の高い焼き麸が好まれるが、京都などでは懐石料理には生麸が用いられている。

乾物は脇役で光る

　近年、乾物専門の店が市場から消えつつある。また、全国各地の市場でしか見られない「乾物屋」の文字を使った店は、どちらかというと農産品や農産加工品を取り扱っている。干し椎茸、干瓢、大豆、凍み豆腐などの畑や山で収穫された農産物である。

　また、「乾物屋」の店先には所狭しとわかめ、ひじき、昆布、かつお節、穀類が並べられている。店に並ぶ乾物はどれ1つとして単独では料理の主役にはならないが、かつお節、椎茸、昆布に見る「うま味」は、日本が世界に誇る味である。

　このように、だしを取るための材料であったり、あるいは和菓子、洋菓子一般に必要な寒天、煮物の具材の1つとなる薇（ぜんまい）、干瓢、干し椎茸などのすべてが脇役で光る乾物なのである。少し前までは、多くの人にとって子供の頃からいつも食卓にある存在で、「おふくろの味」であった乾物は、今こそ、親から子にそして孫にと、ふるさとの味として再認識され、伝統文化として伝えられていくべきである。

工夫次第で広がる乾物の用途

　乾物には、基本的にはそのまま食べることができず加工しなければならないものが多く存在する。水で戻したり、加熱したり、あく抜きしたりと少し手間をかけなければならないが、料理の基本を知れば簡単に使えるものばかりである。

　寒天サラダに干し大根とわかめを組み合わせてわかめサラダに、大豆やいんげん豆を洋風ポタージュスープなどにといった具合で、乾物は組み合

わせることで、料理の幅を大きく広げて美味しさを提供し、手を加えることによって大きく変化する食材である。

豆の加工品、手延べそうめん、黄粉、すりごま、七味唐辛子などは、乾物を材料にして家庭で簡単に作ることができる。たとえば、シソの葉を乾燥させておいて胡麻、かつお節、ちりめんじゃこ、少しの塩などを加えて、家庭用のミキサーで粉末にすれば、簡単にふりかけができる。汎用性が高いのである。

また乾物を使った食品はさらに多様である。コンビニのおにぎりですら、米・海苔を使うという意味では「乾物を使った食品」といえなくもない。そのため、本書では特に各地に特徴のある食品のみ、乾物を使った食品として取り上げることにしている。

乾物は食材以外の用途でも活躍している

昆布、寒天は、入れ歯などの型取りに使われている。昆布からは、インターフェロンが抽出されたりした。寒天からは化粧品、粘滑剤、抗凝血剤、錠剤が作られたり、細菌培養に用いられ、ナタ豆からは歯磨き粉、昆布エキスからスポーツドリンク、昆布ヨード薬、干し椎茸から発癌治療薬が作られるなど、時代と共に新たな価値が続々と見いだされつつある。

3. 日本の主な伝統乾物/干物の食材、産地、製法

海の乾物

海の乾物は、人類がこの日本列島に住み着いて以来、食の文化として作られ、食べられてきたものであり、先人の知恵によるまさしく伝統の技である。海水を含んだまま太陽の光で干し上げた魚介類や海藻類は、塩とうま味の豊かな保存食である。

時代が進み、加工技術が進むと魚介類の乾物は動物性タンパク質、海藻の乾物はビタミンやミネラルが豊富な保存食として、多くの命を養ってきた。長期間の保存が効いて軽い乾物は、旅や戦の携帯食としても活躍し、

運搬技術の向上と共に遠方まで運ばれていくようになった。

　北海道の昆布が関西にまで、さらに北前船文化のもとで沖縄まで届けられ、それぞれの地で独特の食文化が築かれ、発達していく。身欠きにしんや干したらは、海路から陸路を経て内陸にまで届けられ、山国や、雪国の貴重なタンパク質源、栄養源となった。

　さらに遠く海外へと渡る乾物も多くあった。干し貝柱、干しナマコ、するめ、ふかひれ、干しエビなど、その多くは江戸時代の対中国交易の主役となった。その後、20世紀に入ると、東西文化交流のもとで寒天などがヨーロッパに渡り、細菌の検査培養実験用素材などにも使われるようになる。しかし、冷凍、冷蔵保存の技術が発達した現代は、魚介類をはじめとしたタンパク質豊富な保存食としての乾物は忘れられたかのようである。

　しかし一方では、多くの乾物が海のうま味として、栄養を凝縮した健康素材として見直され、和食が無形文化遺産として、認められている。

　海水に含まれる成分は、私たちが生きる上で欠かせない存在である。ビタミン、ミネラル、水溶性食物繊維、抗酸化物など、これまでに発見された多くの成分のほかにも、未知の成分があると考えられている。そのような無尽蔵ともいえる海の幸を、太陽エネルギーで加工して付加価値をつけて食べられるのが、まさに海産乾物の持ち味といえる。

　近年、世界の海では、温暖化による影響からか、海水の温度の上昇からか、漁獲量が減少したり、航路の発展によって外来種の海藻類などが繁茂したりするなどの異変が起きつつある。私たちの祖先が作り上げてきた財産でもあるこの海産食材をこれからどう守り、次の世代にどう引き継いでいけばよいのかを学び、自ら考えていく必要がある。以下、代表的な海産乾物を紹介する。

こんぶ（昆布）

　昆布の食文化圏つまり、古くから昆布を食べてきた国は、世界中でも日本だけである。北海道の生産が主力で全国の90％を占める。日本では輸入規制商品であり、北海道漁業協同組合連合会（道漁連）が国内の需要に対して毎年輸入枠を決めている。中国、韓国、ロシア（サハリン）からの輸入が約2,300tぐらいである。

　日本では東北地方以北には14属45種が生育しているが、一般的に市場に出ているのは約17種である。日本産のコンブ12属の分布は寒流系と暖

流系に分かれる。海流によってコンブを採収できる産地は左右され、昆布の種類・特質も、用途も違っている。

昆布の歴史は古く、アイヌ語のコンブ、コンポに由来するという説や、広布(ひろめ)の呼び名に由来するという説がある。平安時代中期の法典『延喜式』(927年)にその名が記載されている。平安時代から鎌倉時代にかけて、蝦夷地の開拓と共に生産が増え、江戸時代からは北前船貿易の発展により日本全国に昆布が運ばれるようになった。現在は、日高地方を除く全道で、天然ものから養殖事業へと発展し、年間2万t以上が生産されている。

<昆布の生態>

磯が発達した海岸には多くの種類の海藻がたくさん生えている。海藻は海中の岩などに着生して生活する大きな藻の仲間である。その葉体内に含まれる色素によって、緑藻類、褐藻類、紅藻類の3種類に分けられるが、コンブはその中でも最も大きく、数mの長さに成長し、葉体の表層細胞に光合成に必要な色素を持っている。褐藻類に属し、約1,500種もある。

コンブ科のコンブとして市場には約17(ワカメを含む)種類が流通されている。体の表層細胞に光合成に必要な色素のクロロフルム、カロチン、フコキサンチンなどを持ち、これらが混じり合うため、褐色がかった色合いを呈したり、緑がかった黒褐色を呈する。海中の生物社会の中で群落を作り、ウニ、アワビ、サザエなどのさまざまな生物にとって重要な生態学的な役目を果たしている。

北はロシア、アムール川からサハリン(樺太)、千島列島、そして北海道から東北地方の一部まで広い地域で採取されている昆布という食材は、多くの富を恵んでくれる最高の乾物である。

北海道北端の宗谷海峡を抜けてオホーツク沿岸を流れる宗谷暖流は、冬の流氷を伴った寒流と競いながら末流は知床半島先端を越えて根室に至る。対馬暖流はまた日本海を北上する途中で津軽暖流と分かれ、この暖流は対馬海峡から太平洋に抜け、北海道南部から本州三陸沿岸にかけて南下する寒流と季節的に勢力を競い合う。

親潮は、オホーツク海北部に源を発する定水温、低塩分かつ栄養塩類に富む寒流で、北海道沖合から三陸沖に向かう。実際に昆布の生育する北海道太平洋沿岸を流れるのはオホーツク海から択捉水道などを通ってきた道東沿岸流と呼ばれる流れで、襟裳岬を越えてその先端は津軽海峡の函館か

らさらに西の方にまで達している。

昆布の一生は「遊走子嚢*→配偶体→胞子体受精→1年目昆布→胞子体再生→2年目昆布→枯死。流失」となる。

　＊補足　葉体が成熟し、その体に生殖器官である多数の遊走子嚢を形成する。

コンブは外海に面した波の荒い岩礁地帯の水深5～7m付近に生育し、海中で光合成にて成長する。葉体は根、茎、葉、の3部分からなる。遊走子嚢は葉の下部に形成される。帯状の胞子体は、夏に繁殖期を迎え、秋から翌年春にかけて成長する。2年目から1年体の外側に重なって成長し、肉厚となる。

＜昆布の収穫期＞

秋から冬にかけて成長した昆布は、やがて知床半島貝殻島沿岸から収穫期を迎える。早採りは5月の棹前昆布が始まりである。

北海道の浜は広く、浜ごとの単協は約60からなる漁業協同組合に属し、道漁連の管理監督下にある。その年によって、また浜ごとに昆布漁の解禁日は異なるが、7月に入ると解禁が始まる。漁師は浜に昆布小屋（番屋）と干し場、（干場ともいう）を持ち、自宅から離れた小屋に寝泊まりしながらの昆布漁となる。昆布漁は天候との勝負でもあり、昆布の浜は猫の手も借りたいほど忙しく活気づいてくる。7月20日ごろ、すなわち土用の入りのころには、昆布漁は最盛期を迎える。

水深5～20mの海底岩場で荒波にもまれること3年、幅60cm、長さ10mにも育った昆布を長い柄先が二股に分かれたマッカといわれる竿に巻き付け、ねじり切って船に引き上げる作業が続く。積み上げた昆布を浜に運び、また取りに戻ることを繰り返す。海水で昆布を洗い、浜の小石を敷き詰めた干場に、砂がつかないように1本ずつ広げて並べて、天日干しをする。濡れた生昆布は重く、一連の作業は男の重労働であるが、今なお昆布干しは人の手によって行われている。日高地方は天然昆布であるが、今はロープに巻きつけた養殖昆布や、促成昆布など漁の方法も変わってきた。

天日干しされた昆布はさらに水分調整され、各漁業家の倉庫に保存される。採取時期が終わる秋から冬にかけて、屋内で昆布の成型が始まる。根元をそろえて結束し、長さ90cmに折るのである。

道南や、羅臼は75cmの「元揃え」、75～105cmの「長切り」、20～60cmに切る「棒」などに揃えて束ねる。1枚当たりの重量、厚み、虫食

いの有無、昆布の種類ごとに定められた規格基準にもとづいて等級が付けられる。

1等から5等までに分類され、等級は1箱（5kg）ごとに帯の色で示される。1等：緑、2等：赤、3等：紫、4等：オレンジ、5等：黄色。日高地方の昆布は1等から7等に区分されている。この後、全国各地で昆布を販売する協会ごとに、入札によって値決めが始まる。業界団体数はほぼ95を数える。

＜昆布ロード＞

日本で昆布を最も多く消費し、伝統的な調理法が伝えられているのは、北陸や近畿地方、そして沖縄県である。生産地の北海道からこれらの地域にはるばる運ぶための船路が昆布ロードである。

鎌倉時代には蝦夷地最南端の松前港から、越前国（福井県）の小浜や敦賀に至る北回り航路が開かれ、陸路で京の都へと運ばれた。17世紀には、下関から瀬戸内海を経由して大阪まで運ぶ北前船による西回り航路が開かれた。敦賀のとろろ昆布、大阪の塩昆布や佃煮など、昆布の集積地では輸送されてくる昆布に適した加工品が発達した。

18世紀には、大阪経由で琉球（沖縄県）まで昆布ロードは延伸された。それに伴い、大阪では琉球産の黒砂糖と昆布が交換されるようになった。琉球では、中国へ昆布を輸出し薬品を得たが、これらの交易を支配したのは薩摩藩（鹿児島県）であった。ちなみに、「越中富山の薬売り」も、富山が昆布ロードの中継地であったため漢方薬が流入しやすかったからだといわれている。

わかめ（若芽）

家庭の食卓に最もよく登場するわかめは、和え物、サラダ、汁物、煮物といろいろな料理に幅広く使えるシンプルリッチな海藻乾物である。今では天然の干しわかめに代わって養殖のわかめ加工品が開発され、芽かぶなど健康食材としても注目され、根強い人気がある。

わかめは日本列島の至るところで採れ、いわば海の雑草みたいなものである。太平洋沿岸三陸地方が主産地であるが、日本海佐渡沖から九州長崎を越えて、果ては韓国の莞島（わんどう）、中国でも広範囲に収穫され、輸入されてもいる。かつては、乾燥したわかめは保存食品の乾物の王様であったが、今

日では養殖され、湯通し塩蔵わかめ（湯通しした後、塩にまぶした保存食品）として比較的安く市販されている。肉が厚く、葉の葉態の切れがよく、色味が崩れないのが好まれる。現在は東京湾などでも養殖されている。

わかめは栄養成分の宝庫である上に、食物繊維の働きで便秘が改善し、肌もきれいになり、低エネルギーだからダイエットに最適である。老化防止によいとされるヨウ素や骨を強化するカルシウムも豊富に含んでいるため、健康維持に欠かせない成分をたっぷり含んでいる割に安い食品だといえる。韓国では、産後しばらくはわかめスープを飲むという習慣があるくらいだ。一方、収穫後にそのまま浜で干した「素干しわかめ」は、今や希少品で、観光地の土産物や産地直送品として高価で取引されている。

味は、素干しわかめの方が優れており、海の匂いがして、戻し手間が少し余計にかかるものの、そのまま味噌汁などにも対応でき、本来のおいしさが楽しめる。

ひじき

ヒジキはホンダワラ科の多年生褐藻類で、外海に面した岩場に根を這わせて生息する。幼体の芽のうちは平たく多肉質であるが、満潮水位と干潮水位の間の、潮間帯の岩場に、太さ3〜4mm、長さ1mほどで群生している。8〜9月の繁茂期には中空になって気泡を含み、直立し、太陽光を浴びて表面が堅くなる。中身がないので食べられない。新芽が出て成長すると、3〜10cmの棒状に伸びて、先端がとがる。収穫は成熟前の3〜5月ごろ、大潮で干潮時に行われる。

ひじきは食卓によく登場する海産物で、子供から老人まで幅広くなじみが深い。今なおスーパーの惣菜に欠くことのできない商材である。特にひじきと人参、切り干し大根の煮付けは、居酒屋でも付け出しの代表である。

著者は炊込みご飯の中の黒いものが何なのか最初はわからなかった思い出がある。ひじきは最初から黒いわけではなく、ボイルして乾燥することによって黒色に変化するのである。

ひじきは生では食べられない。茹でてあく抜きして初めて商品となる。蒸すか煮る加工が必要で、生の状態は黄褐色だが、加熱によって黄や赤の色素成分が分解され、緑色のクロロフイルも分解され、黒褐色になるのである。ひじきも全国各地で採取されるが、主産地は長崎県、伊勢湾、瀬戸内海、千葉県などである。福井県以西の日本海側から、南は伊勢湾、長崎

県、千葉県房総などに多く形成されている。とはいえ、近年は韓国済州島や中国から多く輸入されているのが現状だ。

<主な種類>

ヒジキは単一種であり、産地ごとの銘柄のほか「部位」「天然／養殖」「加工方法」の組合せによって商品化されている。

<部位の区分>

製品加工の工程で茎の部位は長ひじき、葉の部位は米つぶのような芽ひじきとなる。両者は形状と食感に多少の差があるので、料理や好みによって使い分ける。また、長ひじきの中で茎が折れた短いものを「中長ひじき」、細いものを「糸ひじき」と呼んで区別している。釜ゆでの場合は、これらを混合して製品化している。ヒジキはそのままでは渋味やえぐみが多く、ヒ素も少し含むため、茹でてアク抜きをしなければ食用にはならない。つまり、生では食べられない。

<天然、養殖>

国内産はほとんど天然ものであるが、輸入物はほとんどが養殖ものである。天然ものによく見られる針葉は中まで詰まっているが、養殖ものに見られる玉葉（気泡）は、内部に空洞がある。針葉の方が良質とされている。

<蒸し乾燥方法>

三重県伊勢地方では江戸時代から伝わる製法を続けている（三重県参照）。

<栄養と成分>

ミネラルと食物繊維が豊富である。抗酸化作用のあるβカロチンも豊富に含む。カルシウムは牛乳の13倍も含まれており、ほかに鉄、マグネシウム、ビタミンKなど海藻類独特の成分が多い。

<保存方法と利用>

そのままでは食べられないので、大きめのボールに水を入れ1時間ほど浸けた後に流水で砂や不純物を取り除く。弾力が出てきたらサッと熱湯で茹でてから利用する。あるいは、熱湯で戻してから茹でる。急いで戻すときは、大きめの鍋にひじきを入れて一度煮立ったらざるなどにあける。必ず加熱する。乾燥ひじきを戻すと、重さが芽ひじきは約8.5倍に長ひじきは約5倍に戻るので注意を要する。芽ひじきの場合は、そのまま炊込みご飯にしてもよい。

のり（海苔）

日本の伝統食品を代表する海苔は唯一輸入に頼らずに、国産でまかなうことができる商品である。養殖技術が進み、年間約80〜90億枚、収穫できている。（表1参照）一部、韓国海苔や中国加工用海苔なども輸入されているが、その量は少ない。

海苔は今や、コンビニエンスストアなどの定番おにぎりをはじめ業務用の需要が65％も占めるようになり、需要と供給のバランスが比較的よく取れている。しかし、産地の海によっては温暖化傾向で海水温度が1〜2℃高めとなり、収穫量が減ったためバランスが崩れている。

海苔は紅藻類ウシタケノリ科アマノリ属の海藻である。天然アマノリ属は日本に28種あるが、養殖品種はアサクサノリとスサビノリの2種に限られる。そのうちのアサクサノリは江戸前海苔の発祥種で、原草は病気に弱いが、ごくわずかには現在も養殖されている。草が柔らかく、風味や色艶がよいことから、復活の兆しがあるものの、現在はスサビノリが最も多い。海苔の歴史は古く、各地で租税を定めた『大宝律令』や『和名類聚抄』など、奈良、平安、鎌倉、江戸といったさまざまな時代の文献に登場している。本格的に養殖法が始まったのは第二次世界大戦後であって、それまでは、運草などと呼ばれるほど天然採苗の収穫は不安定であった。

人工採苗のさらなる飛躍は、1949年にイギリスの女性藻類学者キャサリン・ドリュウ博士によってもたらされた。冬のアマノリの糸状体期はすでに知られていた。そこで春に葉状体が作る果胞子を牡蠣などの貝殻に散布して穿孔させ、陸上の施設で糸状体に育てる。秋になって糸状体に形成される殻胞子と呼ばれる胞子を網に付けると海苔に成長する。これが人工採苗法である。

人工採苗法を採用すれば、種網は場所の制約を受けず、必要十分な生産が可能になる。このことが全国の漁場開拓に拍車をかけ、1950年代の生産量はうなぎ登りの様相を呈した。人工採苗法は養殖品種の選抜や、作出などに応用され、海苔作りは合理的産業に生まれ変わることができた。ドリュウ博士の功績は大きい。

人工採苗を行う養殖網は、海に支柱を立てて網を結んで流す「支柱柵法」と網にブイを付けて浮かせる「浮き流し法」とが現在使われている。支柱棚法は河口が近い浅瀬に「海苔ひび」といわれる支柱を立てて、支柱の間に海苔網を固定する。そのため、河川が運ぶ栄養分の恩恵が受けられる。

干満の差が激しい有明海に面する佐賀県や、福岡県などでは、干満差を利用した光合成の助長による成長促進という利点を活用できる。これらの地域では、浅瀬の穏やかな海流でうま味が増し、葉質の柔らかい海苔ができる。そのため口溶けがよいのが特徴である。

　他方、浮き流し法は、海苔は潮間帯に生育するアマノリを用いて、干潟を利用して行われていたが、近年工業地の拡大などにより、埋立てが多くなり、干潟を追われることになる。養殖業者は沖合に出ることになり、支柱をしない方法へ移行してきた。

　三陸地方で開発された筏式養殖では、孟宗竹や丸太を組んで作っていたため、寒風や波に弱いが、ロープと浮き子によって荒波に耐えることができる。現在は、宮城県、千葉県、兵庫県、香川県などで多く使われている。浮き流し法は、沖合の海面に網を浮かすことにより、海苔が海面下で育つ。沖合の高い塩分濃度の中で潮流にさらされて育つので、色が黒く葉質もしっかりした海苔になる。調理から時間がたっても崩れにくく、巻き寿司やおにぎり、ラーメンの具などに適している。

　9月に、落下傘方法と水車方法で網に胞子菌を種付けした海苔網は、いったん冷凍庫で保存する。初冬、海水温度が下がる11月ごろから、走りといわれる一番網が流され、初済みが始まる。

　着床後30〜35日で、15〜20cmぐらいに成長したら収穫する。収穫作業は、手摘み、手動ポンプによる摘採、網の下に船ごともぐってカットする方法などがある。採取した海苔はすぐに船から降ろし、海苔加工工場に運ばれ、採取から約2時間で板干し海苔になる。その後、10枚を一帖として、10帖100枚を帯で結び、大箱に100枚×36束を詰めて、各組合の集荷場へ運ぶ。各地の集荷場で産地ごとに展示され、指定購買業者によって入札取引・決済が行われる。

　海苔は、スサビノリのほか、川海苔、あおさ、青海苔、ひとえぐさ、はば海苔、水前寺海苔など種類も多く、用途と目的によって多くの人に愛用されている。

表1　海苔の主な県別・地域別共販枚数（2006〈平成18〉年度）

宮城県	7億2,000万枚	千葉県	3億4,000万枚
神奈川県	1,000万枚	愛知県	4億3,000万枚
三重県	3億3,000万枚	兵庫県	16億2,000万枚
岡山県	2億3,000万枚	徳島県	1億7,000万枚
香川県	6億8,000万枚	福岡県	15億枚
佐賀県	21億3,000万枚	熊本県	10億2,000万枚

東日本地域　18億3,000万枚
瀬戸内海地域　29億4,000万枚
九州地域　46億9,000万枚

（出典：全国海苔漁業組合連合会資料より）

寒天

寒天は日本の発明だが、その前身のところてんの製法は平安時代に中国から伝わったといわれている。『大宝律令』（701年）には、煮溶けると凝固する海藻として、原料のテングサと思われる「凝海藻」が記載されている。平安時代にはテングサは「心太」とも書かれ、テングサから作るところてんも同様に呼ばれていた。その後、文字の読みが「こころふと」から「こころてん」、「ところてん」に転じていったと考えられている。

ところてんを凍結乾燥した寒天が誕生したのは17世紀半ばとされる。京都伏見の宿屋「美濃屋」の主人美濃屋太郎左衛門が、参勤交代途中の島津侯が食べ残したところてんを冬の戸外に放置したところ、凍っては溶け、また凍っては溶けを繰り返すうちに、色白になって磯臭さも抜けてところてんの干物のようになったのを見て、寒ざらしのところてん、つまり寒の天が考案されたと伝えられている。命名者は黄檗山万福寺、隠元禅師とされ、その後、寺院の精進料理として広まった。

美濃屋太郎左衛門の作った寒天は角寒天のようであったが、摂津の国（現在の大阪府摂津市）の宮田半平により原藻の配合や製造に手が加えられ、京都・大阪の和菓子屋で売られる羊羹などの材料として発展してきた。その後、信州諏訪の行商人小林久左衛門が丹波の寒天をみて、これは雪や雨

の少ない乾燥気候の信州の農家の副業としてぴったりだと関西から寒天の製法を持ち帰った。こうして、寒天は高槻を経て信州・玉川村（現茅野市）に伝わったといわれている。冬の寒さと晴天続きの気候のもとで、諏訪盆地一帯が寒天の生産地として今日に続いている。

18世紀ごろの大阪・高槻あたりでは、細寒天が初めて和菓子職人の手により作られ始め、これが糸寒天となり、長崎から中国へ向けて輸出された。現在の糸寒天は長野県の伊那市山間部が主産地となっている。

原料は天草、すなわち紅藻類テングサ科の海藻で、マクサ、ヒラクサ、ノマグサ、オバクサ、オオブサなど5属28種の総称である。「テングサ」と「オゴノリ」に大別される。テングサは温帯系の岩礁で海中深く根づく。北は青森県から南は九州地方までの太平洋岸と日本海に生育する。主産地は静岡県、千葉県、北海道、高知県である。特に静岡県の西伊豆地方は品質がよいことで有名である。海外でも韓国、中国の沿海州から東南アジアまで幅広く採れている。近年は国産が少なく、チリ、韓国、モロッコ、アルゼンチンなど、海外からの輸入品が多い。また、韓国からは角寒天として製品化した商品も輸入されている。現在、オゴノリは世界中で採れ、海藻では昆布、わかめ、海苔に次ぐ第4位を占め、日本は国産供給量不足を埋めるため、チリ、フィリピン、ブラジルなどから輸入している。

表2　原藻と寒天［原料］の輸入国と年間輸入量

原藻	チリ 850 t
	モロッコ 850 t
	韓国 635 t
	インドネシア 302 t
寒天	チリ 877 t
	韓国 321 t
	モロッコ 171 t
	インドネシア 134 t

（出典：財務省貿易統計2012年より）

テングサは、今でも海女が沿岸の水深5～10mの海中に潜って採取している。現在の採取量は少ない。採取期は4～9月ごろで、マンガア、鎌

などの道具を使う。そのまますぐ浜で干して乾燥することを「おかいち」といい、塩分を含んだまま干すため赤くなる。あるいは水に晒してから乾燥したりする。雑物を選別してから各地の漁業組合などに出荷される。これを30kgの束にして荒縄で縛り、入札する。

　寒天に加工するのは長野県の茅野市、諏訪市などが最も多く、都道府県別では岐阜県、静岡県と続く。寒天の原料であるテングサのほか、オゴなどの海藻も使う。糸寒天は天草の天然乾燥により、凝固力が強いため精細な和菓子に欠くことができないほどの業務用としての需要が多い。

　近年は工業用に粉寒天が作られ、細菌の培養などにも多く使われている。

　冬の夜明けは寒く、-10℃以下にもなるアルプスのふもとで、日中も低温低湿で風が強く、乾燥した自然環境が、寒天作りには最適であるため、産業として大きく発展し、今日に至っている。

　また、19世紀末には、細菌学者コッホが寒天を細菌培養に推奨したことから、海外への輸出が急増し、第二次世界大戦前には諏訪地方の角寒天は日本の代表的水産輸出品の1つであった。戦時中、日本は輸出を禁止したため、海外で粉寒天が開発され、オゴノリやほかの海藻と混合した寒天の製造が始まった。

　凝固力や溶解温度を調節する技術の開発が進んだ結果、粉寒天から飲み物、佃煮まで幅広く使われるようになり、食物繊維がもたらす効果ががんに効くと大きく注目されるようになり、医療品、化粧品、鋳物の型、義歯の型取りなど食用以外の諸分野でも需要が伸びている。

　海藻寒天はミネラルを豊富に含むが、使用量が少ないので栄養価値は期待できない。反面、期待できるのは食物繊維と水分である。大量の水を抱え込んだゲルが腸内に入ると、腸のぜん動運動を促して排便促進効果をもたらす。ノンカロリーにもかかわらず胃に満腹感をもたらし、腹持ちがよく、食べ過ぎ防止の効果も高い。血糖値やコレステロールの低下作用もある。過食と便秘を防ぐだけでも、現代病改善に役立つ。

＜製造方法＞
①天草を水に晒し、海の雑物や砂などをよく洗い流し、干しながら異種の海藻を取り除く。
②コンクリートなどで枠組みした大きな水槽に浸け、あく抜きをする。
③原藻を釜に入れて、沸騰するまで煮込む。

④17〜18時間ほど煮る。
⑤じっくり煮込まれ、十分に成分が出た心太状態の熱い液を濾過する。布で漉しながら「もろぶた」と呼ばれる容器に流し込む。
⑥常温で固める。
⑦固まったところてん液を包丁で切り、干場に運ぶ。
⑧板にくぎを刺したような道具で、固まったところてんに穴を開ける（注射という）。
⑨稲刈りが終わった田んぼに棚を作り、簀子を張った板場にところてんを並べ、外気温で自然凍結させる。
⑩日中は日に当てて水分を蒸発させ、夜間には再び凍結させることを繰り返し、2週間ほど経過したらビニールハウスなどに取り込む。
⑪完全に水分がなくなり、乾燥むらもないように、扇風機などを使って仕上げをする。

<寒天の効能>

・食物繊維を多く含む。
・水分を多く保持するため便の量が増加する。腸管に作用してぜん動運動を活発化させ、スムーズな排便を促進する。
・かさ増し効果により満腹感が得られ、肥満を予防する。
・血中のコレステロール値を低下させ、動脈硬化を予防する。
・胃から腸へ内容物を送り出すスピードが遅くなり、腸壁での糖質の吸収も穏やかになる。それに伴い、食後の血糖値上昇も穏やかになる。
・ノンカロリーなので、たくさん食べても太る心配は少ない。お腹の中でもゼリー状態で保たれるので、つらい空腹感をあまり意識することなく、ダイエットを無理なく続けられる。
・粉末の「粘滑薬」や「包括薬」として、慢性便秘解消のために使われる。あるいは配合剤として整腸剤等に使われる。「日本薬局方」にも記載されている。
・細菌検査、組織培養、DNA鑑定、化粧品、医薬品、介護食などにおいて、世界保健機関（WHO）や米国食品医薬品局（FDA）でも「摂取制限」のない安全製品として認められている。
・年齢を重ねると、関節の働きを滑らかにする成分は合成速度よりも、分解速度のほうが速くなってしまう。アガロオリゴ糖は、炎症性タンパク

質と軟骨成分分解酵素という2つの悪玉物質の産成を抑え、身体の節々を守る効果がある。

＜寒天とゼラチンの違い＞

寒天は食物繊維なのに対してゼラチンは動物性である（ゼラチンは牛や豚の皮や骨から作られる動物性タンパク質）。固まる温度も寒天は35〜40℃であるのに対し、ゼラチンは20〜25℃と低いので、夏の気温で溶け出してしまう。原料も性質も異なるのである。

寒天の主成分はアガロース、アガロペクチンであり、ゼラチンはコラーゲンである。カロリーは寒天が5kcal未満に対して、ゼラチンは340kcalである。

表3　寒天とゼラチンの主な違い

	寒天	ゼラチン
原料	紅藻類テングサ、オゴノリ	牛骨、牛皮、豚皮
主成分	アガロース、アガペキチン	コラーゲン
カロリー（100g当たり）	5kcal未満	340kcal
凝固温度	35〜40℃	15〜20℃
融解温度	85〜95℃	20〜30℃

（出典：伊那食品パンフレットより）

表4　寒天は食物繊維の王様

寒天	74.1%
ひじき	43.3%
干し椎茸	41.0%
さつまいも	5.7%
ゴボウ	2.7%
にんじん	2.3%

（出典：日本食品標準成分表2010年より）

ふのり（布海苔）

紅藻類フノリ科の海藻である。フノリは北海道日高地方から、青森県、岩手県、高知県、長崎県五島

列島までの太平洋岸に生息する。フノリにはフクロフノリとマフノリの２種類がある。食用に供される一方で、着物の洗い張りや機織りなどの糸のすべりなどにも使われていた。今では新潟県の魚沼地方のへぎ蕎麦の繋（つな）ぎに使われたり、天日干しで、味噌汁の具材など繊維質が多いことから用途はさらに多様化している。

　生（なま）ではほとんど出回っていない。春から夏にかけて岩礁土に繁茂する、１年草である。寒い地域に生育するフノリほど風味がよいとされている。北海道の根室、歯舞ではオホーツク海から太平洋に抜ける潮風が天日干しに最適である。日高、襟裳地区では１月から２月ごろに採取される。また、津軽海峡、下北半島は自然林と暖流に囲まれているため、風味のよいものが採取でき、人気が高い。和歌山県のほか、韓国、長崎県五島列島などでよく生産されている。採取したフノリをそのまま洗い、天日乾燥すると、やや赤みを帯びたフノリとなる。ほかの海藻と同じく、生活習慣病や高血圧、糖尿病の予防とコレステロールの吸収抑制が期待できる。

干物（ひもの）

　干物、乾物、どちらも「かんぶつ」と読めるし、意味も等しいが、昔から干物はどちらかというと塩干物を指し、塩かんぶつ屋と表示しているところが多い。ここでは、主に魚介類の乾燥物を紹介する。

　魚を長期間保存する目的で身を開いて加工する。その作り方はさまざまで、歴史は古い。干物の始まりは奈良時代といわれている。古来の製法は海の代名詞「塩」を浸透させ、じっくりと干すというものである。江戸時代には「保存食」として干物の人気が高まり、将軍に貢物として届ける慣わしがあったという。

　干物は、魚を背骨の中心よりカットし（開き）、左右両方の身に塩分が均等に浸透するよう、乾燥もまんべんなく行う。加工業者の経験と勘でまろやかにほどよく仕上げる。現在は保存料など使わない無添加製法で、古式製造が好まれている。

　原料にこだわり、一番脂乗りのよい時期に魚を厳選し、天日塩を使用した調味液にじっくり漬け込み、うま味を凝縮した一夜干しが筆頭である。ほかにも丸干し、開き干し、半身干し、味醂干しなど素材によって製法は異なるが天日干しに仕上げる点は変わらない。

素干し：魚介類をそのまま風に当てて干したもの。
塩干し：魚などを塩漬けしてから干したもの。
煮干し：硬くし鰯などの小魚を煮て干したもの。
焼干し：魚介類を焼いてから干したもの。
調味干し：魚介類を調味液で味付けしてから干したもの（みりん干し、
　　　　くさや）。
灰干し：火山灰を敷き詰め、水分を吸収し、灰に混ぜてから干したもの。
文化干し：ラップフィルムなどで包んで干したもの。
丸干し：魚の身を開かずそのまま丸ごと干したもの。
開き干し：内臓を取り除き、背や腹を開いて干したもの。
切り干し：内蔵取り除き、切り身にして干したもの。

　製法や形によって作り方はいろいろだが、魚の干物はどれも栄養価が高い。乾燥することで、酵素の働きによってタンパク質がうま味成分のアミノ酸に変化して、独特の風味とうま味が生まれる。うま味成分のイノシン酸のほか、カルシウムや鉄など多くのミネラルがさらに豊富になる。煮干しにすることで、鉄分は生のときの約20倍、カルシウムは約33倍にもなる。また、脳の機能によいとされるDHAやIPAも豊富に含まれるため、脳卒中、心筋梗塞、動脈硬化の予防効果が期待される。

　日本全国の浜ではさまざまな干物が産地ごとに作られている。さんま、やなぎかれい、赤かれい、きんめだい、あじひらき、あじまるほし、あご、こうなご、こたい、ほっけ、ししゃも、のどくろ、さば、はたはた、などが挙げられる。かつお節や煮干しは、加工することでさらに付加価値が高まる伝統食品を代表するものである。日本のだし味として、まず昆布とかつお節が挙げられるが、そのほかに煮干しも古くから庶民のだしとして愛用されている。

　煮干しは奈良・平安時代にもすでに登場しているようだ。江戸時代には味噌汁を飲む習慣ができ、「いりこ」が記録されている。明治時代以降、関東地方などで、かつお節より安価な煮干しの需要が急速に伸びた。近年では評判の和風ラーメン店やうどん店などがよく煮干しのだしを使うことから見ても、現代の若者からも好まれる味のようだ。また、カルシウム不足を補う自然食品としても再評価され、「食べる煮干し」も人気がある。

脂肪の少ないカタクチイワシの稚魚や小魚を水揚げ直後に真水で素早く洗浄し、漁獲後30分以内に90〜95℃の塩水（濃度3％）で茹で上げる。その後、水分14〜15％くらいまで天日干しで乾燥させる。

瀬戸内海は春先から7月ごろまでで漁獲は終わる。機械乾燥は、冷風でゆっくりと乾燥させることで酸化しにくくなり、上質の干物となる。

煮干しはコレステロール低下作用や血栓予防作用のあるn-3系脂肪酸（オメガ3）が豊富だが、この脂肪酸は酸化されやすい。煮干しは煮出しても脂質の大半は出しがらに残るが、酸化するとだしに臭いが出る。酸化した脂質は毒性があるので、煮干しそのものを食べるときは、酸化していない新鮮なものを選ぶ。かつお節は本枯れ節のようにカビ付けをするので酸化はしにくいが、削った後は酸化が早まる。

かつお節（鰹節）

かつお節の原料はカツオであり、かつおは世界中の暖流に棲む回遊魚である。日本には黒潮に乗って春に太平洋岸を北上して北海道沖に達し、秋になると南下する。古くから食用にされ、『古事記』に神饌として「堅魚」と記される。伊勢神宮や出雲大社などの屋根の棟木の上に「堅魚木」と呼ばれるかつおに似た形の飾り木が置かれているのは、その名残りだという。

奈良時代の『大宝律令』、平安時代の『延喜式』にも「堅魚」の記載があり、かつおの加工品が当時の税の賦課役品だったことなどが記載されている。この時代は天日干しだけであったが、室町時代になると木炭を使った加熱方法が流行し、「堅魚」も火にあぶって乾燥させる、焙乾法によるかつお節の保存が始まった。

また、焙乾法によるかつお節の名は『種子島家譜』の1513年の記載が最古だという。種子島家は当時琉球王朝と交易していたが、琉球王朝の貿易圏にかつおが回遊するインド洋上のモルジブ諸島があり、14世紀には焙乾法に似た製法のかつお節が種子島へ輸出されている。

焙乾した後にカビ付けする「本枯れ節」の製法は、1674（延宝2）年、紀伊の国・印南浦のかつお漁師、角屋甚太郎が土佐国（高知県）・清水浦に移って、伝統的な紀州焙乾による製法をその地に伝えたことに始まる。その後も甚太郎は製法の改良を重ねて、二代目のころに製法を確立し、土佐節として名を上げることとなったという。他の説としては江戸時代初期

には本枯れ節の製法が紀州（和歌山県）の漁師から伝えられたとする伝説が、薩摩（鹿児島県）、房総（千葉県）、さらに伊豆半島に残っている。枕崎には1707（宝永4）年に森弥兵衛によって煮熟焙乾を基礎とする製法が伝授されたという。

かつおを焙乾しただけでは酸化しやすく、有害菌が繁殖して長期間保存できないが、優良なカビ菌をつけて脂肪分を分解し、酸化を防ぐことで、初めて長期保存ができるようになったのである。この製法は、土佐国外不出とされていたが、甚太郎の故郷である紀州と薩摩などに伝わったという。

江戸時代後期、紀伊の国印南浦のかつお職人土佐与市によって、安房の国伊豆国に改良された土佐節が伝えられた。これを取り入れた伊豆では、さらに改良を重ねた「伊豆節」が生まれ、明治以降に広く普及する「焼津節」などの系脈に受け継がれている。

明治時代以降、庶民の一部でも家庭料理でだしを取るようになり、家庭用の削り器が登場し、かつお節の需要はぐんと伸び、今日一般家庭でも消費されるようになった（(株)にんべんHP「鰹節の歴史」参照）。

1969（昭和44）年、パック入りのかつお節が続々と発売されたが、それ以降は、食の洋風化とインスタント食品、化学調味料などの出現により、かつお節もかつお削り器も徐々に姿を消すようになり、かつお節を削るのは子供の仕事といった時代へと移っていった。

ところで、かつお節の「かつお」と「ぶし」を「鰹武士」「勝つ男」になぞらえることで、縁起物として親しまれ、誕生祝い、七五三や入学祝い、病気の快気祝いなどに用いられる習慣は現在も残っている。また、本節の背中の方を「雄節」、お腹の方を「雌節」と呼び、この雄節と雌節を合わせるとピタリと合うことから、仲睦まじい夫婦を願う「夫婦節」は現代でも結婚式の引き出物として用いられている。さらに本節の腹側が亀の甲羅の形に似ていることから、長寿祝いの引き出物にも使われている。近年、ガス封入パックに小分けした削り節が代用され、徐々に売り上げも伸びている。

＜生産地＞

かつお節の現在の主要生産地は鹿児島県で、枕崎市と指宿市山川地区で総生産量の大部分を占めている。さば節は熊本県がトップである。ちなみに、かつお節の県別生産量は下記のとおりである。

表5　かつお節の県別生産量

全国生産量	32.265 t
鹿児島県	70.9%
静岡県	25.6%
高知県	1.1%
その他	2.4%

(2012年農林水産省大臣官房統計部調べ)

<製造工程>

① かつおの漁法：赤道直下の遠洋漁業で、小笠原諸島や八丈島などから大型船で向かう。
　以前は一本釣りで漁獲していたが、今は巻網漁法で漁獲している。

② 輸送：漁獲されたかつおは、近海ものは氷水で、遠洋ものは超低温急速冷凍により－50～－30℃に保って船団輸送される。

③ 生きり：かつおの頭を切り、内臓を取り除いて水洗いした後、三枚おろしにする。3kg以下のかつおは二枚の亀節にするが、それ以上の大型かつおは本節（背節2本、腹節2本）4本を取る。

④ 籠立て：4つ割のかつおを煮籠に並べる。

⑤ 煮熟：通常は80～85℃に、また極めて鮮度のよい場合は75～80℃に調整された煮釜に、煮籠を10枚ほど重ねて入れる。その後、97～98℃に温度を上げて、亀節で45～60分、本節で60～90分間煮熟する。

⑥ 骨抜き：煮熟が終わったら籠を取り出し、風通しのよいところで冷やして肉を引き締める。これをなまり節という。その後、水を満たした水槽に入れて、水中で節を取り上げ、骨抜きをする。背皮を頭部から全体の1/2から1/3ほど剥ぎ取り、皮下脂肪をこすり取る。

⑦ 水抜き、焙乾：骨抜きした節はせいろに並べて火の上で焙乾しながら水分を抜く。焙乾は85～90℃で1時間ほど行う。この時点では水分が多いので、保存性は低い。これを1番火という。

⑧ 修繕：1番火の翌日、骨抜きなどで損傷した部分を修理する。修理には煮熟肉と生肉を2：1の割合でよく摺りつぶして混ぜて裏ごしたものを用いて、竹ヘラなどにより表面を修繕する。

⑨ 間歇焙乾：修理を終えたものはせいろに再度並べて焙乾する。これを2番火という。亀節では8番火ぐらいまで、本節は10〜15番火まで焙乾する。一気に陪乾すると表面が乾くだけで中の水分が取れにくいので、何度も繰り返すのである。回数を重ねるたびに焙乾温度を低く、焙乾時間は長くする。この作業で水分は28%くらいまで低下する。焙乾後の節はタールに覆われるのでザラザラしている。これは荒節、鬼節と呼ばれている。焙乾は、水分を取ること以外に、菌の増殖や酸化を防ぐと同時に香気を付けるといった目的で行う。

⑩ 削り：荒節（鬼節）を半日ぐらい日乾した後に2〜3日間放置しておくと、表面が柔らかくなる。それから形を整えて、カビが付きやすいように表面のタール分やにじみ出た脂肪分などを削り落とす。削り上げた節は赤褐色なので、これを裸節または赤むきという。

⑪ カビ付け：裸節を2〜3日間干し、安全性が確認されている純粋培養の優良かつお節カビを植菌し、温度・湿度が管理された室で貯蔵する。6日間ほどでカビが付く。これを1番カビという。さらに、室から取り出して日乾し、ブラシで1番カビを払い落し、放冷した後に再び室に入れて同様の作業を繰り返す。この作業を4番カビから6番カビまで繰り返して終了する、これを本枯れ節と呼ぶ。

　カビ付けには、節の乾燥度の指標になる皮下脂肪を減らして、香りを出す目的と、だし汁を透明にする目的などがある。

⑫ 日乾：上述の製造工程でおよそ120日間を要し、生で5kgのかつおは、800〜900gの本枯れ節に姿を変えるのである。

⑬ 本節、亀節、製品：生きり作業から製品の形になるまで、ものによって4か月以上もかかり、重量は約1/6になる。厳しい検査の後、包装、箱詰めし、製品として出荷する。

　花かつおなどの製品は、加工工場が別会社となる。そのため、工場ごとに原料を厳選し、加工する。表面が淡い茶褐色で、叩きあわせると「カーン」という澄んだ金属音がするのが特徴である。まさに味の芸術品で手間暇かけた逸品である。

【註】：上に述べた工程の内容は、株式会社丸栄（本社：焼津市）の協力による。

<品質の見分け方と保存方法>
①かつおの質:かつお節になるかつおは自然がもたらした恵みである。故に、獲れた場所や時期、種類などの諸条件が異なるため、加工方法が同じでも品質は一定ではない。質の違いを見極めるのは難しいため、各企業がさまざまな基準で細かくグレード分けをして管理している。そもそも「だし」は主役ではなく、求められるのは「料理としてでき上がったときにおいしい」かどうかであって、脇役的存在である。一般的に、もともと魚に含まれる脂肪分が少なくカビ付けした本枯れ節に加工したときの乾燥が十分であるか、良質の原魚を使っているか、職人の経験と勘に支えられているか、といった点が大変重要なポイントとなろう。

でき上がったものを長い時間をかけて乾燥、熟成させていく過程で、大変な時間がかかること自体に付加価値が出てくるわけである。

料理の邪魔をしてしまうような雑味やエグ味の出にくい「すっきりしただし」が取れることが肝心である。和食では、コクが出やすい反面、雑味や臭みが出やすい宗田かつお節やサバ節などは吸い物などには使わず、サッパリしただしが取れる本枯れ節を使う。かつお薄削りで短時間にうま味を引き出せるように血合いの部分を取り除いた「血合い抜き削り」なども使用される。それぞれの目的によって素材の持ち味を活かすように使い分けて、結果を出せるかどうかにかかっている。

②手間がおいしさを作り出す:前項の「製造工程」で述べたように、かつおを選ぶことから始まって10以上の工程を経て、4か月から半年以上もの手間をかけて完成するまで、すべてが手作業である。「解凍」「焙乾」「整形」「カビ付け」などの作業は8〜15回も行われるからこそおいしいのである。

③脂肪含有率がうまさを左右する:節にするかつおは、脂が乗り過ぎても少な過ぎてもよくない。多いと「脂節」ができやすく濁っただしとなり、少ないと粘りに欠ける。脂肪含有量が1〜2%で4〜7月に捕れたかつおで作った節を「春節」という。

④香味の成分:かつお節の香ばしい香りはたくさんの成分が絡み合ってできたものである。成分だけでも50種類以上あるといわれている。さらに、かつお節の香りは実際より味を濃く、おいしくする働きがある。

⑤焙乾の効用:かつおの煮熟後に繰り返し行う「焙乾」では「1番火」、「2

番火」のころは雑菌郡落の発生を防ぎ、同時に独特の香りを生成する。次に、燻煙中のフェノール類がかつお節の酸化防止に役立つ。魚肉は酸化が早く、油焼けを起こしやすい。「焙乾」されないと節は変質し、おいしいかつお節にはならない。

⑥ **カビの働き**：カビ付け工程では、ペニシリウム属の青カビに変わって優良種のユーロチウム属のカビが生えてくるが、節の中の水分を抜く働きがある。カビ菌糸が脂肪分解酵素を分泌して中性脂肪を分解し、だしの透明度を高める。

⑦ **加工方法で変わる**：カビ付けした枯れ節と燻製状にした段階で加工を止める荒節とでは、その味はかなり異なる。枯れ節は、カビの作用による乾燥と熟成で、すっきりしたまろやかな味わいになる。一方、荒節は燻蒸したときの燻臭の香りが強く乾燥度も低いので、削りやすく魚らしい味とコクがある。

製造後も保管状況や年月に伴って熟成が進み、半年間、1年間以上を経過すると最初のころよりも味や香りが増すものもある。いわば「生き物」だから、特に業務用では、加工メーカーや卸販売店とよく商談して仕入れることが必要である。

だしを取る目的に応じて、かつお節の「厚削り」「薄削り」「粉砕」「パック」を使い分けることによって、それぞれだしの取り方や味の仕上がりに違いが生まれるので、最も適した方法を選ぶことが必要だ。

厚削りは蕎麦やうどん用の削り節として最も多く使用されているが、蕎麦、うどんのほかにも和風ラーメンのスープなど用途が広がっている。

薄削りは、短い時間で香り豊かなだしが取れるので、煮だし時間は短くても上品であっさりした味に仕立てられる。このほか、粉砕、パック、トッピング用糸削り、血合い抜き削りなどがある。

⑧ **保存方法**：目的と用途によって保管方法は変わるが、最も注意すべきことは「高温多湿」を避けることであろう。特に店舗の場合、湿気のこもりやすい厨房などは保存場所としては好ましくない。業務用に箱単位で枯れ節を保管する場合は、節に付けた優良カビが皮膜となって保存性を高めるので、直射日光と高温多湿を避けた「冷暗所」であれば常温保管でも問題はない。ただし、温度や湿度が上がってくる梅雨時から夏場にかけてはかつお節特有の小さな虫が発生することがある。しかし、この

虫は有害ではない。虫が発生したら、よく晴れた日に日向に干せば、虫は逃げていく。

　熱がこもらないように、陰干しをして箱詰め保管する。枯れ節を冷蔵庫に保管した場合は、カビ菌の成長が止まり乾燥熟成が進まなくなるため、品質劣化を防ぐことはできる。ただし、結露や野菜類の保湿性食材と一緒にすると青カビなどの有害なカビの発生を招くことになるので、ラップして保管する。

　本枯れ節の場合は、湿度管理が適切ならば2～3年でも保存できるが注意しなければならないのが一般のカビである。温度が25～30℃、湿度が80％を超えるとカビが急激に繁殖する。害虫も湿気を好む。削り節は削ってから30分ほどで酸化が進む。市販の花かつおは、ガス置換して販売しているので、開封したら袋に入れて密封し、冷蔵庫で保管するのがよいだろう。

＜栄養と機能成分＞

　うま味成分はイノシン酸である。またかつお節は成分の70％以上がタンパク質であり、ビタミンB群やビタミンD、カリウム、カルシウム、マグネシウム、リン、鉄、銅などのミネラルが豊富に含まれる。そのタンパク質は多いだけでなく質もよい。人が体内で作ることができない9種類の必須アミノ酸を含みカルシウムの吸収などを促すリジンが特に多いため、リジンの少ない白米にかつお節を混ぜればバランスがよいという点にも人気がある。削り節を煮出しだしには、水溶性のビタミンB群やミネラルが溶け出しているが、これらも使用量が少ないのでは多くを期待できない。

　カツオはほかの魚と比べてうま味のイノシン酸が豊富な上に、かつお節は焙乾とカビの作用で、イノシン酸はさらに増加する。削り節を煮出しだしにも豊富に溶け出す。うま味成分を多くとるとイノシン酸のうま味の効果で減塩効果が期待できる。タンパク質の少ない食事では、塩味に対して感受性が低下するといわれる。メカニズムは完全には解明されていないが、肉や魚料理にカツオだしの効いた汁物を添えれば薄味でもおいしく感じられ、満足できるわけである。カルシウムの吸収を助ける働きがあるビタミンDは脂溶性なので、出しがらの中に残っている。そのため、出しがらを乾燥し、ふりかけにして青菜や豆腐に添えれば、カルシウムの吸収

を高める。

＜節の種類＞

・かつお本枯れ節：かつおを煮沸した後、焙乾してからカビ付けをする。乾燥と熟成を繰り返しながらカビ菌を2回以上付けたものを本枯れ節として扱う。かつお節の中の水分がカビの作用により蒸発し、うま味が凝縮し、エグ味が少なく上品なうま味のあるだしが取れる。詳しくは前述の製造工程を参照。

・かつお荒本節：製造段階によって節の呼び名が異なる。かつおを煮て燻製にして乾燥したものを「荒節」といい、別名「鬼節」とも呼ばれている。荒節の表面を削ったものが「裸節」で、これにカビを付けたものが「枯れ節」で、一般的には荒本節を削ったものが「花かつお」として市販されている。

・かつお本亀節：かつおを3枚おろしにして、背と腹に分けたうちの腹側にできたかつお節が、平べったい形状が亀の甲羅に似ていることから「亀節」と呼ばれている。カビを付けた枯れ節で、関東でだしをとるのは枯れ節が中心だが、関西ではさば裸節が中心である。

・厚削り：厚削りは、厚さ0.7mm前後で主にパンチを効かせただしや蕎麦屋のつゆなどに使われる。中厚削りは0.5mm前後で、厚削りより短時間でだしが取れる。こちらは煮物や味噌汁など多様に使える。

・花かつお：花かつおは大きめの花削りで主に荒節を削ったもの。花削りといって本節を刃に対して直角に細かく削ったタイプがある。一般のスーパーマーケットなどで販売されている。荒節は燻臭があり香りが強く、一般家庭でもお好み焼きなど用途は広い。削ったときの表面積が大きいため、酸化が早い。ガス置換などを行ったうえで密閉容器・袋詰めなどで販売している。

・血合い抜き花かつお：かつお節にある「血合い」の部分を取り除いた原料で削ったものである。濃い赤色部分がないので、雑味がなく上品な味になる。高級贈答品用としてパック詰めされる。おひたし、お吸い物などに使われている。しかし、パンチがない。

・糸がき：糸状に薄く細く削った花かつおをいう。形状が美しいので、おひたしの上に載せたり、煮物などの料理の脇役に使われている。

<かつお節の削り方>

かつお節は削り方によって味や香りが違ってくる。削る厚さによって「薄削り」と「厚削り」に大別する。

・薄削りは0.2mm以下の厚さで削ったもので、だしやトッピングに使う。
・厚削りは0.2mm以上の厚さで削り、比較的濃いめのだしが取れる。
・砕片はかつお節の繊維方向に対して水平に削ったもので、力強い味わいとなる。
・かつお粉はかつお節を破砕して粉にしたもので、おひたしのトッピングによく使われる。
・マイルド削りは繊維を断ち切るように垂直に削ったもので、口当たりがよく、マイルドな感触が味わいとなる。
・その他、2種類以上の削り節を合わせた混合削りを、だしなどに使う。

干し貝柱、干しえび

今日の中華料理の3大高級海鮮乾物である干しあわび、干しなまこ、干しふかひれは、大半が日本から輸出されている。

江戸時代後半から「長崎俵物」と呼ばれ、長崎出島から上海などの中国の港へ輸出されていた歴史がある。干しあわびは岩手県三陸、干しふかひれは宮城県気仙沼、干しなまこは北海道などから運ばれたという。

ふかひれの食用の歴史は浅いが、干しあわびと干しなまこは日本でも古代から食べられていた。かつら剥きにして干した「熨斗鮑（のしあわび）」が伊勢神宮の神饌にされ、戦国時代には「打ち鮑」と呼ばれて戦勝祈願の膳に乗ったとある。あわびは明治時代に養殖が始まり、1978年までは世界一の生産量を誇っていた。今なお、あわび、なまこ、ふかひれは中国に輸出されている。

干し貝柱も「長崎俵物」の1つで、中国では乾貝（カンペイ）と呼ばれ重要なだし材料とされてきた。干し貝柱の原料はほとんどがホタテ貝であるが、江戸時代はタイラギも使われていた。今は養殖で30万t以上も生産されている。北海道産が大半で、現在も中国、台湾に輸出されている。

日本でよく見る小柱の煮干しはイタヤ貝やヒオウギ貝の貝柱が多く、大半が中国産である。干エビも古くから各地で保存食として作られてきたが、日本ではだしを取る習慣はなかった。

江戸時代に小エビの煮干しが「長崎俵物」として輸出され、中国では蝦米(シャーミイ)の名で、だしの材料として珍重されてきた。現在日本に出回っている干しえびは大半が中国からの輸入品である。

　日本の食卓でおなじみの干しエビはだし用ではなく、戻さず殻のまま食べる。小エビと桜えびが代表的だが、ほかにも姫えび、赤えびなど多くの芝エビが出回っている。桜えびは江戸時代から地方では知られていたが、桜えび漁が本格的に始まったのは、1894（明治27）年に富士川河口で漁師がたまたま網を深くおろして大量に収穫したのがきっかけであったと記録されている。桜えびは静岡県の駿河湾、富士川、安倍川、大井川の河口沿岸に位置する由井の浜に、3〜6月ごろになると水深200m付近に生息し、明け方浜に上がるところを水揚げする。毎年、春と秋の漁期には、生のまま天日干しした素干しと釜揚げなどが出回る。

干したら（干し鱈）

約1〜2か月天日干しすると、かたく、棒のようになることから棒鱈とも呼ばれている。また、かすべとも呼ばれることもある。京の高級料理で知られる「芋棒」は、海老芋と棒たらを炊き合わせたものである。その棒たらは、新潟地方や東北地方では通年販売されている人気商品である。干したらは南欧でも愛用されている。淡泊な味が洋風メニューにも最適で、魚が苦手な子どもや若者にもこのまれているという。タラは「鱈」の字のごとく身が雪のように白い。そして、雪が降る季節の1〜2月に漁獲が始まる。

　タラにはマダラ、スケソウダラ、コマイがあるが、棒たらの原料としては一般的にスケソウタラが多い。真冬、刺し網に頭から突っ込んだタラを漁師が一匹ずつ網から外し、内臓を取り除き、軒先に吊るし、真冬の寒風に何日も晒しながら凍結乾燥させたのが干物の棒たらである。

　干物になる前は80％前後が水分だが、干し上がると、水分は18％以下になる。まさに乾物である。棒だらには高級なマダラも使うが、スケソウタラが多い。コマイは丸ごと素干しにするが、棒たらとはいわない。棒たらは、戻しやすいように、カットして売られている。ほかに塩干スキミタラとして水分38％くらいの、皮をはいで3枚におろした製品もある。棒たらは東北から九州まで各地で食べられているが、日本海沿岸の港町では不漁の日の常備食となり、山里では正月や盆・婚礼の日などの祝いの膳の

料理としてよく売れる。また海から遠い雪国の山間地では、冬のタンパク源として、ぜんまいやわらびといった山菜や油揚げなどと一緒に炊き上げて食べられている。

九州地方各地では、盆の精進落としに棒たらの煮ものが作られ、棒たらを「盆鱈」と呼んでいる地域がある。山梨県、長野県、奈良県の山里では、かつて、塩の効いた、スキミタラが日本海側から運ばれ、山里の貴重な動物性タンパク源として、あるいは農繁期の塩分補給のスタミナ食として、好まれていた。

前述の京都名物「芋棒」の芋は、伝統の高級料理として今なおその調理法が伝えられている。芋棒の芋は、里芋の唐芋を京野菜独自の栽培法でえび型模様に育てた「えびイモ」を用いる。

京都円山公園にある老舗によれば、江戸時代の半ばに、先祖が九州から唐芋を持ち帰り、献上品の棒たらと炊き合わせたのが始まりだという。調理科学的にも、棒たらの膠（ゼラチン）質が芋の荷崩れを防ぎ、芋のアクが棒たらを柔らかくするという。まさに出会いの味である。

するめ（鯣、寿留女）

イカの内臓を取り除き、開いて天日干しにした製品である。かつては酒の友、つまみの代名詞ともいわれた。噛みごたえがあり、噛むほどにうま味がふくらむ。その栄養価は高く、育ち盛りの子どもにもとてもよい。イカの内臓を取り除き、素干しや機械乾燥などを施した加工食品で、長時間保存できる。

室町時代には開いて素干しにしたスルメが製造され中国への主力の輸出品になっていたといわれている。明治、大正時代においても中国への輸出は続いたが、昭和に入った後は、戦争の影響で需要が減り、戦後になると他国との価格競争の中で輸出量は減ってしまい、最近では逆に輸入されている。イカにはケンサキイカ、ヤリイカ、モンゴウイカ、ムラサキイカなど多くの種類があるが、スルメイカ、ケンサキイカなどが主に加工され製品化されている。

製造方法は、スルメイカの表皮をむかず、そのまま開いて内臓を取り出し天日干しにする。半生で網に並べたり、冷凍したりして販売している。

種類は剣先するめ、みがきするめ、水するめなどもあるが、多くはそのまま珍味として食べる。加工品としては、刻み昆布と混ぜた松前漬け用や

正月の鏡もちの飾り付け用、結婚の結納品用など縁起ものに利用されている。

するめの形から末広がりを、また、寿留女の文字から末永くをそれぞれ意味する縁起ものとして伝えられ、大相撲の土俵にも埋められている。

一方、「スル」は「掏る」と同じ音のため、アタリメとも呼ばれている。

> **Column：スルメイカを干すから鯣(するめ)？**
>
> 純イカには、スルメイカ、ケンサキイカ、ヤリイカ、ムラサキ、モンゴウイカなどたくさんの種類がある。スルメイカを干すから「するめ」ではなく、墨を吐く群れ「墨群(すみれ)」が語源だとされる。
>
> 平安時代の『和名類聚抄』に「小蛸魚するめ」とあり、古くはイカもタコも「墨群」だったと考えられている。前田利家が豊臣秀吉をもてなした饗宴の献立には、「蛸」「烏賊」とは別に「巻鯣」とあり、干しイカを「鯣」と呼ぶようになったようだ。
>
> 長期保存ができることから、縁起ものとして、婚約の印道具、結納品の一品に用いられ、「寿留女」の字を当てることがある。しかし「する」は博打でお金を無くす「擦る」財布やお金を盗む意味の「掏る」に通じるため、縁起が悪い言葉を避けて「当り」に差し替えて「あたりめ」と呼ぶようになった。
>
> 剣先するめは「一番するめ」とも呼ばれ、北九州市や山口県が主産地である。中でも、ひれと皮をむいた「みがきするめ」は極上品とされ、長崎五島スルメは輸出の花形だった。なお、大分県産のヤリイカも「みがきするめ」になり、古くから神饌用の「白するめ」が作られている。
>
> 「二番するめ」はスルメイカを原料に、表面の皮をむかずに干し上げる最も素朴なするめである。生産量は一番するめより多いが、2等品とされた。北海道や青森県、岩手県などの東北地方が主産地である。そのほか、アオリイカは「水するめ」、コウイカは「甲付きするめ」、と呼ばれ、胴を横にして広げて丸く干した「お多福するめ」、丸のまま干した「丸干し」など数十種類ものするめがある。

＜栄養と成分＞

低脂肪でタウリン、アスパラギン酸、タンパク質などを含む。

表面に白い粉が吹くことがあるが、これはタウリン、ベタインなどのエキス成分とアスパラギン酸などアミノ酸の混合物で、うま味が豊富なだけでなく、タウリンは血圧とコレステロールの低下作用が期待できる。イカはコレステロールを多く含むがタウリンも豊富なので、食べ過ぎなければコレステロール値を上げる心配はないといってよい。

　低脂肪・低エネルギーで、肥満予防に最適なタンパク質食品である。また、イカの身の最下層にはコラーゲン繊維が多いため、よく噛まなければ呑み込めない。よく噛むことによって、あごの発達を促して丈夫な歯を育てたり、脳の血流をよくすると考えられ、育ち盛りの子どもの健康食材として注目されている。

　料理の隠し味として、山形県、群馬県などの名物「玉つきこんにゃく」の味付けに昆布とするめが用いられる。九州では細く切って、昆布と合わせて雑煮や中華風スープ、松前づけに用いるなど、用途は広い。

身欠きにしん（身欠き鰊）

　鰊は文字の通り、東の魚の意味。鯡と書くのは、鰊の交易で財政を支えた松前藩で、にしんは魚ではなく米だとして「魚に非ず」の文字を当てたため。江戸時代、松前藩では年貢の代わりにニシンを納めていた。それで生まれた漢字が鯡、すなわち「魚に非ず（米の代わりである）」というもの。春を告げる魚である。春になると北海道の西海岸に産卵のため押し寄せることから生まれた。この干物を身欠きにしんというのは、昔は2枚におろした片身を縦に割って干したことによる。腹身を肥料に使い、背を食用にしたため、腹身のない背身を身欠き鰊という。

　身を2つにしたことから「二身」の呼び名がきたのだろうか。江戸時代に、陸奥の国の名物として「鰊鯑」の名が登場する。「鯑」は数の子である。松前藩から特権を得た近江商人により、蝦夷の産物は北前船で本土に運ばれていた。

　アイヌ民族の保存食だった身欠きにしんは港から会津や京都へ運ばれ、そこからさらに各地に運ばれ、山間地のタンパク源となった。また、数の子を取ったあとの「鰊粕」は、肥料としてこれらの地域の農業を支えた。

　しかし、江戸時代の地理学者・古川古松軒が『東遊雑記』に「干鰯より理方よしという。関東いまだ此益ある事を知らず」と書いたように、江戸

前の新鮮な魚介類に恵まれ、また、房総沖で捕れるイワシが魚肥となった江戸にはニシン文化は浸透しなかった。江戸の料理文化にはニシンはほとんど登場していない。

ニシン漁は1830年代から本格化して、明治時代、大正時代と「一越し千両」といわれるほどの豊漁が続いた。身欠きにしんはニシン網元の番屋で加工・出荷される。北海道開拓の資源になった。地元小樽などにはニシン御殿と呼ばれる豪華な番屋が建ったほどであった。

会津名物の「にしん漬け」、京都名物の「にしんそば」が誕生したのは1882（明治15）年。このころは関東地方にも身欠きにしんが広まった。ほかに、群馬県・茨城県などにも身欠きにしんは郷土料理として登場する。1897（明治30）年には100万tの大漁を記録したが、その後は激減し、1960（昭和35）年を最後にニシンは姿を消して今ではカナダなどからの輸入品がほとんどである。

身欠きにしんの生干しは、番茶で軽く茹でればよいが、1か月間近く干した堅干しは、渋みの脂やけの臭いなどがするので、米のとぎ汁に浸けて戻し、番茶で茹でる。

現在は加工・保存技術が進んだので、熱湯などをかけてから茹でるだけでよい。栄養上はカタクチイワシと同じだが、カリウムとビタミンDが多い。

里の乾物

里の乾物である植物性・動物性食品は、乾燥する過程でその含有成分が変化し、熟成過程で香りや味、栄養価が上り、優れたものへと変化する。世界的に見て乾物が発達しているのは温帯の国々である。熱帯では温度と湿度が高過ぎるのですぐ腐る。寒冷地帯では植物が少ないため保存を考えるほど採取できない。

乾物食品は日本独自の食材である。高温・多湿の夏、低温・乾燥の冬など季節によって湿度の差が激しい日本では、生活の至るところで乾燥の技術が生かされている。日本の乾物類は食文化の面で世界最多の種類を誇る。

日本では乾物が盛んに作られ、収穫の秋には農家の軒先を埋め尽くすほどである。歴史に登場するのは平安時代で、当時、果物と種実の乾物は「干

果子」と呼ばれ、貴族の饗宴や宗教行事の神饌に珍重されたようである。当時の記録に、モモ、ナシ、イチゴ、ザクロ、アンズなどの果物と、クリ、クルミ、カヤ、シイ、トチなどの種実と合わせて35種類もの名前が挙げられている。

　中世になって禅宗と共に精進料理が広まると、農作物の乾物はその食材として活躍するようになった。特に小豆、大豆、ごまは動物性食品に代わる栄養食品として珍重された。中でも大豆は加工食品の原料として、ゆば、凍り豆腐など素晴らしい分身に化けている。3大乾物の昆布、カツオ節、干し椎茸も精進料理によって発達したのである。

　中国、香港では古来乾物は薬膳として珍重され、現在は抗がん剤などの機能性食品としてますます注目されている。さまざまな山菜や野菜が保存食として見直され、今も利用されている。切り干し大根、干瓢（かんぴょう）、芋がら（ずいき）などは、塩分なしで長く常温保存できる野菜の乾物であり、代々受け継がれてきた伝統の技といえよう。

干し椎茸

　里の乾物を代表する干し椎茸は、生ではまったく香らないが、干すことで独特の香りが生まれる。子どもの時は苦手だったという人が少なくないが、和食に欠かせない品である。うま味をにじませるその豊かな味と香りだけでなく、現代人は健康管理に役立つ成分をも求めているので、今後も人気が続くと思われる。椎茸の詳しい説明は第Ⅱ部「大分県」のところを参照。

　キノコは微生物の子実体で、植物でも動物でもない菌類である。植物にはない成分があり、薬効や生理機能に及ぼす効果を持つものが少なくない。とくに椎茸はそうした成分が多く、生理機能の宝庫である。なお椎茸のうま味はグアニール酸に、薬効ではビタミンDによるところが大きい。

　干し椎茸に含まれているエルゴステロールやビタミンDを無駄なくとるには、傘の裏を上に向けて竹ざるなどに並べ、1時間ほど太陽に当てる天日干しを繰り返せば、エルゴステロールがビタミンDに変わる。なお、生シイタケを家庭で天日干ししても同じ効果が得られる。真夏の太陽は強いので、黒くならないように角干ししながら調整する。

　椎茸は春子、秋子、冬菇と年3回くらい出荷されるが、出荷するとき生産者は選別しない。椎茸の大・小、薄葉・厚葉の混合したものを、公営ま

たは私営組合の市場に出荷する。これを「山成(やまなり)」という。出荷された椎茸は、各市場指定の商社が1箱ごとに現品確認を行い、入札業者の手に渡る。その後、入札業者は山成を買い入れ、大中小、厚葉、薄葉など選別して商品化する。以前は日本農林規格JASに準じていたが、現在は自主規格となっている。近年は促成栽培法、不時栽培法など栽培方法もいくつか試みがあるが、人工的に温度・湿度を高くして、短期間に発生・成長させたものは、椎茸の組織が粗く香味や養分が少ないようである。一方、下もの（品質の悪いものを下ものという）や山間部で栽培した天然のものは、天候に左右され、また季節によっても品質が大きく変化するために、商品相場の変動が大きいので、販売も難しい商品である。主な生産地は出荷量順に大分県、宮崎県、静岡県、群馬県などである。栽培方法など詳しくは「大分県」の記述を参照。

木耳(きくらげ)

世界の温帯に広く自生し、ブナの木やカエデの枯れた木に密生する木耳の名は、形が耳に似ていることに由来し、「みみたけ」の別名がある。また、木海月とかいて「きくらげ」とも読ませている。中国では食用にされる白木耳は「銀耳(インアー)」と呼ばれ、不老長寿の薬効として珍重されてきた。栽培はさほど難しくはないため、中華料理には定番で、こりこりした歯ごたえはよいが、無味無臭のため和食にはあまり登場しない。

国産は菌床栽培の経費が高いため、中国からの輸入品がほとんどであったが、最近では沖縄県、鹿児島県、熊本県、群馬県などでも栽培され始めている。原木栽培では、春先に菌を接種すると、その年の夏ごろから発生し、翌年春から秋にかけて収穫できるので、椎茸栽培より効率はよい。

国内ではほとんどが菌床栽培である。機械などの温風乾燥で採取した直後に2〜3日間天日干しをした後、80℃くらいの温熱で仕上げる。一般的な黒木耳は、クヌギ、ナラ、ケヤキなどに発生する。生では茶褐色だが、乾燥すると黒くなる。ほかに裏白木耳、白木耳などがある。食物繊維は干し椎茸より多い。キノコに含まれる多糖類には、免疫力を高め抗ウイルス性の期待されているβグルカンもある。また、ビタミンDが干し椎茸の25倍、カルシウムは牛乳並みに4gとれる。戻し方は簡単で、水に30分〜1時間ほど浸けてから調理するだけである。

≪乾果類≫

干瓢（かんぴょう）　ウリ科の1年草ユウガオのふくべ（瓢）の果肉を細く削って乾燥したものである。新潟県や福島県などでは「ゆうごう」をむいて乾燥したものもあるが一般的には主産地である栃木県のウリ科ユウガオのふくべが用いられる。

　関東ローム層の地層を持つ壬生、石橋、小山地方は地理的に見て夏の天候が急変しやすい地帯で、急な雷、豪雨やヒョウ、旱魃といった気象条件に伴う豊作・凶作の差が大きい。そのため、年によって生産量が一定せず、相場の変動も大きくなり、価格は何倍にもなることがある。

　「干瓢に化かされて損することがある」と伝えられたことから、「きつね草」ともいわれていた。大坂摂津の国、滋賀県甲賀水口から栃木県へと渡った干瓢も、現在は中国や韓国からの輸入が多くなり、高値安定状態である。

　5月2日ごろに畑に苗を植えて、夏も近づく八十八夜、つまり7月中旬ごろになると、早くも一番玉が採れる。真夏の暑い盛りに収穫期を迎え、一番玉から三番玉、末玉と8月下旬ごろまで収穫が続く。

　干瓢にする作業は、5〜8kgぐらいの重さのふくべを夕方までに収穫しておき、翌日の早朝3時ごろからむき始める。玉むき機にかけてモーターで回転させて刃を当てると、表面から自動的にむき始め、真ん中の芯に近くなると種が見えてくる。刃の当て方によっては厚過ぎたり、薄くて切れてしまったりするので、熟練と経験がものをいう作業である。向き終わると、1本が約2mぐらいの長さになる。こうして細くむいた果肉を竹竿にかけて天日で乾燥する。天気がよければ約半日で十分だが、完全に仕上げるには2〜3日間かかる。雨が降ると品質が落ちるため、ビニール処理などによる品質管理が大変である。そのあとビニールをかけた室内に入れて、硫黄を燃すと、亜硫酸ガスが発生し燻蒸され、干瓢になる。ガスの残存量は0.05ppm以下と決められている。

　干瓢は、製造後の時間経過と共に、しだいに茶褐色に変化し（褐変現象という）、害虫やカビも発生する。このため漂白や害虫防除を目的として、桶などに入れて密閉保存した（「桶がこい」という）。

　現在は、無漂白干瓢は冷蔵庫などで保管している。栃木県では、自主規格基準で検査を行っている。長さは1.8mとし、品質によって、特等、一等、

二等と格付けする。信用と長年に及ぶ商取引が優先する業界である。

　生産農家に出荷組合はないため、仲買人が買い出して産地問屋に集荷したものを品質調整し、消費地のメーカーが直接販売する流通形態になっている。国産品は、近年、栽培農家が減ったことにより、大変な高値相場となっている。値段はその時々に開かれる生産地・消費地問屋間の会合で協議され、先物相場が成立する。近年は中国からの安い輸入品が大半を占めているため、国産は「畑の白いダイヤ」などと呼ばれている。

切り干し大根

関西方面では千切り大根とも呼ばれているが、同じものである。長年、大根は野菜栽培量のトップの座を占め、私たちの食卓に欠かせない存在となっている。切り干し大根はその保存食品である。

　切り干し大根も、幅広い世代から長く親しまれ、人気がある食材である。日本の北から南まで、大根は通年収穫できるが、加工品である切り干し大根は宮崎県で多く生産されている。今後は各地各様の地方色に富む干し大根が出てくると思われる。生大根を天日乾燥することにより、タンパク質、食物繊維、カルシウム等が多くなり、生大根にはない価値が大きく加わる。切り干し大根は千切りにしてそのまま天日乾燥しただけの代表的乾物野菜である。昔は千葉県房総半島が主産地であったが、その後、渥美大根で知られる愛知県知多半島に移り、明治末期になると、愛知県の農家の次男、三男の多くが宮崎に移住したことから、主産地は宮崎県に移ったという。戦後、愛知県では自動車、楽器、陶芸などの産業が盛んになるにつれて農家が急減したこともあり、宮崎県、長崎県などへの産地移動がさらに進んだが、近年では渥美半島での生産が復活してきている。

　切り干し大根の原料は青首大根である。この大根は野菜としてはあまりおいしくないが、乾燥することで糖化が進んでうま味が増す。9月に種をまき11月下旬ごろから収穫が始まり、真冬の1～2月に最盛期を迎える。

　種をまいてから台風が来たりすると、畑が荒れて、相場が変動する。畑に木材や鉄パイプで枠組を設けた上に葦簀（よしず）を張り（合成網）、その上に千切りにした大根を広げて乾燥させる。霧島高原では寒風さらしによって約1日で乾燥を仕上げられる。黒土の畑の中に真っ白な切り干し大根が並ぶ干し風景は大変美しく、冬の風物詩として名高い。

乾物/干物の基礎知識

切り干し大根の値段は青果相場と連動し、また、ほかの食品と比べて全国的に安いことから、業務用も含めて相場の変動が大きい。そのため、青果野菜の代替品としての需要もある。

　冬の季節は近郊野菜相場と連動するため、気温が5〜10℃くらいの時期が一番売行きがよく、15℃以上になると売行きが鈍る。また、温度が上がると品質が落ち、茶褐色にもなるので、販売には注意が必要である。メーカーは冷凍庫で保管し、袋詰めして出荷する。常温保存販売で問題はないが、季節によっては冷蔵庫での保存販売がよい。

　大根はカットの仕方により食感が大きく変わる。そのため、丸ごと乾燥した丸干し大根、ねじ干し大根、乾燥してから小口切りした花きり大根、小花きり大根、割干し大根、ゆがき干し大根、寒干し大根、凍み大根などさまざまなカット商品が、当地特産品として日本各地の市場に出回っている。

≪穀類≫

大豆（だいず）　マメ科の一年草であるダイズの種子を乾燥させた製品である。豆類の中でもダイズほどさまざまな加工品へと変化する商品は珍しい。大豆を搾れば白絞油になり、脱脂大豆は加工飼料用になる。発酵させれば味噌・醤油・納豆になり、煮れば煮豆・佃煮になる。炒っては黄粉になり、発芽させればもやしに、絞って豆乳に、豆乳から湯葉・豆腐に、豆腐を油で揚げればいなり・がんもどき・厚揚げ、さらには豆乳飲料・アイスクリーム・ハンバーグの原料にもなるといった具合で、とても幅広く利用されている。また、ダイズのもつ成分から抽出した医薬品も多く、何とも不思議な食品である。

　ダイズは栄養豊富で、タンパク質、脂質、イソフラボン、サポニン、食物繊維などを含み、「畑の肉」といわれる。しかし、輸入大豆の多くは除草剤や農薬の使用状況や、遺伝子組換えか否かなどについて明確にされていない。

　日本では沖縄県を除く全国各地で栽培されている。豆類は交配品種が多く、ダイズも利用方法によってさまざまな品種が開発され、流通している。米国、ブラジル、中国などをはじめ海外からの輸入も大変多い。

＜歴史＞

　歴史の古さだけではなく、栄養・機能面においても、大豆はまさに農産乾物の王様であり、日本人の食生活に欠かすことのできない食材である。生では絶対食べ得られないが、太陽エネルギーを受けて乾物の大豆になった途端に大きく化けるので、もっと大切に、上手に利用したいものである。日本では藤原宮（694〜710年）跡の木簡に「大豆」と記され、平安時代では大豆を「菽、和名は万米」と書いてある。「ま」は丸いこと、「め」は実が転じたもので、もとは「おおまめ」だったのが音読みするように変わったという。大豆は、中国を含む東部アジアが原産とされるマメ科の一年草である。

　中国では紀元前2000年以前にすでに栽培が開始されて、五穀の1つとされていた。日本でも、秋田県の縄文時代の遺跡である、小森山遺跡から炭化した大豆が見つかっており、稲作が伝わったころにはすでに栽培されていたと考えられている。当時の主な食べ方は煎り豆や煮豆だったようだが、奈良時代には、味噌、醤油の先祖といえる「醤豆」や「大豆醤」が作られた。平安時代には宋から伝播した塩辛納豆も食卓に載っている。

　鎌倉時代、新仏教の普及によって肉食禁忌が広まると、タンパク源として、あるいは兵糧食として大豆の需要はさらに増し、それまで西日本に限られていた大豆栽培が東北にまで広まった。この時代には、味噌や納豆に加えて豆腐や湯葉も伝来して流行し、大豆油も作られている。

　発酵食品の醤（ひしほ）から、味噌に続いて醤油が誕生したのは室町時代末である。安土桃山時代には今の千葉県の野田で醤油の製造が始まり、これを皮切りに各地で醸造が開始され、調味料の主役となっていく。また、戦国時代には油揚げ、がんもどき、おから、糸挽き納豆、凍り豆腐など大豆加工品も出そろって、大豆は日本人の食生活に欠かせない存在になった。

　日本では、大豆は中国同様五穀の1つとされただけでなく、強い霊力を宿すとして、祭礼行事にも盛んに用いられた。おせち料理の黒豆、節分の豆まきや豆茶、秋の名月など、豆にまつわるしきたりや俗信が各地に残っている。

　それほどに重要な作物なのだが、現在の自給率は、精油用を含めて、全消費量の5％、食品用に限ると20％程度である。不足分は最大生産国の米国から75％もの輸入に頼っている。米国は世界全体の40％近くを生産し

ており、ブラジル、アルゼンチン、中国と合わせた4か国で世界の約8割が生産されている。

1961（昭和36）年から大豆輸入が自由化され、関税は無税となったため、米国から大量に安く供給されるようになった。その後、日本の大豆生産量は2011（平成23）年に21万8,000t、2012（平成24）年に23万6,000t、2013（平成25）年に20万tであった。全体の約3割が北海道、次いで佐賀県、宮城県、福岡県、滋賀県などで生産されている。

近年、米作の転換作物として奨励策がとられ始め、再び増加しつつある。現在、日本で生産される大豆の品種は五十数種類ある。主に需要目的に応じた契約栽培によってフクユタカ、エンレイ、タチナガハをはじめとする在来種、交配種がたくさん市場に出回っている。

国産大豆はほぼすべてが加工食品に使われる。種皮の色、ヘソの色、粒の大きさや形が品種によって大きく異なる中で、黄大豆は中粒で最も生産量が多く、豆腐、味噌、醤油などに用いられている。

大豆を「畑の肉」とネーミングしたのはじつはドイツ人である。江戸時代に日本に滞在したオランダの植物学者ケンベルが、18世紀初めに大豆を持ち帰って紹介した。そこでドイツとイギリスで試作したが、失敗に終わる。大豆の高い栄養価に注目したドイツでは、大豆を「畑の肉」と称して何回も栽培を試みたものの、ことごとく失敗する。何故なら、大豆は根にあるコブに根粒菌が共生することにより窒素を体内に取り込むことができるのだが、ヨーロッパの土壌には根粒菌がいないので、栽培ができなかったのである。その後、根粒菌を移植する技術が開発され、今では北緯50度の寒冷地から熱帯まで栽培できるようになった。

＜栄養と機能成分＞

大豆には現代人の健康管理に必要な五大栄養素が含まれるため、生活習慣病の予防に効果があると注目されている。大豆に含まれる良質なタンパク質のうち、最も多いのはグリシニンである。

グリシニンには必須アミノ酸が9つそろい、量的にも十分で、タンパク質の質を示すアミノ酸価は100となる。人間の血や肉になりやすい良質なタンパク質を含むため、中性脂肪を低下させる作用や血圧降下作用も認められている。

大豆の油成分レスチニンは、善玉のHDLコレステロールを増やし、動

脈硬化を防ぐ。サポニンには肥満抑制効果がある。大豆の黄色にかかわる色素のイソフラボンは、胚軸に多く、女性ホルモンのエストロゲンと化学構造が似ており、体内で弱いエストロゲンのような働きをする。そのため、

> **Column**
>
> **大豆加工品、凍り豆腐**　凍り豆腐は和歌山県の高野山僧院の精進料理として有名だったことから、関西では広く愛用されているが、関東ではあまり普及していない。歴史的には高野山中興の祖とされる木食上人が奨励したとされ、参拝者や末寺などを通じて、高野山名物として広まった。
>
> 一方、凍み豆腐は信州佐久地方に、武田信玄が教えたという説がある。豆腐の加工食品である凍み豆腐は、江戸時代には飛騨から信州、東北をへて松前国に至る東日本一帯で同一製法によって作られていた。
>
> 人工凍結法と膨軟加工での工場生産があるが、昔ながらの自然の天候を利用して作られる製品と、すぐに戻してすぐ煮える機械製品とでは、扱い方も、味も、また料理の仕方さえも違ってくる。宮城県大崎市岩出山、長野県、福島県では、160年あまりの歴史と先祖代々の伝来の技法を生かして、天然凍結を守り、豆腐を吊るすときの紐にはワラではなくイグサを使う。このように、産地によって伝来の技法はそれぞれ違う。
>
> 凍り豆腐作りは、明治末期には早くも工業化され、1901（明治34）年に米国製の製氷機による「人工冷凍豆腐製造法」が登場し、1925（大正14）年にはでんぷんを配合して柔らかくする「文化豆腐」が誕生した。1928（昭和3）年に重曹配合法が発明され、翌年にはアンモニアガス加工法の発明、1972（昭和47）年にかんすい配合法の発明と続き、現在は重曹により膨軟化加工して人工凍結した機械製法の凍り豆腐が一般的に生産されている。
>
> 栄養成分機能は大豆加工豆腐とほぼ同じであるが、大豆タンパク質の消化生成物であるペプチドによる血圧制御作用も期待できる。また、水分が少ないので、脂質が100g中33.2gと多い。この脂質の約半分は不飽和脂肪酸で、コレステロール低下作用があり、動脈硬化を予防する働きがある。カルシウムと鉄も豆腐と同じレベルだけ含まれる。ただ残念ながら、ビタミンB群は期待できない。豆腐に含まれていたビタミンB群は重曹処理によって分解されてしまうからである。

骨組織から血液中へのカルシウムの流出を抑えて、骨粗しょう症を予防し、血管内皮で一酸化窒素の産生を高め、血栓を防ぎ、血圧を下げる。なお、黒豆の皮の黒色はアントシアニン系色素によるもので、抗酸化作用がある。

ビタミン類に関しては、B_1、B_2が多く含まれる。ビタミン B_1 は糖質代謝を促し、疲労回復の効果がある。不足するとイライラが増して集中力が低下し、ひどくなると脚気になる。

ビタミン B_2 はタンパク質や脂質などの代謝に関与する。いずれもエネルギー代謝が活発な成長期に十分にとりたい栄養素である。なお大豆を煮るときに重曹を加えると、そのアルカリ性でビタミン B_1、B_2 が分解する。ほかにもカルシウムと鉄などミネラルが豊富である。カルシウムはマグネシウムと共に骨の形成に大切で、鉄は血液のヘモグロビンの構成成分となり、貧血を防ぐ働きがある。大豆の炭水化物はでんぷんのほかにラフィノース、スタキノースといったオリゴ糖が含まれ、これらは食物繊維として働き、整腸作用に役立つ。食物繊維のセルロースやヘミセルロース、リグニンなども豊富でコレステロール低下作用や整腸作用などがあり、いろいろな生活習慣病の予防に役立つ。

いんげん豆（隠元豆）

豆科のインゲンマメ属の一年草で、中南米原産とされる。遺跡の発掘調査によれば、アンデス地方が候補地とされている。紀元前8000年以前からの栽培とも考えられ、ジャガイモと同じくアンデスの文明を支えた栄養源だったのである。コロンブスの新大陸発見によってヨーロッパに伝わって以来、世界各国に伝播して、アジアからアフリカまでおよそ150か国にわたり栽培されている。

日本には1654（承応3）年、明の禅僧隠元が持ち込んだといわれる。明治初期には米国から各種の種子がもたらされ、全国へ広まった。特に北海道開拓に伴い、今でも北海道が全国の生産量の約90%を占める。

インゲンマメは、7〜8割があんこの原料として甘納豆などの和菓子に使われるため大豆以外では最も需要が多く、輸入も多い。豆の皮の模様や大きさなどにより、大福豆、金時豆など種々の名前が付いている。

さやいんげんはいんげんの若いさやを食用にした野菜である。しかし、乾燥豆を食べるいんげん豆と同じマメ科インゲン属だが、品種は異なる。

乾燥豆いんげんは子実用、さやいんげんは若ざや用に区別され、それぞれに多くの品種がある。

ただ本来は1つの品種を、さやが若い緑色のうちは野菜として食べ、残りをそのまま育てて実った豆を乾物として保存し、一部を種として使っていた。最近は、代々受け継がれてきた地域の伝統品種である地豆が見直されて、産地直売などで流通している。

いんげん豆とも呼ばれるふじ豆はどこに行ったか。ふじ豆は熱帯アジア原産で、花が藤の花を逆さにした形をしていることからその名がある。味豆、千石豆の別名もある。若ざやを食べるが、種皮が白い品種は豆と葉が薬用になる。関西以西で古くから作られていたが、今は関西の一部で作られるのみである。なた豆もあるが、食べられないため、歯磨き粉の原料に使われたりしている。

さやえんどう豆もスナックえんどうも、若ざやや未熟実のグリーンピースは旬の味覚として人気なのに、完熟豆のえんどう豆は今や滅亡寸前だという。豆が白い品種もあるが、市場に出回っているのは、赤えんどう豆と青えんどう豆である。

青えんどう豆は煎り豆などの菓子、甘煮の鶯豆鶯餡にされるほか、戻して茹でたものがグリーンピースとなる。色落ちがあるため着色されているものも多いので、水煮の缶詰や包装などは確認して買おう。赤えんどう豆は、塩ゆでしたものが昔は祭りなどの夜店の定番で、ビールのつまみとして人気があった。その人気が枝豆に奪われ、今はみつまめにわずかな活路を見いだしている。自給率はもはや4％に落ち込み、主産地北海道でも栽培面積は500haほどになり、需要の95％は輸入に頼ることになってしまった。

あずき（小豆）

マメ科の一年草であるアズキの種子を乾燥したものである。原産地は中国南西部からヒマラヤ南麓に広がる地域で、そこに生育するツルアズキが原種といわれている。ただ、原産地は東アジア説など諸説がある。昔はよく、農家が自家用として地豆を栽培していたが、今は北海道が主力産地であり、国内生産の75％を占める。

生産方法は、完熟したアズキの種子を乾燥し、唐箕（とうみ）にかけて風で石や雑物を取り除き、乾燥するというものである。粒の大きさにより普通種と大

納言に分けられる。小豆のうち、各生産組合などで自主規格を満たしたものを「大納言」の名前で販売している。

　雪国の農家では、雪が解けて春の田植えが終わるころになると、アズキの種をまき始める。秋の稲刈りの終わるころにはアズキも収穫期となる。むしろに広げて天日乾燥し、長い棒でたたいてサヤと種子を分けながら、唐箕にかけて、風で殻と豆を選別し、脱穀する風景が軒先に見られる。

　「やがての冬籠り」といって冬を待ったものである。夕顔が長くなった「ゆうごう」を稲架かけから採り、乾燥する前に中身をくりぬき、囲炉裏端に干し、乾燥したその長い空洞の中に、その年の収穫したアズキの種マメを入れて保存していた。

　赤いあずきは祝いの席には必ず登場する。特に正月の餡子餅、鏡開き、小正月（1月15日）のあずき粥からその年が始まり、1年中祝いの席には必ず登場する。3月のひな祭りから、端午の節句、入学式、田植えが終わると牡丹餅、盆、秋の稲刈りが終わるころには萩と言ったように、年中行事と関連して多く使われている。

　甘いものに不足していた時代に人々が心待ちにしていたのがあんこであった。小豆がないときは金時豆で代用していたため、今でもその名残りで、あずきを添えたかき氷に金時の名が付いている。

　江戸時代に学者の貝原益軒がまとめた博物学の『大和本草』（1708年）によれば、「赤色」を指す「あ」、「溶ける」を指す「ずき」が組み合わされて、赤くて早く柔らかくなるという意味でアズキという名称になったと言われている。

　アズキは中国から日本に伝来した。縄文時代から古墳時代前期の遺跡で、炭化したアズキの種子が発見されており、農耕文化が始まったころから作物として栽培されていたことがうかがえる。あずきは、その赤い色から、外部から入り込めない魔よけとして紅白の祝いの膳に加わり、今では和菓子の原料として多く使われている。

＜輪作＞

　豆類全体に当てはまることだが、豆は連作ができないため、輪作作物である。3～4年間栽培すると特定の害虫、病原菌が付くため収穫量が低下する。豆類の根には根粒菌が共生し、空気中の窒素を固定してアミノ酸や亜硫酸を植物に供給しているが、害虫や病原菌がその根粒菌の働きを阻害

することが収穫量の低下の原因と考えられている。このような連作障害を防ぐため、イネ科の植物など豆類に付く害虫が好まない作物の栽培を組み込んだ輪作が行われている。

根粒菌の種類は豆によって異なり、1つの根粒菌が繁殖するとほかの根粒菌は育たなくなる。そのため、ほかの豆類を育てることもできない。再びその土地で同じ種類の豆を作れるようになるまで狭い土地では採算が合いにくい。そのため、広大な土地をもつ北海道が主力産地となっている。

ごま（胡麻）

ゴマ科の一年草であるゴマの種子を乾燥させた品物。「胡麻化す」ということばが"胡麻で調理すれば美味しく化ける"という意味からきているように、精進料理をはじめ、多様に使われている。原産地はアフリカで、エジプト、メソポタミヤ、インド、中国を経て天平のころ日本に伝わったとされている。貴族の高級品として人気があったらしく、平安中期の法典に、年貢として納められたという記述がある。後に禅宗の胡麻料理、胡麻菓子などの形で広まった。大正時代からすでに輸入が始まっていたが、常陸（現茨城県）の胡麻は、国内栽培が盛んになったことから有名になった。しかし、手間がかかり収益率が悪いので、今では高収益作物に変えられてしまい、国内流通する100％近くが輸入品である。自家用として金ごまなどが全国で栽培されているが、わずかである。

草丈は1mぐらいになり、可憐な花を咲かす。5月ごろ種をまき9月ごろ収穫する。手間がかからず狭い耕作地でも栽培できるが、完熟すると風で簡単にはじけてしまうので、下の葉が黄色くなったら刈り取って乾燥させる。加工品も多く、白、黒、金、茶色に分けられる。

洗いごま、練りごま、いりごま、すりごま、むきごま、切りごまなどが製品として市販されている。

粉の文化

米の粒のまま食べるご飯は、主食だが米を粉にする食べ方もある。粉食の加工品はもっぱら菓子として、日本人は食べてきた。しかし、そのルーツは古代に伝来してきた外来文化である。米粉以外で最も身近な粉といえば、やはり小麦粉だろう。麦は日本でも古くから利用されてきた。

米の粉と麦の粉が発達した時期は同じだ。共に奈良・平安時代、中国伝来の神に捧げた菓子から珍重され始め、中世以降は栽培が増え、粉にすることも容易になり、小麦粉と米粉は用途が分かれていく。共に精進料理だったが、小麦粉は麺文化へ、米粉はもっぱら菓子文化へと発展し、日本独特の食文化が形成されていくのである。

　小麦粉のもう1つの加工品である麩も、日本独特の食べ物だが、ルーツはこれも中国である。今に伝わるさまざまな麩は、江戸時代に日本人の手によって加工・創作されてきた。

　野菜の粉は、かたくり、わらび、くずなどの根から採るでんぷんである。食味や食文化以上に、生産効率や経済性が追及される社会構造の中で、原料も製法も時代と共に変化してきた。現在では自給率15％にも満たない小麦粉よりも、米粉をパンやケーキに使う試みのほうが盛んになっている。

でんぷん

　粉の加工品である「でんぷん」は植物が光合成によって作り出したブドウ糖の結晶である。葉でできたでんぷんは、ブドウ糖の形で種子、根、地下茎に運ばれ、再びでんぷんの形に結晶化されて貯蔵され、植物の発芽や成長エネルギー源となる。この貯蔵でんぷんを取り出して食用にするわけである。原料は種子では米、小麦、とうもろこし、キャッサバ。地下茎ではじゃが芋、サゴヤシのでんぷんがある。地上にできる種子やサゴヤシのでんぷんは凝固力が強く、地下にできる根のさつま芋や地下茎のじゃが芋のでんぷんは弾力が強い。

　日本では古来、山野に自生するかたくり、くず、わらびのでんぷんを利用していた。くずやカタクリ粉は薬としても使われ、江戸時代は救荒食糧としても活躍した。しかし、明治以降は需要も供給も激減した。代わって登場したのが、じゃが芋とさつま芋のでんぷんである。

　現在は、かたくり粉もくず粉もほとんどが芋でんぷんで対応されている。国内で流通しているでんぷんは年間約300万tであるが、そのうちのじゃが芋とさつま芋のでんぷんは10％、残りの90％がコーンスターチ、つまり、米国由来のトウモロコシである。でんぷんの70％近くが水あめやブドウ糖の原料の製品、ビール醸造の原料、水産練り製品、麺類、インスタント食品の添加物として使われる。繊維の染色や製紙の糊料、オブラート、実験用培地、化粧品、その他の工業用に使われるものもある。

じゃが芋のでんぷんは、約40％がかたくり粉、水産練製品、麺類などの「固有用途」に向けられている。残り60％は糖化用になる。加工でんぷんとは、天然のでんぷんを化学的、物理的に処理することで、粘着力を高めたり、新しい性質を加えたりした製品のことである。

　輸入加工でんぷんの大半は、でんぷんにリン酸塩などの薬品を作用させたでんぷん誘導体で、工業用のほか、冷凍食品などの加工食品に使われている。食品に使った場合は、表示では生でんぷんと区別されない。輸入加工でんぷんは、関税が2〜4％と低いため、価格が安い。しかも、高度に加工されていて使いやすいため、かたくり粉、練り製品、はるさめなど、芋でんぷんの「固有用途」市場を侵食している実情にある。

そば・そば粉

　製粉する前の蕎麦の実を、玄蕎麦という。蕎麦はアジア諸国で栽培されているが、ネパールや中国雲南省などから朝鮮半島を経て、日本に麺文化として伝えられたといわれている。奈良時代より以前からあったと考えられているが、文献に登場するのは鎌倉時代からである。穀物の豊作を祝う五穀には入っていないことから、庶民の食べ物として特に珍重されてはいなかったと推察されるが、江戸時代になると、夜泣き蕎麦、祝いの振舞い蕎麦など庶民の食べ物として定着してきた。そのまま加工した蕎麦団子、蕎麦がきなどもあるが、今は麺としての消費がほとんどである。日本各地に蕎麦談義は数多くあり、祝いの膳蕎麦、門前蕎麦などさまざまな分野で、食べ方を含めて登場する。

　蕎麦は趣向性が高く、こだわりがあるが、うまい蕎麦を食べるなら、「原料にこだわり、季節にこだわり、食べ方にこだわり、挽き立て・打ち立て・茹で立て（3立）にこだわれ」といわれるほどである。これに採れ立てを入れて4立ともいう。

＜生態＞

　日本では、蕎麦は北は北海道から南は鹿児島まで、さまざまな地方で栽培されているが、一番多いのは北海道である。品種は「キタワセ」が多い。平成になってから生まれた新品種の蕎麦であるが、食味も香りもよく、夏型は9月ごろに新蕎麦として市場に出てくる。一般的には栽培の時期から、夏型夏蕎麦、秋型秋蕎麦に大別されるが、中間型春蕎麦なども栽培されている。

そのほかにも、地方によって在来種、たとえば常陸秋そば、信濃1号、信州大蕎麦、福井在来、高知在来、徳島在来、鹿児島在来など各種の蕎麦がある。加えて、品種ではカナダマンカン、ダッタンそばなども多く輸入されている。

種をまいてから最短75日で収穫できるなどの理由で、開墾地で盛んに作られるようになった。開墾地における焼畑農業では、焼畑で生じる灰が中和剤として働くため、弱アルカリ性の土地を好む蕎麦の栽培に適しているので、全国的に栽培されてきている。蕎麦は冷涼な気候を好むだけでなく、品種、土地の気候、種まきの時期、畑の状況、天候による虫の活動と受粉の具合、昼夜の寒暖差など、多くの生育条件を持つ作物である。

収穫後は、天日干しが一番よいとされているが、条件によって変わる。次に大事なのは保存である。蕎麦は熱に弱い性質があるため、冷蔵庫、定温庫、冷暗庫などで、脱酸素剤と共に保存する。

＜製粉方法＞

蕎麦の味を決めるのは香りだといってよい。そのため、製粉の時に熱を持ちにくい石臼製粉がよいとされている。水分量13〜15％が理想で、温度管理と挽き方が肝心である。今は大型のロール挽き、胴つき製粉があるが、ロール挽きは機械の温度差、大きさのばらつき、品種の違いなどの条件が多様化しているので、各社のノウハウがここで要求される。

蕎麦の実は、外側の硬い皮を取ると果皮、甘皮、胚乳、子葉となっており、製粉時に最初に真ん中の部分が取れる。一番粉と呼ばれる内層粉である。その周りの部分が二番粉と呼ばれる中層粉で、外側の甘皮部分が三番粉と呼ばれる外層粉と分けられる。また、玄蕎麦を一本挽きにしたものを「挽ぐるみ」といい蕎麦の実のすべての層が含まれていることから、これを製粉したものは「全層粉」と呼ばれる。甘皮も残っているため、色の黒い、粗い粉ができる。全層粉で作った蕎麦は風味が強く、歯ごたえなどがよいことから、俗に田舎蕎麦とも呼ばれている。

＜主な種類＞

・更科蕎麦：一番粉を主体に製麺した製品で、粉の粒子がきめ細かく透明感のある白い色をしており、甘みがあるが香りは弱く、風味は精彩で上品でもあることから、御膳蕎麦とも呼ばれている。
・信州系蕎麦：二番粉を主体に製麺した製品で、味、風味、共によく色味

は中間色である。
・藪蕎麦：三番粉を主体に製麺した製品で、胚芽、胚乳、甘皮などが入っているため、味、香り共に強く、やや色が黒い。
・ダッタン（韃靼）そば：ダッタンそばの原産地は中国雲南省や四川省の標高3,000mの山岳地帯である。玄蕎麦で「にがそば」と呼ばれ、漢方薬の1つであった。ポリフェノールの含有量が普通の蕎麦の100倍もあることから、近年健康食として人気が出ているが、生産量は少ない。韃靼とはモンゴル地域やその周辺をさす、タタールという地名の漢字表記である。

<栄養と機能成分>

たんぱく質、ビタミン、ミネラル、食物繊維、ルチンなどが多いため、毛細血管を強化し、動脈硬化の予防になるといわれることから需要が多い。

乾麺（干し麺）

穀物、穀粉、すべて乾物ともいえるが、原料の収穫時期が年に1回か2回で、1年中食べるためには保存するしかない。粉や粒で保存することは難しく、粉にすると酸化現象も起きる。そのため、手軽に食べられるものに加工して保存するということになる。

中でも、知恵の結晶ともいえる乾麺に仕上げていくことはまさに日本の麺のルーツである。多彩に作り上げた乾麺は、和の知恵のたまものだ。日本人は無類の麺好き国民であるだけに、こだわりが多く、強い。麺の世界は広く、深い。日本列島至るところに生産加工工場があり、多くの地場産業として麺の考え方・食べ方が異なる。全国どこにでもあるが、どことも違う特産品がある。

関東以北の蕎麦好き、関西以西のうどん好きは言うに及ばず、夏となればなぜか食の涼を求め、関東では冷麦、関西では素麺がよく売れる。同じ平麺でも岩手のぴょんぴょん麺、関東のひもかわ、群馬のひっつみ、山梨のほうとう、名古屋のきしめんなど、それぞれ幅も太さもまちまちである。

素麺も手延べにあっては、三輪そうめん、小豆島素麺、播州、島原、淡路島、徳島半田などすべてが細さ、油返し・配合などにおいて異なっている。その反面、長さにあっては決まりはないが、ほぼ同じ長さになっている。というのは、機械麺の場合は、昔からの習慣と食べやすい長さ、商品

の陳列棚に向くサイズが一様なためで、手延べにあっては、乾燥時にはたがけ（織り）にかけて、2本の竹の棒の間隔が約2mぐらいになるまで伸ばし、7本を取り19cmの長さにカットするのが一般的だからである。

　ギフトの場合は、演出の仕方や規格など、各社ばらばらでまったく統一感はない。蕎麦の乾麺にあっては、さらに多彩だ。麺の太さも形もさまざまで、蕎麦粉の種類も多く、製粉の仕方・分け方・色のほか、各種の繋ぎの配合も異なる。抹茶、ごま、柚子など、味と香りにもこだわる。ざるか、かけか、種ものやだしの取り方まで考えると気の遠くなるほどの数になる。日本人独特の世界である。

乾麺の歴史

　さて、日本人と小麦粉の最初の出合いは、奈良時代に遣唐使や禅僧によって唐から伝えられた粉菓子だと思われる。それは、米や豆、小麦の粉を練ってごま油で炒ったり、はちみつや麦芽糖などを水あめと混ぜて油で揚げた「唐菓子」と呼ばれていた。当時は、それらの粉にする道具も技術もなかったため、唐菓子は唐文化の象徴として儀式や信仰行事に使われるのみで、一般化してはいなかった。

　平安時代になってから、宮廷儀式の調度品や上流貴族の饗宴の献立に菓子として並ぶ程度で、しだいに廃れてきたが、そのような中で素麺の祖先とされるのは「索餅（むぎなわ）」である。小麦粉を練って細く長く伸ばし、2本をより合わせたもので、平安時代に市で売られて蛇に化けた、という話が『今昔物語』に登場している。

　また、唐菓子の「餛飩（こんとん）」が、うどんの祖先だと『和名類聚抄』では書かれている。索麺、素麺、餛飩も、その由来に確証はない。色々な文献から多くの説が考えられているだけだ。927（延長5）年に出た『延喜式』には「索餅」が7月7日の星祭、今の七夕の儀式に供されたと記されていることから、全国乾麺協同組合連合会は、この日を素麺の日と認定し、消費を促す活動を実施している。

　仏教では、来世の幸福を願うためには、身を清め、精進しなければならないという「物忌（ものいみ）」の日を設け、食べ物も「精進もの」に限る。そこで食べられていたものは、米や雑穀の粒食とは異なる特別な粉食の麺類だったというのである。鎌倉時代から室町時代にかけて中国から禅宗とともに禅林で食べる軽食の点心や茶子が伝えられた。『庭訓往来』に記された食品

名には「索麺」「餛飩」「碁子麺」の名前がある。まさに空海が伝えた「麦麺」の子孫である。この時代、禅宗が民衆に急速に広まっていくが、その布教に活用されたのが、こうした麺類だったという。

今も全国の神社や寺院に素麺やうどんが登場する行事や祭礼が多いのは道理である。鎌倉時代にようやく粉食に進化し、点心が伝来してから、かきもち、かいもちなどと呼ばれたそばがきが登場した。

蕎麦が麺になるのはさらに200年近く後で、朝鮮から来日した僧が、小麦粉を混ぜる技術を伝授してからである。「そば切り」と呼ばれた麺状の蕎麦は、東日本では素麺やうどんの代わりに神仏の行事に使われたが、生活の中の祝い事に使われる風習も根づいている。

「引越し蕎麦」「棟上げ蕎麦」「結納蕎麦」などはその典型であり、「年越しそば」「節分蕎麦」「ひなそば」なども、精進というよりは暦の節目を祝う御馳走だという。これは、そば切りが大衆文化の興隆した江戸時代に登場したためかもしれない。江戸時代中期以降、麺類は庶民の軽食として大流行した。当時、江戸、大阪、京都などの都市や城下町、港町などに勤労者が集中し、江戸は100万人の人口を記録している。安くて手軽な食糧が求められたのである。

乾麺の普及理由

室町時代までは精進ものとして珍重されていた麺類が、江戸時代に大量需要に応えられるようになったのはなぜだろうか。1つは石の挽き臼の普及である。石の挽き臼は古代エジプトで発明され、紀元前1世紀には中国に伝来していた。日本には7世紀の初めに高麗から来日した僧が実物を作って見せたが、当時の日本では石工技術が未熟で普及しなかったという。

鎌倉時代前期に再度、京都東福寺の開祖聖一国師が宋から持ち帰ったが、石工技術が進歩して広まったのは鎌倉時代後期以降だった。そのころには米の生産量も増えて、麦作りも水田の裏作として始まり、生産量も増えていた。そのため挽き臼の需要も増え、小さな挽き臼が、農家に1台ずつ備わるようになり、目立て屋が農村を巡回したほどだったという。その後、江戸時代には水車が普及し、精白するための挽き臼と製粉用の臼が同時に動くようになった。

麺が流行したもう1つの理由は醤油の普及である。室町時代に完成して

いた醬油の大量生産が可能になり、庶民の口に入るようになったのが江戸時代である。それまでは、麺類は味噌の祖先の調味料や穀醬、うしお汁などを浸けて食べていたという。

　醬油が登場したことで、汁とともに麺をすする「かけ」が成立した。こうして屋台の店先で片手にどんぶりを持ってたべる「立ち食い」スタイルができたのである。とりわけ気の短い江戸っ子の庶民の間では、うまい、早い、安いの3拍子がそろった大衆食品として大流行したようだ。

　他方、幕末からは、幕府軍、官軍ともに兵糧パンを盛んに作り、明治維新後は、パンが食糧に採用され、そういった関係から1873（明治6）年に米国から製粉機が輸入された。製麺史における革命的出来事は、1883（明治16）年の製麺機械の登場である。相次ぐ戦争による軍需の増加に伴い、小麦粉の機械（製粉機）生産による安い乾麺が出回るようになったのである。

　1949（昭和24）年には機械による茹で麺の製造が始まり、1963（昭和38）年には袋入れ茹で麺が発売された。それ以来、蕎麦、うどんは茹で麺が急速にシェアを伸ばした。一方、1958（昭和33）年に初めて即席ラーメンが発売され、5年後には即席蕎麦も登場し、1971（昭和46年）にはカップ麺が発売され、翌年にはうどん、蕎麦のカップも登場する。その後の日本の麺は、製粉機、製麺機、乾燥機、保管システム、物流システムなどの進歩と相まって、冷凍麺、生麺、半生麺、チルド麺と成長著しい。近年、乾麺は伸び悩む伝統食の域に入り始めている。若者たちはパスタ文化を受け入れ、さらに多様化が進んでいるためであろう。

ビーフン（米粉）

　うるち米を原料にした麺線状の製品である。ビーフンの原料となる米は普段日本人が食べているジャポニカ米と違い、インディカ米という粘り気のないパラパラして、でんぷん質も弱い米で作る。インディカ米は、今はタイや台湾などから輸入している。ちなみに、台湾や中国ではビーフン、北京語ではミーフェン、ベトナムではブン、米麺はフォー、タイ語ではセン・ミーなどと呼ぶ。

　日本では神戸のケンミン食品が大きなシェアを占めている。台湾では新竹市の生産量が多い。新竹市は米麺を乾燥するために最適な、冷たく乾燥した季節風が吹くことから生産が盛んになり、今では米国や日本に輸出し

ている。うるち米を水に浸けて粉砕後、脱水し、蒸して細い穴から圧力をかけて押し出し、押し出した麺状の麺をもう一度蒸してから乾燥する。日本では野菜や海産物などと一緒に炒める焼きビーフンが好まれている。

第Ⅱ部

都道府県別
乾物／干物の食と文化

1 北海道

昆布

地域特性

北海道は日本の最北端に位置し、日本の食の台所ともいうべき地域であり、日本の農業、漁業のかなり部分をまかなう、最大の生産地である。そして北海道には古くからアイヌ民族が暮らしてきた。江戸時代から明治時代にかけて、北前船をはじめとする貿易船によって物資の流通が発展し、また、明治時代には開拓団（屯田兵）による開拓が進んだこともあり、今日では北海道がわが国の食糧事情の鍵を握っているといっても過言ではない。

北海道近海では、北からの千島海流（親潮）と、南からの日本海流（黒潮）が交じり合うため、海流によってプランクトンが運ばれて来るだけでなく、そのプランクトンを求める海洋生物も多く集まって来る。そのため漁獲量も多いのである。結果として、海産物や農産物をはじめとする保存食材も多く見られ、まさに乾物の宝庫というにふさわしい。

ここでは、海産物・水産物の中で日本3大乾物の1つに数えられる昆布から説き起こしていこう。

知っておきたい乾物／干物とその加工品

昆布 褐藻類のコンブ科の海藻であるコンブを天日干しにして乾燥した製品である。

海に囲まれた日本列島に無尽蔵といわれる海産物の中でも、だしとうま味の主力である昆布は、青森県、岩手県の一部でも取れているが、総生産量の90％以上は北海道で生産されている。

夏、7月初旬ごろから収穫期になるが、産地によって多少異なる。寿命は2～3年で、大きさは2mから大きいものでは10～20m、幅30～60cm以上にも成長する。

5月頃に採取する二年体「棹前昆布」などもある。浜の拾い昆布などは

年間を通じて行われている。

第二次世界大戦後に始まった養殖では、栄養塩基類の入った大きなプールに1年間ほど浸けて生長を早めておいてから、養成網に幼体を付けて浮き玉(フロート)と共に海に流す。

製造方法としては、採取した昆布はその日のうちに浜で天日干しにして水分を取った後、室内でさらに水分調整をして保存する。選別し各産地漁連、漁業組合ごとに、基準に基づいて等級品質分けを厳しく行っている。

● 真昆布

函館から恵山岬を経て室蘭東部に至る沿岸の道南昆布で、肉厚である。高級昆布に位置づけられている。淡泊で澄んだだしが取れることから、「だし昆布」としての需要が多く、珍重されている。

また、採取された浜により、白口浜(茅部地区尾札部白口浜)産、黒口浜産、本場折浜産、茅部折浜産などに大別されている。

白口浜の真昆布は身が厚く、断面が白く、うま味が豊富で、澄んだだし汁が取れる。

恵山の森から湧き出るミネラルをたっぷり含んだ雪解けの水が大小30もの川から運ばれてくる。それが太平洋の海水と混じり、昆布にとって抜群の生育環境ができる。また、寒流と暖流がぶつかる温度や、遠浅であるため海の中に日差しがあまねく入ることも、昆布の生育に大きなプラスとなる。

● がごめ昆布

道南地区の白口浜、黒口浜、本場折浜の一帯に生息する。表面が凹凸状で籠の目のような模様が特徴で、粘りが強く、フコダインを多く含むことから、最近珍重されてきており、とろろ昆布、おぼろ昆布、ふりかけなど加工用として利用されている。養殖もされている。

● 三石昆布

主に日高地方の三石の浜に生息し、色は濃緑に黒味を帯びる。だし昆布は加工用として広く使われているほか、煮物、佃煮など用途は広い。煮上りが早いので、昆布巻き、豆炊合せ、昆布惣菜など、一般的に日高昆布として市販されている。

● 長昆布

道東地区の釧路から根室にかけて太平洋岸の岩礁地帯に生息し、三石系

の昆布である。細くて長く、棹前昆布、長昆布、厚葉昆布の3種類に分けられる。

● **棹前昆布**

道東地区の歯舞、根室、落石、浜中、散布、厚岸に生息する。5月から6月ごろに早採り採取され、柔らかい性質から「野菜昆布」などと呼ばれる。早煮昆布として、おでん、地方料理などに好まれる。新潟県や長野県などでの人気が高い。

● **厚葉昆布**

棹前昆布・長昆布と同じ一帯に生息し、表皮が黒色で白粉を生じるものが多い。葉幅は広く、佃煮、昆布巻き、塩吹き昆布などに利用され、香りの高いだしが取れることから人気もある。

● **ねこ足昆布**

主に道東地区の歯舞、根室、厚岸に生息し、加工用として利用されている。

● **くきなが昆布**

主に根室沿岸に生育し、濃い茶色で葉幅が広く、肉厚でひだが多い。春くきなが、大厚葉など採取時期により呼び名が異なるものがある。

● **羅臼昆布**
　らうす

主に知床羅臼地区に生息し、表皮の色から赤口と黒口がある。黒口は知床半島突端寄りに、赤口はその南寄りに比較的多い。味が濃く、香りが強いためとても人気がある。特に、だしにパンチが効くので、関東地方での需要が多い。

● **鬼昆布**

主に道東地区に生育し、根室、厚岸が産地である。長切れ、折れがあり、だし昆布、加工用として利用されている。

● **細目昆布**

道北地区留萌、苫前、小平、増毛、天売島、焼尻島、小樽、余市などの地方に生育する。黒色を呈するが、切り口はすべての昆布の中でも白い。比較的幅がある細目昆布は、だし昆布として使われ、佃煮、刻み昆布、納豆昆布、松前漬けなど用途は広い。

● **ややん昆布**

主に室蘭沿岸に生育する。真昆布に似ているが、葉元が鋭角状になって

おり、磯臭い味がする。加工用昆布である。
- **利尻昆布**

 主に道北地区利尻島（鴛泊、鬼脇、沓形、仙法志）、礼文島、稚内、宗谷、枝幸、紋別、網走、船泊に生息する。表皮は黒褐色であるが、赤目もある。真昆布に比べて幅は狭く硬い。だしは清澄で香り高く、特有の香味がある。関西地区での人気が高い高級品である。だしを取った後は佃煮や煮物に使い、加工用にも広範に用いられる。京都の千枚漬け、湯豆腐などにも定評がある。

＜昆布加工品＞
- **とろろ昆布**

 酢に浸けることで昆布は柔らかくなる。柔らかくした昆布をプレス機で圧縮して、ブロック状の大きな塊を作る。その断面部分の表面をカンナの刃で薄く削り取る。真昆布や利尻昆布などのほかにガゴメ昆布などを混ぜて、独特のヌルミや味などを調整する。粘りが強く、吸い物に入れたり、おにぎりに包むなどして多く利用されている。

- **おぼろ昆布**

 酢に浸けて柔らかくした昆布の表面をカンナの刃で削った製品で、昆布の表面は黒いが、真ん中は白い（白口浜真昆布）。表面の黒い部分と真ん中の白い部分を混ぜたものを黒おぼろと呼んでいる。真ん中の白い部分だけ削った製品は白おぼろといい、白おぼろの中でもさらに上質のものは太白おぼろ昆布と呼ぶ。

- **白板昆布**

 酢に浸けて柔らかくした昆布の表面を削っていき、最後に残る芯に近い白い部分。バッテラ押し寿司、魚の昆布締めなどに利用される。

- **早煮昆布**

 昆布を煮るか、あるいは蒸すなどしてから再び乾燥させた製品。早く戻り、煮えるように加工した昆布で、煮物、おでん種、昆布巻きなどに利用する。加工の際にうま味成分が一部失われるので、だし昆布としてはあまり向かない。

- **刻み昆布**

 昆布を酢に浸けて柔らかくしてから細かく刻み、乾燥したもの。野菜や棒たら、油揚げなどと煮たり、大豆のうち豆などと一緒に煮るなど郷土料

理に多い。
- **昆布茶**

 昆布を軽く煎って、粉末にした製品。少量の塩や乾燥梅肉などを入れた梅昆布茶などが市販されている。茶のほかに、調味料としても使われている。

- **松前漬け**

 細切りの昆布とスルメを醤油や酒、みりんなどと一緒に柔らかくなるまで漬けた製品。

- **汐吹き昆布**

 角切りや細切りの昆布を味付けして、乾燥させ、最後に塩などをまぶした製品で、塩昆布とも呼ばれている。

- **納豆昆布**

 北海道道南地方の特産であるとろみの強いがごめ昆布を醸造酢に浸け込んだ製品。水分を加えてかき混ぜると納豆のように粘る。醤油、みりん、薬味などを加えて食べる。

- **根昆布**

 岩に付いている昆布の根元に近い部分を採った三角形のもの。とても硬いので、一晩浸けてうま味を出し、そのまま飲んだり、調理に使う。

- **おしゃぶり昆布**

 酢浸けした昆布を薄くスライスし、食べやすい大きさにした昆布製品。歯ごたえがあり、昆布のうま味が味わえる。酢で味付けした「都こんぶ」などが市販されている。

- **結び昆布**

 酢に浸けて柔らかくして塩気を抜いた昆布を結んだり、籠の形に編んだりした製品。

- **細工昆布**

 酢に浸けて柔らかくした昆布を刻んだりして、「寿」「祝い」「入学」などの文字を刻んだり、籠の形や唐箕などに細工した昆布である。

- **すき昆布**

 蒸すか、あるいは茹でた昆布を細く切り、海苔状に広げて乾燥した製品。三陸地方の特産品として人気がある。

● 昆布飴

昆布の粉末を混ぜた柔らかい飴。

銀杏藻（ぎんなんそう） スギノリ科の紅藻ギンナンソウを乾燥した製品。和名には「アカバギンナンソウ」「仏の耳」「福耳」「角又」などの呼び名がある。ギンナンソウを広げると、耳やシカの角や鶏冠などに似ていることから、この呼び名がついた。

北海道日高地区の襟裳から北稚内、利尻島などの岩礁に繁茂し、昆布より早く1〜3月ごろが採取期である。寒風が吹く春先に漁師が操業する。高さが10〜20cmぐらいで、水深1mほどの岩盤域で、網袋やタモ網で採取する。食用のほか、煮出して糊状態にして、土塀用の糊などにも利用する。

＜栄養成分＞

カルシウム、ヨウ素、鉄分、ミネラルとアスパラギン酸、ビタミンAなどを豊富に含む。

＜保存と利用＞

直射日光と高温多湿を避け、保存する。みそ汁の具やラーメンにそのまま入れたり、酢の物やキュウリの三杯酢に混ぜるとよい。

剥き身鱈（すみきたら） タラ科の海水魚スケソウタラ、マダラを3枚におろして中骨を取り、皮を取り除き、身の部分を塩水に浸けた後に、早春の北風にて天日干しをする。稚内、紋別地方の特産。北国の気候風土で天日干しした剥き身鱈はまた格別である。

近年は冷蔵商品として販売もされているが、干物は生のタラにない食感と味、香りがある。そのままでつまみや茶漬け、煮物などにして楽しむ。韓国ではよく食べられている人気食材である。

氷下魚（こまい） タラ科のマダラ、スケソウタラと並ぶ魚コマイを乾燥させた製品。白身の魚である。アイヌ語で「小さな音の出る魚」の意味を持つ。氷の張る低水温下で産卵する。北海道では氷の下に網を入れて漁獲することから、「氷下魚」と書かれたといわれている。コマイのほか、カンカイ、オオマイ、ゴタッペなどとも呼ばれている。

＜生態＞

日本海やオホーツク海など北太平洋に生育し、全長は40cm前後で、産卵期は1〜3月の厳冬期である。下あごのひげが短いのが特徴で、スケソ

ウタラやマダラと区別できる。水揚げしたら、新鮮なうちに内臓を取り除き、きれいに洗い、適量の塩加減で一晩浸ける。その後は浜でオホーツク海から吹く北風に当てる。また、天気のよい日には日光に当てて水分を飛ばし、天日干しにする。

<保存と利用>

そのまま食べることもできるが、金づちでたたき、マヨネーズ、七味唐辛子などを付けて、つまみとしても食べられている。冷蔵庫か瓶などに入れて保存する。

干し貝柱 イタヤガイ科の二枚貝であるホタテガイの干物部分を取り除き、貝柱の部分をゆでて乾燥した製品。

北海道では約50年前からすでにオホーツク海に面したサロマ湖などでホタテガイの養殖が行われていた。日本国内で生産される干し貝柱のほとんどが北海道で生産されている。青森県や岩手県三陸海岸などでも養殖されているが、生での食用が多い。中華料理の高級食材として珍重され、輸出も多くされている。水に戻すと大きさが約1.2倍にもなり、濃厚なだしとエキスが特徴である。タンパク質が豊富で、グルタミン酸やイノシン酸などのアミノ酸を含んでいるため、独特な味と風味がある。

干し鱈 タラ科の海水魚であるマダラ、スケソウタラの頭や内臓を取り除き、冬の浜で軒先に吊るして凍結乾燥した製品。マダラは高額なのでスケソウタラが多く市販されている。乾燥すると固くなるので、切って袋に入れて販売されている。

干し鱈は、江戸時代から保存食として、北前船交易により主に関西地方に運ばれ、盆や正月の料理として食べられてきた。京都府では盆にはサトイモと煮付けた芋棒が有名である。東北地方や新潟県などでは冬のタンパク質源として、また夏祭りの御馳走としてよく食べられている。約2か月ぐらい天日干しすると固く棒のようになることから、「棒鱈」または「かすべ」などと呼ばれることがある。

身欠き鰊（みがきにしん） 鰊の内臓を取り出し、乾燥した製品。腹部の身を欠く「身欠きにしん」、身を二つに割り干しした「二身」という意味でこの名が付いたといわれている。また、「海の米なり（数の子）」、春を告げる「春告魚」などとも呼ばれている。

ニシンは寒流沿岸に生息し、3～5月ごろに産卵のためオホーツク海、

厚岸海岸などに押し寄せる。最近はサハリン系のニシンなども原料として使われているが、比較的脂が少ない。大正時代には大量に漁獲され、畑の肥料などにも使われるほどであったが、昭和30年代から突如として漁獲量が減ったため、幻の魚ともいわれている。

ニシンは日持ちしないので、水揚げしたらすぐに乾燥させ、三枚におろし、再度乾燥させてから1か月間ほど倉庫で熟成させた後に、木箱に入れるなどして流通されている。乾燥身欠き鰊が堅くなった場合や食用にするときは、米のとぎ汁に一晩浸けておいて半生状態にし、味付けをする。

昆布巻きや甘露煮などに使い、ニシンそばなども美味しい。臭いが強いので、ビニール袋などに入れて冷蔵庫で保管するとよい。

豆類 北海道道央地区と帯広一帯は穀倉地帯で、わが国の農業の基幹主力産地である。大豆をはじめ小豆など、在来種含め多くの産物が生産されている。

在来種とは別名「固定種」ともいい、農家が自家用に何年にもわたって作ってきたものをいう。

一般的に地豆とも呼ばれ、色、形、味すべてにおいて珍しく、個性的なものばかりが伝統的に残されている。現在は栽培に手間がかかるという理由で作り手も減り、希少品種となってきた。この在来種と呼ばれるものは、日本列島各地で多く残されている。

● だいず（大豆）

日本の主産地である北海道では、ダイズの用途や目的に合わせて交配された品種が契約栽培によって計画的に生産されている。

乾物として利用されるダイズは、6月中旬～7月中旬ごろ種をまき、秋に収穫する。夏大豆として、暖かい地方では4月頃に種をまき、夏に収穫する。特に枝豆として生食が多い。

● 黄大豆

種皮が黄色で、一般的には大粒が好まれる。鶴の子という品種（鶴の卵のように丸いことから）との交配種。粒が大きくタンパク質含有量の多い品種が好まれ、保水性も高いため、味噌などの加工用に用いられるトヨハルカや、豆乳加工用のユキピリカ、ほかにはトヨマサリ、ユキホマレなどがある。

- きなこ（黄粉）

　ダイズを煎って粉砕した加工品で、和菓子の原料としては欠くことのできない食材である。黄粉を使った菓子類は多く、五家宝、安倍川餅、信玄餅、わらび餅などが多く出回っている。関東では黄色が好まれるため焙煎を浅く、関西地方では香りの強いものが好まれるため焙煎を強くした、煎りの深い茶色の製品が販売されている。また近年は、黒豆黄粉やごま黄粉といった調理黄粉など多種類の黄粉が市場に出回っている。

- 黒大豆

　種皮が黒い品種で、正月の縁起を担いでおせち料理に需要がある（黒くマメに働けの意味）。丹波種の人気が高いが、北海道には十勝黒、函館黒、黒千石などがある。

- たまふくら大豆

　北海道函館、駒ケ岳山麓周辺で栽培されている。丹波の黒豆の品種改良によって作られた新品種ダイズである。普通の大豆よりも3回りほど大きく、艶と光沢がある。

　食感がよく、皮は柔らかく中身はモチモチで、濃厚な甘みと風味がある。子実は「つるのこ大豆」の1.5倍で煮豆、納豆、甘納豆などの製品に向く。

- あずき（小豆）

　マメ科の1年草アズキの種子を乾燥したもの。今は北海道が主力産地である。昼夜の寒暖の差が大きいため小豆の栽培に適し、昼暖かく夜が冷涼であることから小豆の糖分が高まり、その糖分が蓄えられている。

　品種はエリモショウズが多い。昭和初期に北海道開拓政策の換金作物として奨励されたことにより栽培が盛んになったことによる。小豆は低温に弱いため、開花時期の温度などによって収穫量が違い大きく左右されることから、穀物取引所では小豆相場は「赤いダイヤ」などといわれた時代がある。

- 十六ささげ

　「ささげ」または「ささぎ」とも呼ぶ。十六ささげは、長さが十六尺にもなるということから名前が付いたが、約20～30cmぐらいの長さで、1つのさやから10粒くらいの豆が収穫できる。赤飯に用いられるほか、若いさやは炒めても食べられる。

- **いんげん豆**

　マメ科の一年草インゲン豆の種子を乾燥させたもので、原産国は中南米。そこでは紀元前から栽培されており、メキシコを中心に広まったとされている。江戸時代初期に、明の隠元禅師が日本に渡来したときにもたらしたという逸話からインゲンの名が付いたといわれているが、実際は何の豆を持ち込んだかは定かではない。北海道が最大の生産地で、90％が道内で生産されているが、ほかにも品種は多く、日本全国にそれぞれの土地に合う適正品種が存在する。

　また、豆類の中では大豆に次ぐ輸入量があり、甘納豆や菓子の原材料などに利用されている。種をまいてから年3回も生産されることから、新潟県、東北地方など場所によっては「三度豆」などの呼び名がある。

- **手亡**

　エンドウ豆の中でもつる性でないことから手亡と名が付いた。大手亡などの種類がある。白あんや製菓材料、コロッケ等に使う。

- **前川金時**

　羊羹、炊込みご飯、煮豆など、いろいろな料理にも使われている。

- **大正金時**

　帯広郊外大正町で採れる在来種で、豆が大きく、ほくほく感が好まれて多く栽培されている。大正時代に入植・開拓した町の名前から付けられている。

- **ふくまさり（福勝）**

　ふくまさりは大正金時よりさらに大きく改良されたインゲン豆で、帯広郊外幕別地区で多く栽培されている。

- **うずら豆**

　灰褐色の種皮に茶褐色の斑点模様の見た目がうずらの卵に似ていることから名前が付けられた。煮豆などに多く使われる。本長、中長、丸長などと区別されている。

- **虎豆**

　白い種皮に虎の皮に似た斑点があり、アメリカから伝来してきた。澱粉質の粒子が細かく粘りがあるのが特徴で、主に煮豆に使う。

- **大福豆**

　白いんげんの一種で、粒が大きく味もよいことから需要が多く、最高級

品とされている。甘納豆や煮豆、きんとんなどに利用されている。
- **紫花豆**

赤紫の種皮に黒い斑点がある品種。インゲン豆と同属であるが、ベニバナインゲンというマメ科の多年草つる草の種子である。日本には江戸時代末期に伝来したが、真っ赤な花を付けるため、当初は観賞用に栽培されたが、大粒で食べごたえがあるため甘納豆煮豆に利用されている。

- **えんどう豆**

マメ科の一年草で、エンドウの種子を乾燥した豆である。未熟なサヤを食べる習慣があるが、種子を乾燥する場合は乾燥用実子用の品種を使う。冬に雨が多い地中海性気候であった中近東などでは、秋に種をまき翌春に収穫するが、夏は成長時期ではない。北海道では春に種をまき初夏に収穫する。東北地方も同じ。

- **赤えんどう**

塩茹でしたもので、つまみとして人気があったが、現在ではみつまめなどに使われているだけで需要はわずかである。

- **青えんどう**

缶詰や煎り豆などの豆菓子、甘納豆、うぐいす甘納豆などに利用されている。茹でた状態ではグリーンピースの名前で市販されている。

- **ひよこ豆（ガルバンソ）**

マメ科の1年草であるひよこ豆の種子を乾燥させた製品である。日本でも、近年ではわずかであるが栽培されている。主にインド、中東北部、トルコ、スペインなどが原産主要国でカナダからの輸入が多く、ガルバンソーとも呼ばれている。多価不飽和脂肪酸が多く含まれる。脂質は少なく、葉酸、亜鉛を含む。イタリア料理、中東イスラム料理、インド料理など幅広く使われ、煮豆、甘納豆、スナック菓子、カレーなどに多く使われる。形がヒヨコのくちばしに似ていることから呼ばれている。

- **韃靼蕎麦満天きらり**

ネパール、中国四川省原産といわれている。ダッタン蕎麦はにが蕎麦とも呼ばれ、以前はあまり人気はなかったが、北海道浦幌町などで品種改良し、「満天きらり」の栽培を増やし、今日では盛んになっている。ダッタン蕎麦の魅力はほのかな甘味と栗をふかしたような香り。特に蕎麦の持つ特有成分ルチンが多く含まれて、黄色に近い色をしている。実の甘味に重

要な土壌作りのために赤クローバーを一緒に植えることにより、その根が土を砕き、フカフカとなり、蕎麦の根が深くなり、たくさんの養分を吸い上げ、実が甘くなる、という栽培の改良が進んだ。

● 粉わさび

　原料は東ヨーロッパ原産で、アブラナ科セイヨウわさび属、ホースラディッシュ、和名では西洋わさび、または、山わさび、わさび大根とも呼ばれる。一般的なわさびに比べて栽培が容易で収穫量もよいので、粉わさびの原料として使われている。栽培に適した冷涼な北海道に明治時代に導入された。主に根茎の部分を食用に使う。辛味成分はアリル芥子油（アリルイソチオシアネート）という揮発性の精油成分である。ほとんどが北海道で収穫される。そのほかわずかであるが長野県、鳥取県、秋田県、青森県十和田市などで生産されている、ホースラディッシュは多年草で、晩秋の11月になると地上部の葉は枯れる。翌年に芽がまた出て、11月から12月ごろに収穫する。最近はヨーロッパ、中国などからも輸入されている。

● 片栗粉

　本来は山野に自生するユリ科の多年草カタクリの根茎から取った澱粉であった。江戸時代、播磨の国、越前などで生産されたが、明治以降、北海道でジャガイモが大量に栽培され、ジャガイモから取った澱粉となった。現在はカタクリの根茎からは取られていない。馬鈴薯澱粉である。ジャガイモ澱粉を片栗粉という名前で販売してもよいように商標登録されているためである。

● 玄蕎麦キタワセ

　玄蕎麦は製粉にする前のそばの実の状態である。北海道幌加内、江丹別地区などで主力栽培されている。生産量は日本で一番多い。「牡丹蕎麦」から選抜された品種で、夏型で比較的新しい品種である。

● 黒千石大豆

　1941（昭和16）年、十勝地方の緑肥大豆品種として改良されたもの。栽培が難しく、手間がかかることから、一時立ち消えになっていた。1970年代に生産がストップし、絶滅した品種といわれていたが、スローフードの流れから約50粒の種が見つけられ、そのうち28粒が発芽し、岩手県でいったん増やされて、その後黒千石のふるさと北海道で栽培が再開され、現在は北海道北竜町、乙部町などが理想の品種として栽培強化を始めてい

る。

　幻の黒大豆と言われている。普通の大豆に比べて粒が極小粒で黒く艶があり、種皮が黒いだけでなく、子葉色は緑色で葉の数が普通9〜10枚に対して黒千石は13〜14枚と多い。イソフラボンおよびポリフェノールの値が高く、抗酸化力、アレルギー抑制効果など健康によいとされる成分を多く含むため、増産が期待されている。

② 青森県

黒にんにく

地域特性

　青森県は本州の最北部に位置し、日本海、津軽海峡、太平洋に面している。津軽海峡に面する陸奥湾は対馬海流（暖流）の通り道になっているため、プランクトンの繁殖や小魚など海の幸が豊富で、大間漁港の高級まぐろなどが有名である。また一方、岩木山の山麓に広がる津軽平野は、リンゴの生産量が日本一を誇り、黒ニンニクやナガイモなどの農作物の生産が多い。青森市のねぶた、桜で有名な弘前市のねぷたなどの伝統行事がある。たちねぷたの五所川原市、太平洋側の八戸市、三沢市、通じて下北半島、八甲田山麓、十和田湖周辺では肉牛の飼育が盛んでもある。また、奥入瀬をはじめとする地域は山の幸に多く恵まれ、四季を通して山菜の宝庫でもある。

知っておきたい乾物/干物とその加工品

焼き干し　　青森県陸奥湾産としては、脇野沢産や平館産などが名高い。津軽海峡から陸奥湾に入り込む秋の「いわし」を1つずつ手仕事で丁寧に頭を取り、はらわたを除き、串に刺して炭火でじっくりと焼き上げて乾燥することで、魚全体に火が通るため、脂分を流し出し、さらに独特の香ばしい香り付けとなる。煮干しに使われる小魚のうま味を究極まで引き出す独特な製法である。煮干しより臭みがなく、上品なだしが取れる。

さけ冬葉（とば）　　世界遺産白神山地の麓にある深浦町は漁業が盛んな街である。この大自然に恵まれた深浦町で捕れた鮭を日本海の寒風で干してでき上がるさけ冬葉は絶品である。煮物や珍味として食べる。

清水森（きよみずもり）ナンバ　　清水森ナンバはその昔、津軽藩の津軽為信が京都から持ち帰ったという。400年以上の歴史を誇る唐辛子。ナンバは南蛮に由来し、津軽在来野菜として、ふくよかな甘みを含んだ、

まろやかな甘みと風味のよさが特徴である。大ぶりで形の大きくはった、万願寺唐辛子に似ている。辛口ではなく、むしろ甘口系で糖分が多く、ビタミンA、C、Eを豊富に含んでいる。乾燥品、瓶詰などが市販されている。

黒にんにく

青森県は、日本一の黒ニンニク生産量を誇る。「熟成発酵」させて乾燥した黒にんにくは、ニンニク特有の「スコルジン」や「アリシン」を、そのまま残しているため、栄養とフルーツのような甘さの食感が評価されている。

八戸産すき昆布

三陸八戸産の上質昆布を原料に、昆布を糸状に細く刻み、湯通しして乾燥した二次加工品である。

大間産ツルアラメ

コンブやワカメなど褐色の海藻の一種であるツルアラメを刻み、乾燥したものである。ツルアラメに含まれるコキサンチンは、昆布の5倍以上で、身体の脂肪を燃焼させる働きがある。

八甲田蕎麦、津軽蕎麦

津軽地方では、蕎麦粉に生大豆の粉を少しずつ振り入れる。また、黒い甘皮も多く練り込んでいる。そのほか、津軽リンゴ蕎麦、ヤーコン芋をつなぎとして用いるヤーコン蕎麦などがある。

食用干し菊

食用キクの花の部分を蒸して乾燥した製品。
青森県では「阿房宮(あぼうきゅう)」という品種が生産されている。干し菊は山形県産「もってのほか」のほか、福島県、新潟県など、東北・北陸地方でも栽培されている。青森県で多く市場に出ている「阿房宮」の名は、中国秦の始皇帝が長安北西域に建立した宮殿の名からとったものである。

観賞用の「黄金珠(おうごんしゅ)」から生まれた品種で、江戸時代に南部(現在の青森県南部町)藩主が、京都の九条家の庭に咲いている阿房宮を株分けし、藩内に植えたのが青森県での栽培の始まりだといわれている。南部町では、10月中旬から霜の降りる11月中旬にかけて満開となる黄色の花びらを収穫する。冷涼地で生産されたものは、特有の芳香、甘味、色彩が優れている。

＜製造方法＞
① キクの花を畑から刈り取る。

② 花びらをむしり、せいろの型にならす。
③ ほぼ100℃の蒸気で蒸す。
④ 乾燥室に入れて、約18時間をかけて乾燥する。

　食用菊はアルカリ性のためコレステロールを除去するなど血液の流れをよくする働きがある。また、高血圧予防に効果があるといわれるカリウムも含んでいる。12月から春の彼岸ごろまでが食べごろだが、気温が高くなると変色したり、虫がついたりするので、乾燥した場所で保存する。サッと湯がくだけで鮮やかな彩りと味わいが得られるため、酢の物や大根なますの「菊菜ます」、刺身のつまなどとして好まれる。

菜種　下北半島の玄関口横浜町では、毎年5月になると、黄色いじゅうたんを敷いたような菜の花畑を見ることができる。菜の花は可憐な花で人々を楽しませてくれた後、菜種油になる。そのまま立ち枯れさせて、7月中旬に手刈りし、さやから取り出した菜種を天日干ししたものが菜種油の原料となる。

＜製造方法＞
① 夏から秋にかけて天日干しした非焙煎の菜種を搾油機に入れて圧縮する。
② 時間をかけてじっくりと自然濾過する。
③ 少し緑がかった一番搾りから雑味や搾りかすを濾過する。

青森県産大豆「おおすず」

　東北地方の中北部向け推奨品種では初めての大粒白目となる「おおすず」の新品種で、大豆農林109号が改良型として認定された。「おおすず」は、大きなさやに鈴なりになることから命名され、粒の大きさや外観が北海道の「つるの子」大豆に似ている。大粒のため煮豆にしたときに見た目がよく、柔らかさ、風味、味共にこれまでの東北品種より優れている。特徴は、多収で、成熟が遅い「オクシロメ」に比べて5日早い中早生だという点にある。また、茎の長さが20cmほど短く倒伏しにくいので、機械効率がよい。

特大するめ　青森県八戸産スルメイカは、こりこりとしていて肉厚で、その新鮮さと甘さは格別である。特大するめは、スルメイカの内臓を取り除き、天日干し乾燥させたもので、昔からするめは「花嫁が永くその家に留まっていられるように」という願いから、縁起ものとして、結婚の結納の一品に使われている。

ほっけの一夜干し 　八戸漁港で水揚げされた津軽産赤ホッケの干物は、真鯖、ツボ鯛の干物と並んでおいしさは格別で、人気が高い。

日干しの水たこ 　下北半島の佐井漁港では、水タコを旗のように吊るし、乾燥させる。味と風味、食感が最高に受けている。

青森産ホタテ 　下北半島ではホタテの養殖が行われている。風味がよく、歯ごたえも、うま味も非常にすぐれた品である。また、中華料理の食材としても、その高い品質が評価されている。

抄き昆布 　生昆布を細く切り、海苔状にして乾燥した製品である。

ハトムギ中里在来 　ハトムギはイネ科の1年草である。日本には江戸時代に中国から伝わり、薬用として栽培されるようになった。青森県中泊町にある福浦営農組合で栽培している中里在来ハトムギは、白い大きな粒で、タンパク質は米の2倍、ビタミンB_1、カルシウム、鉄が充実しており、タンパク質を作っているアミノ酸はほかの穀物と比べても良質なものを含んでいる。ハトムギの含有成分から、リウマチ、利尿、消炎、鎮痛への作用として、漢方としての利用度も高い。

白丸麦 　白丸麦は頭にとんがり帽子をかぶったような形で、片面に黒い縦溝があるのが特徴である。アミノ酸（リジン）不足を補う。ビタミンB_1、B_2、カルシウムを豊富に含み、疲労回復や精神安定など多くの効果がある。

3 岩手県

盛岡冷麺

地域特性

　岩手の名称は、「羅殺鬼」という鬼の悪事を、人々の信仰を集めていた「三ツ石さま」が懲罰し、二度とこの地を荒らさないという鬼に、岩の上に誓約手形を残させたという故事から来たとされている。

　北海道に次ぐ面積を持ち、その広さは日本の面積の4％を占める。西に奥羽山脈、東に北上高原が広がり、中央を北上川が流れる。海岸線はリアス式海岸で、天然の漁獲が豊富な条件を有しており、黒潮、親潮、津軽暖流と3つの海流が交錯していることから、有数の漁場環境にある。

　三陸海岸は東北地方の陸奥、陸中、陸前の3つの令制国三陸にまたがる海岸で、青森県東南部鮫角から岩手県、宮城県東部の万石浦までの総延長600kmあまりの海岸である。三陸海岸の海はリアス式海岸で、深く切り立つ海岸は親潮と黒潮がぶつかることによって魚が集まる。さらに、海岸線沿いには山や森林が広がり、その山々から流れる川から、プランクトンを育てるミネラルたっぷりの水が三陸の海に注ぎ込まれる。プランクトン豊富な三陸の海で育った海藻は数多く、高級品としての定評がある。

知っておきたい乾物/干物とその加工品

雑穀　昔は冷害などで米の育ちにくかった二戸郡周辺は、古くから雑穀を栽培してきたことから、今も多くの雑穀が作られている。

稗　イネ科の一年草で、ヒエの種子を乾燥したもの。日本では古くからキビ、アワなどと同様に重要な作物として栽培されてきた。中国東北部、雲南省、朝鮮半島などで多く栽培されてきたが、日本でも昭和初期から米が増産されるに従い、食物としてよりも小鳥の餌や飼料が多くなった。近年は栄養価が高く、食物繊維も多いので健康食品として見直されてきている。

　米より短期間で収穫できることと共に、荒れ地でも育つことから、五穀

豊穣作物として珍重された時代があった。北海道アイヌにも神聖な作物として、尊ばれて、ピパヤとも呼ばれている。

　特に寒冷地である北海道のやせた土地でも実り、麦や大豆の輪作としても利用され、ほかの雑穀と混ぜて五穀米、おかゆにして食べられている。タンパク質は米、麦より良質で、カルシウム、ビタミンB類も多く含んでいる。

南部小麦

岩手県南部小麦は、外国産と比べてタンパク質が高い中間型小麦で、うどんなど乾麺にすると、非常に腰の強い、滑らかなモチモチ食感の麺となり、冷麺にすると、喉ごしのよい、しこしことした食感に仕上がる。

盛岡冷麺

盛岡冷麺は、小麦粉に片栗粉を混ぜ練り合わせ、円筒の中にエアポンプ式に圧力で押し込み、穴から抽出することで圧力熱が加えられてできた麺がアルファー化されたのが特徴である。もとは北朝鮮からの在日朝鮮人が持ち込んだといわれている。そのアルファー化麺は、ゴムのように固く伸びているために、日本人に受け入れられるまでにはかなりの時間がかかった。

　盛岡市内の「食道園」や「ぴょんぴょん舎」などが有名である。平壌や韓国式冷麺は蕎麦粉を入れるが、岩手冷麺は蕎麦粉は入れない。冬の食材であったが、今は1年中食べられている。

わんこそば

県北部二戸郡や一戸などは冷涼な気候風土に恵まれ、容器の名前木地椀から、わんこそばの乾麺を食べるようになった。また、そばかっけ、柳ばっとなど伝統的な蕎麦料理がある。

ひっつみ

岩手小麦農林1号を水でこねた小麦粉を手で薄く延ばしながらちぎり、鶏肉、人参、ゴボウ、きのこを醤油ベースのつゆに入れる。「手で引きちぎる」ことを方言で「ひっつみ」という。はっと（郷土料理）、胡麻せんべいなどが乾物小麦加工品として市販されている。

じゅうね「えごま」

正式には「えごま」といい、東北地方の岩手県では「じゅね」「じゅうねん」などと呼ばれている。古くから栽培されている雑穀の1つで、戦後は作付けが減ってしまっていたが、近年の健康食ブームから作付けが再び始まり、「産地」になってきた。シソ科の食物で種実や葉が食べられるだけでなく、食用油を取れるエゴマは、インドから中国中南部が原産地と推定され、日本へ渡来し

たと思われる。

　エゴマをすりつぶし、むいた後に袋に入れて搾り取る。エゴマは$α$-リノレン酸を多く含み、皮膚の健康に欠かせない必須脂肪酸である。アトピー性皮膚炎に対して効果があるとされている。

たかきび

食用タカキビは、餅種で色はダークブラウン（赤褐色）である。粒の大きさは米粒くらいで、半日ほど水に浸して柔らかくしてから炊き上げる。弾力のある食感とコクのある味がある。炊き上がりの色がひき肉に似ているため、代わりにハンバーグの具材として使ったりご飯に1割くらい混ぜて食べるなどがある。

　赤ワインと同じポリフェノールを多く含んでいるので、人気がある。粒と乾燥した粉末が市販されるようになった。

いなきび

アワより大きく、実の色は鮮やかな黄色である。卵のようなコクがあるので、「エッグミレット」と呼ばれている。黄色い小粒の餅米という感じから、おはぎやキビ餅としても活用される。亜鉛を多く含むため、味覚を正常に保ったり、感染症の予防などの効果が期待される。食べやすく、ほのかな甘みがあるため、地元岩手県では人気が高まり始めている。

アマランサス

ヒユ科の一年草で、その歴史は古く、アンデス山脈南部でアステカ族が種子を食用として栽培していたとされている。トウモロコシや豆類に匹敵する重要な作物として栽培され、日本には江戸時代に主に観賞用として伝来した。東北地方では、小規模であるがアカアワの名前で栽培されるようになり、軽米地区で穀物として現在栽培されている。

　また、秋田県の山間地や九州地方などでも水田転作物として栽培されている。タンパク質、カルシウム、鉄分などを多く含み、葉クセがないのでおひたしにしたり、天ぷらにもできる。葉は野菜、種子は穀物、花は観賞用と三拍子そろっている。

つのなしおきあみ

岩手県三陸産で、当地では通称「素干しあみえび」と呼ばれる。カルシウムや抗酸化作用があるアスタキサンチンが豊富で、身がしっかりして味や風味がよく、成熟したおきあみである。そのまま野菜サラダやお好み焼き、かき揚げ、塩辛、キムチ漬けに利用されている。また、魚釣りの混ませとして釣り餌に使うことが

多い。

南部煎餅（せんべい） 煎餅の原料に小麦粉と胡麻を多く使い、塩で味付けしたシンプルな煎餅である。携帯食として作られたもので、適度に割れやすく、歯ざわりよく、今は故郷の土産として売られている。

松藻（まつも） 褐藻類イソガワラ科マツモ属の海藻であるマツモを乾燥した製品。形が松葉に似ていることからこの名が付いたといわれている。岩手県三陸海岸などで高値で取引がされている。北海道から東北三陸海岸などの岩礁に生育し、冬から春にかけて生長する。夏には消滅する。長さは30cmぐらいまで育ち、採取したばかりのマツモを塩抜きし、海苔のように薄く延ばし、広げて乾燥する。また、遠火であぶった焼き松藻もある。あぶることにより海の香りが出てくる。三杯酢や味噌汁などにもそのまま食べられている。

がんくい豆 平黒豆とも黒平豆ともいわれているが同じもの。名前は、形が扁平で中央の側面の皮にシワがあることから、鳥の雁が食べた跡と見立てたことによる。岩手県岩手郡玉山村でごく少量の栽培がある。生産量が少なく、現在では丹波黒豆より希少価値がある。黒豆の煮方として、関西風のふっくら柔らかな煮方が急に広がったが、このがんくい豆は歯ごたえのある固めの煮方をされる豆である。関東では、正月用に「しわが寄るまでまめに達者で暮らす」縁起物として食べるのだから、硬めで歯ごたえがあるほうがよい。ここでも関東、関西の違いがある。豆をよく洗い、豆の量の4〜5倍の水に一晩浸ける。そのまま中火でアクを取りながら、ゆっくり煮る。指で押して少しつぶれるくらいになったら、ザラメの砂糖を入れ、ザラメが溶けたら火から降ろし、冷ます。再び弱火にかけて、黒砂糖と醤油を加えて3〜4分たったら火を止めて、そのまま一晩おいておく。

ふのり 岩手県宮古市田老地区で採れる「ふのり」は、岩礁海岸の岩に付着したものである。ふのりは日本海側をはじめ各地で採れるが、この岩手県田老地区のふのりは2〜4月の寒い冬の時期が旬であり、特に風があるときに浜に干したものは品質よく、粘りととろみがあり、絶品である。

あま茶 ノンカフェイン、低カロリーで甘みを持つ甘味料フィロズルチンを含み、九戸村で乾燥あま茶が生産されている。

Column

　東北地方の岩手県は春の訪れが遅く、冷害のために稲作ができなかった時代に、雑穀地帯として盛んに食べられた郷土料理がある。

① わんこそば：蕎麦を朱塗りの椀に一口ずつ入れて、数多く食べる風習から、もてなしの膳として受け継がれている食べ方である。

② はらこそば：津軽石川でとれる南部の鼻曲り鮭の筋子を入れた蕎麦である。

③ まつもそば：海藻のマツモを乾燥して糊のようにつなぎに使った蕎麦である。

そのほかの食べ方には、そばかっけ、南部はっと蕎麦、やなぎそばなどがある。

4 宮城県

へそ大根

地域特性

　宮城県は東北地方の主要都市仙台市を県庁所在地とし、東北地方最大の人口を抱えている。仙台市は100万人を擁する政令指定都市でもある。東は太平洋に、西は奥羽山脈と広大な平野からなり、農業県として稲作では、ブランドササニシキ、ひとめぼれなどがあり、山に囲まれた東北随一の人口と産業の中心地である。

　三陸沖漁場に近く、三陸漁港、気仙沼港、塩釜漁港をはじめ水産漁業は全国屈指の水産量を誇り、カツオ、サンマ、マグロなどの水産物の水揚げから、松島湾を望む近海沿岸では海苔、カキ、ホタテ、わかめなどの養殖や水産加工工場も盛んである。また観光県としては、松島、塩釜、鳴子温泉があり、農業、伝統野菜、山菜なども多く産出されている。

　歴史的に有名なのが江戸・徳川時代に武将伊達正宗が家康の許可を得て今の青葉山に新しく築城した千代城である。伊達正宗は河水が千年にわたって流れ、民も国も安泰になることを願い、仙台城と、同じ音から漢字を変えて、「仙台」と名付けたという。

知っておきたい乾物／干物とその加工品

仙大豆ミヤギシロメ　宮城県は大豆の作付け面積が全国2位であり、さまざまな品種が栽培されている。仙台市東部地区を中心に26haの水田を活用して栽培されて、復興の作物として奨励されている。仙大豆ミヤギシロメは味も風味もよく、国産大豆としてはワンランク上と賞され、加工品、菓子、ディップ（生野菜などにつけて食べるクリーム状のソース）等に使用されている。

宮城タンレイ　宮城県の大豆の作付け面積は約9,000haで、そのうち「タンレイ」は30％を占め、大崎、石巻地方を中心に作付けされている。宮城県の代表的品種で、粒の大きさは「中粒」で、種皮

色は黄色で、粒ぞろい、耐伏性、播種適応に優れ、品質がよく、特に豆腐加工に適しており、また煮豆、味噌などの加工に適している。

宮城大豆東北164号
宮城東北164号は「タンレイ」より学班病や着色性などの問題があるが、ほどよい固さで歯ごたえがしっかりしているため、納豆などに向いている。

白石温麺(しろいしうーめん)
伊達藩主が病気になったときに、殿様が食べやすいように短く切ったうどんで、油を使わずに作った手延べ製法である。

岩出山凍り豆腐
宮城県玉造郡岩出山町地方では、稲作農家の冬の副業として今なお11月末から3月の厳冬期にかけて行われている。原料は地元岩出山産の「宮城白目」という品種の大豆を使い、水切りした豆腐を定型の大きさに切り、2週間ほど凍らせて熟成させる。これを一度水で戻してアク抜きをし、イグサで編み上げ、戸外で天日干しにする。自然を相手に古来の製法を守って、夜間に凍らせて日中乾燥させる工程を繰り返すことで、きめ細かさと凝縮したうま味が生まれる。

凍り豆腐を編むには、昔は稲ワラを使っていたが、今では熊本県阿蘇地方のイグサを契約栽培したものを使っている。

凍み豆腐
宮城県の最南に位置する丸茂町近郊では、1月の氷点下の寒い中での乾物「凍み豆腐」作りが有名である。現在は、作っている人はわずかになってしまった。隣りの青葉地区では唯一「青葉豆腐」を作っている。

<製造方法>
① 前の日から大豆を水に浸しておく。
② 温度が上がらないように、水と混ぜながら大豆をすりおろす。
③ 加熱釜に送っていく。
④ 加熱釜は圧力をかけて、120℃の蒸気にて蒸煮する。
⑤ 煮上がったら搾り、豆乳とおからに分ける。
⑥ 豆乳ができたら、にがりを入れて固める(にがりは塩化カルシウム)。
⑦ 木綿の布で豆乳をこし、水分を抜く。
⑧ 硬くなったら、豆乳を木箱に入れて、さらに水を抜く。
⑨ 布でくるんで、さらに機械で水抜きをする。豆腐はやや硬めに作る。
⑩ 棚に並べて冷せば豆腐のでき上がりである。

昔は大豆を農家の人が持ち込んで、豆腐にしてもらい、その豆腐を各家

庭に持ち帰り、蚕を入れる木箱にわらを敷いて、各自で手のひらサイズに切った豆腐を並べて夜外に出す。氷点下の寒風で凍らせて、昼間は干して乾燥し、それを繰り返して凍み豆腐を作っていた。

　普通の豆腐より濃く硬めに作り、大豆を煮る温度は低くにがりも少なめで、ゆっくり水を抜き、でき上がった豆腐はハガキ半分大に切って、冷凍庫で凍らせて、その豆腐を1枚1枚ワラやイグサで編んで、10枚1連で軒下に吊るす。晴れた日であれば4〜5日ぐらいででき上がる。風味がよく、無添加のため、正月のおせちや煮物、炒めものなど活用範囲は広い。地域の観光土産としても大変人気がある。

凍み餅（し）
東北地方から信州地方にかけて寒冷地の保存食品として作られてきた。昔は炊飯に向かない屑米を粉末にして、野菜の粉などと混ぜて凍み餅を作ったが、今は、餅米、うるち米、ヤマゴボウの葉などを入れて作る。餅も一定の大きさに切って、1枚1枚ワラに編んで部屋の中で吊るし、陰干しする。湿気や風を避けて1か月くらい干す。乾燥が悪いとカビが生えてしまうので、ひび割れしないように注意して乾燥する。

へそ大根
宮城県丸茂町の乾物に「へそ大根」がある。丸くてしわがあり、真ん中に穴が開いている。丸茂町の南部筆甫地区を中心に、農家が冬の副業に作っている。

　12月の下旬ごろから1月にかけて、氷点下の寒い時期にのみ作られている。真冬の早朝に100本くらいの大根を洗って皮をむき、3cm幅に切って大釜で茹でた後、ザルに広げて冷ます。冷めたら25個ずつ竹串にさして、軒下に作った干場に吊るし、冬の寒風の中で「凍って解けて乾燥して」を繰り返すこと約1か月間すれば、飴色に輝くへし大根のでき上がりである。ゆで大根はゆで加減が難しく、生煮えではスが入り、煮過ぎると柔らかくクシから落ちてしまう。長年の経験がものをいう。

　身欠きニシンや煮物として多く使われている郷土食品でもある。

蔵王寒風大根（ざおう）
宮城県仙南地方の象徴である「蔵王高原」山麓では、初冬に収穫した大根を輪切りにして茹でた後、断面の中心に1m程度の竹串を刺して軒下に吊るす。丸茂町のへそ大根とほぼ同じ製法である。

油麩（あぶらふ）
宮城県登米市、仙台市は伊達藩の城下町で、古くから北上川の要所としても栄え、米、大豆を原料にした醸造業も盛んだが、こ

こでは油麩も昔から伝わっている。もともと油麩は夏の食材で、暑いときに肉の代わりとなるタンパク質源であったが、登米では盆の精進料理を食べる習慣があり、油麩などがよく使われたともいわれている。

　余分な水分を搾ってから小麦粉を混ぜてこねて寝かし、これを小さな種にして大豆油で揚げる。長さ10cm、幅1cm強の種を静かに油に入れる。2本の上げ箸で端と端を押さえながら長さを調整し、麩の表面に縦に4本の筋を均等に入れていく。これを20～25分間油の中でくるくる回し続ける。その後、1時間ほど室温でねかせるとでき上がる。

干し真鱈

タラ科の魚でタラホンダラなどとも呼ばれ、大型では1～2mにもなる。北太平洋岸から、宮城石巻、宮城女川、北海道歯舞、羅臼などで水揚げされている。冬が旬で、身が柔らかく脂肪が少ない白身である。生では日持ちがしないので、頭と内臓を取り除き、天日干しした「棒鱈」としてさまざまな料理にも使われている。スケソウタラよりも高価である。

干しわかめ（干し若芽、若布）

褐藻類コンブ科の海藻であるワカメを湯通しして乾燥した製品。北海道東岸、南西諸島を除く日本海沿岸から朝鮮半島にかけて生育する。海水の温度・栄養、河川の流入など陸地との関係、太陽の光の強さ、海岸や湾の地形・深さなどにより、収穫量や品質に差が出る。

　水深10mくらいの海底で秋に発芽し、海水温が5～12℃ぐらいの1月から4月にかけて大きく成長する。そして、5月から7月にかけて遊走子は放出され、夏の温度が23℃以上になると休眠して秋を待つ。本体は枯れる。2～4月が最もおいしい時期であり、2mにも成長するわかめの採取期となる。

　宮城県、岩手県の三陸海岸で最も多く採取されるが、青森県、新潟県佐渡、徳島県、三重県伊勢志摩などでも採取される。宮城県三陸海岸は黒潮、親潮など多くの海流が入り込む複雑な海流で、栄養が豊富である。三陸わかめが有名で、茎が短く、葉の切れ込みが深く、肉厚で歯ごたえのあるのが特徴。近年は韓国、中国からの輸入もののほとんどがカット乾燥わかめである。国内産は生塩蔵湯通しわかめとして流通している。

　天然わかめ、養殖わかめ、生わかめ、灰干しわかめなど多くの種類があるが、どのわかめも色と味、食感がよく香りのあるものを選ぶとよい。

1970年代に、養殖技術が成功してから、ほとんどが養殖である。国産天然わかめはごくわずかに地方の土産品として流通している程度である。

　日本人には春の到来を感じる季節の料理として筍が旬の時期、「若竹煮」（わかめ、竹の子を煮たもの）、味噌汁、酢の物、和え物などさまざまな料理に利用される人気食材の1つである。海藻類はアルカリ度が高く、成人病の予防にもなるといわれている。

　わかめはカリウム、カルシウム、マグネシウムなどミネラルを豊富に含んでいる。また、鉄、亜鉛、銅、マンガンなども多く、色素成分にはβカロチンが豊富に含まれ、昆布やヒジキと同じく食物繊維が豊富である。その他、腸の働きを整え、血中コレステロール値を下げ、血圧降下など多くの効能が期待できる。

　加工製品には、主に次のようなものがある。

・**板わかめ**：わかめの葉と葉を重ねて貼り付けるようにして、板状に広げて乾燥したわかめ。
・**糸わかめ**：わかめの葉を細く裂いて乾燥した製品。
・**すきわかめ**：わかめを細く刻んで、すのこや網に並べて板状に乾燥した製品。
・**カットわかめ**：湯通し塩蔵わかめを洗って塩抜きし、一口大にカットして乾燥した製品。カットわかめを水で戻すと、量が約12倍に増えるので注意する。
・**茎わかめ**：わかめの中央にある茎を塩蔵した製品で、太く歯ごたえがある。
・**素干しわかめ**：収穫後そのまま浜に干した製品。海の匂いが強く、味はとてもよい。

宮城県産板海苔

　松島湾が生産量では多いが、石巻湾なども産地である。浮流し式漁法で11月から採取が始まるが、日本では一番早く入札が始まる。色目や味には特別な特徴はないが、葉質がしっかりしていることから、用途は焼き海苔が中心になり、業務用の需要が多い。

Column

　凍り豆腐の読み方は地方によって異なる。長野県、東北地方や新潟県では凍ることを方言で「しみる」ということから、「凍み豆腐」「凍み餅」とも呼ばれるが、一般的には「こおりとうふ」である。

　また、凍み餅にはつなぎとしてヤマゴボウの葉を入れる。ヤマゴボウの葉の裏側は綿状なので、その繊維がつなぎになり、凍らせても割れないそうだ。緑色をしているがヨモギではない。ヨモギを使うところもある。長野県飯山市富倉地区では蕎麦のつなぎに使っているところもある。

5 秋田県

秋田極太ぜんまい

地域特性

秋田県は日本海に面し、山形県や新潟県と同様な気候風土を持つ。冬季には対馬暖流が運ぶ冷たい風が奥羽山脈に流れ込み、雪を降らせる。秋田県は全域の90％が特別豪雪地帯に指定されるほど雪が多く降り積もり、冬期間は日照時間が全国で最も少ない県である。日本海沿岸部と内陸部とでは温度差は大きく、奥羽山脈系の山々からの季節風によるフェーン現象で夏は猛暑で大変熱く冬は寒いなど四季の変化が激しい地方である。

八郎潟の干拓もあり、「あきたこまち」をはじめとする全国有数の米の産地でもある。酒造り、果樹園芸も盛んで、内陸部は栗駒高原、宮田高原、田沢高原と山間地からの農産物、山菜二次加工品、海からの魚のハタハタの漁獲など多彩である。農産加工品として、日本三大うどん秋田稲庭うどんが有名である。

歴史的に出羽の国と陸奥の国の一部からなり、名前の由来は、土壌が作物に向かなかったことから「悪田」が秋田に転じたという説があるが、定かではない。

知っておきたい乾物 / 干物とその加工品

赤目（あかもく）　褐藻類ホンダワラ科の多年草であるアカモクを乾燥した製品。男鹿半島の幸である赤目はフコダインを多く含む海藻で、磯の香りが強い褐藻綱ヒバマタ目ホンダワラ科の海藻である。秋田県ではギバサ、新潟県ではナガモ、山形県では銀葉草などの呼び名がある。日本海や太平洋の沿岸に冬から春にかけて発生・収穫され、市場などに出てくる。茎は円形だが、体長は1mから大きいものは5mにもなる。雌雄異株で、細かな気泡と俵型の小葉をつける。

利用方法は、鍋に湯を沸かし、茹でる。鮮やかな緑色になったら、ざるに上げて水気を切る。そのままポン酢をかけたり、生ショウガ、麺つゆを

加えて、味噌汁、白飯、ざるそば、冷奴などと一緒に食べる。また、フコダインは口臭・体臭や成人病の予防効果があり、免疫力を高めるといわれる。さらに、モズクやめかぶと同様に花粉症、糖尿病、肥満の予防効果もあるといわれている。

ぎばさ　収穫期は例年5月の1か月間ぐらいである。秋田県男鹿半島近海で採れる海藻で、水深3～5m、海水温度14～15℃が目安となる。茹でると緑色になり、包丁でたたきカットするとねばねばが増す。卵の黄身、ポン酢などをかけて食べる。ビタミンD、カルシウムが豊富に含まれる食材である。

稲庭うどん　日本3大うどんの1つといわれている秋田稲庭うどんは、『稲庭古今跡誌』によれば、羽後の国雄勝郡稲庭村の佐藤市兵衛が陸奥の国（宮城県）の人であり、稲庭村に移り住んでその一族に製法を伝えたことから始まり、今から300年前に秋田藩主佐竹藩の御用を受けたと記録されている。

雄勝郡稲川町（現在は湯沢市）に伝わる稲庭うどんは、腰の強さと、手延べ製法で油を使わず打ち粉を使うため滑らかな舌ざわりが特徴で、人気のある商品になった。

製法は手延べである。全工程が手作業に頼り、稲庭独特の秘伝製法を保っているのが特徴でもある、

＜製造工程＞
① 練る：栗駒高原山麓から湧き出る湧水を使い、小麦粉と塩を足踏みによって練る。
② 板切り：ガラス等の鉄板などに延ばし、まず板の上から太く切る。
③ 小巻：手延べでは粉引細目ともいう。細く延ばす。
④ なう：2本の竹の棒（鉄棒）などに8の字にかけると、力が均等になる。
⑤ 延ばし［つぶし］：ロール状の麺棒で、板の上で押し延ばす。
⑥ 乾燥：引きながらハタにかけて延ばす。
⑦ 裁断：家庭用、贈答用などにサイズを決めて裁断する。

秋田極太ぜんまい　秋田栗駒高原山麓の子安、皆瀬村産天然乾燥ぜんまいは乾物の王様である。細かい部分を取り除き、固い部分をカットする手もみ製法である。

秋田乾燥蕨（わらび）　秋田鳥海山山麓で採れた天然乾燥わらびは、天日乾燥で、春先の限られた期間しか採れず、貴重な食材である。

秋田大豆リュウホウ　播種期の異なる「リュウホウ」の収量、外観品質は晩播が標播よりも安定して優れ、タンパク質含有量も高い。寒冷地である秋田県川連地方をはじめ晩播栽培の土地に高品質・安定生産作物として有効である。味噌や豆腐などの利用が多い。

秋田黒ささげ　日本では古く、平安時代からすでに栽培されていた「大角豆」の記録が残っているが、アフリカ原産のものが中国を経て渡来したといわれている。同種の赤ささげは主に関東以南の暖地で栽培されている。昭和30年代までは国内でも盛んに栽培していたが、以後は減少している。日本国内では赤ささげが多く、輸入豆には、白ささげも黒ささげもあるが、全国的には小豆に代わって赤飯などに用いられることが多い。小豆より皮が硬く、煮崩れしない。

　秋田県地方の方言で黒ささげを"てんこ小豆"と呼んでいる。名前の由来は明確ではないが、"てんこ小豆"は漢字で"天甲小豆"と書き、さやが天に向かって伸び、強固である様子から、この名が付いたのではないかと推測される。「ささげ」の名は、さやが供物を捧げるように上を向いていることに由来するという説もある。この黒ささげで作る赤飯は黒紫色になる。

⑥ 山形県

食用干し菊

地域特性

　山形県は室町時代の「山方」に由来するといわれる。日本海にも面し、海と山の水産加工品、農産物加工品に恵まれているだけでなく、フルーツ王国としてサクランボ、リンゴなど多くの果樹園芸も盛んである。

　地形的に中央に最上川が流れ、北前船からもたらされた船の文化も産業化され、特に酒田は水運の拠点となっている。最上川は日本三大急流の1つとしても有名である。村山地方、最上地方、置賜地方、庄内地方と一般的に分けられ、それぞれ独特な文化を継承している。

　食材宝庫の山形は、全国でも有数の麺食文化を持ち、特にラーメンの消費量が高い。米沢ラーメン、酒田ラーメン、冷しラーメンなどがあり、さらに蕎麦日本一をめざしている。

　地域発展の知名度を上げた蕎麦村山海道をはじめ、県内の激しい寒暖の差がある気候風土から蕎麦栽培が盛んになり、盛り付けの容器から「板蕎麦」「振舞い蕎麦」なども有名である。肉蕎麦、肉冷し蕎麦、こんにゃくと乾物には困らない県である。

　大いなる最上川が育んだ蕎麦の味としては、村山の板蕎麦、振舞い蕎麦、新庄の最上蕎麦、大石田の来迎寺在来種蕎麦、尾花沢の紅花蕎麦、鶴岡麦切り、河北町の肉蕎麦、白鷹町の生粉打ち蕎麦がある。

　村山市には、山形県の母なる川、最上川の流れに沿って蕎麦屋が立ち並ぶそば街道がある。

　ほかにも船で運ぶ時代の船頭を悩ました最上川三難所と呼ばれる碁点の瀬、三ヶ瀬、隼の瀬の三難所は「奥の細道」にも登場する。これらをつないだ最上川三難所そば街道がある。昔から農家の多いこの地域では、大勢で田植えや収穫作業をした後、労をねぎらう「蕎麦振舞い」の習慣があった。どこの家でも蕎麦を作り、みんなそろって腹を満たしたという。日本三大急流の1つである最上川と葉山の自然に囲まれた村山地区は、寒暖の

差が激しい気候が蕎麦のうま味のもとであるでんぷんを多く生み出すため、蕎麦栽培の適地といわれてきた。とりわけ味と風味にこだわり、熟練と技の速さで手抜きをせず丹精を込める先人の精神を受け継ぎ、今日に伝えられている。

知っておきたい乾物/干物とその加工品

荘内麩（しょうないふ）　歴史は古く、室町時代に「修験者」が製法を伝えたという。800年の伝統を持つ手作り品で、山形豪雪地方の農家の農閑期における内職仕事として発達し、その後、鶴岡、酒田地方の特産品となった。荘内麩を利用した調理法は、江戸時代に「肝吸い」（鰻の肝の吸い物）として鰻屋で好んで使われた。今では即席味噌汁の具材としても使われている。

するめ（鯣）　北海道北前船の歴史がもたらした最上川のするめ料理。最上川のいか天ラーメンも名物だが、焼きするめの皮と昆布を一緒に煮込んだ玉こんにゃくが名物である。また、するめをさっと洗い、水分を切って、切り干し大根となす炒めにするめの皮を入れて煮込み、畑の肉大豆であるうち豆と一緒に惣菜として食べる。

そのほか、するめを水に一晩浸して戻した後、いかの灰汁を取り、細かく切ってミキサーでミンチし、山芋に卵白を加えてよく練り、鯛や松茸に似せて作るいか料理がある。

蕎麦米　「そばごめ」とは蕎麦の実を蒸して殻を取り、乾燥させたもので、「むきそば」とも呼ばれ、山形県の郷土料理として親しまれている食べ物である。もとは関西方面の寺院で食べられていた精進料理だが、江戸時代の中ごろ、北前船の交通が始まり、山形北部地方でも食べられるようになったと伝えられている。さわやかな味わいは、夏は冷たく冬は暖かいため、四季を通じて食べられている。

食べ方としては、そばごめ鯛の酒蒸し添え、そばごめのおから、そばごめの野菜盛合せ、そばごめの葉わさび和え、そばごめの山かけ、そば米の桜餅、そばごめ雑炊などがある。

食用干し菊　食用菊の花を蒸して、海苔状にすいて乾燥した製品。菊海苔とも呼ばれている。現在、食用として食べられている種類は約60種ほどある。山形で栽培されている「もってのほか」は、特

に欠かすことができない代表的なもので、旬の食材「食用菊の王様」とも呼ばれている。正式には「延命楽（えんめいらく）」という名前の品種だが、「もって菊」などとも山形では呼んでいる。

名前の由来としては、「天皇の菊の御紋である菊の花を食べるなどとは「もってのほか」だとか、（思っていたよりもずっと）おいしかったからだといわれている。

一般に、食用菊は花びら（花弁）の部分を食べる。「もってのほか」は花びらは筒状になっているため、茹でても形が崩れない。しゃきしゃきとした歯ざわりが特徴で、サッと茹でた後に酢の物やおひたし、和えもの、天ぷらなどで食べる。淡い紫色の花びらが、茹でると鮮やかな紅紫色に変わり、食卓に彩りを添える。

・もってのほか（紫、黄色）、蔵王菊（黄色）

もってのほかは菊の花びらを乾燥したものである。苦みが少なく、繊維質が豊富で、カロチンやカリウム、カルシウム、リンなどを多く含む。シャキシャキした歯ざわりに特徴があり、酢の物、和え物などにして食べられている食用菊である。蔵王菊は花びらの形状が小さいのが特徴である。

紅花花弁

最上川沿いに栽培されていた紅花は、京都、大阪、江戸方面に運ばれ、口紅や染料として使われる。また、健康薬としても冷え性等に効くとされ、漢方薬の原料にもなっている。花びらを陰干しにしたものは、食品の色付け、茶、サフラワー油の原料、薬用保健薬にも使われる。

乾燥かたくり

カタクリはユリ科の植物で、片栗粉はこの「カタクリ」の根からとったでんぷんである。花、茎、葉のすべてが食用に適している（乾燥かたくりは現在は主に中国などから輸入している）。早春の香り豊かな「かたくり」を湯通しして乾燥させたもので、ほかの山菜とはまた違った独特の甘みがある。灰汁が少なく、おひたしとして季節の演出に添えて食べる。

はしぎ

はしぎは葉が3つに分かれ、花が空木（うつぎ）の花に似ている。高さ2～3mほどの落葉樹の低木で、ミツバウツギなどとも呼ばれている。5～6月ごろ、枝の端に白い花を咲かせるが、花つぼみの長く伸びたものは硬くて食用にはならないので、花つぼみが伸びる前の若芽をつみとって利用する。癖がないソフトな味が楽しめる。ボイルして乾燥する

か、冷凍保存する。「はしぎ」は方言である。

マタタビの実　マタタビは日本各地の山地に生えるツル性の低木である。ほかの植物にからみついて生長し、夏には梅の花に似た白い花を咲かせる。主に果実を食用とし、マタタビ酒などの果実酒として利用されるが、実だけでなく柔らかい若葉も食べることができる。

桑の葉　養蚕などで知られる桑の葉は、乾燥して薬草としても古くから利用されてきていたが、桑の葉特有の成分デオキシノジリマイシンが血糖値を下げることなどから、近年は成人病予防の観点で見直されている。また、便秘解消やダイエットなどの面でも注目されている。食用としても、くせがなくさっぱりした味わいから、和洋を問わず、さまざまな料理に利用されている。

うこぎ　うこぎはウコギ科の高さ2mほどの落葉低木である。春から初夏にかけて新芽が美しいため、天ぷらやおひたしなど伝統的料理に使う。また、うこぎは、活性酸素を抑えるサポニン類、ポリフェノール、タンパク質、ミネラル、ビタミンCの含有量が極めて高いことから注目を集めた。

だだちゃ豆　山形県鶴岡市郊外白山地区で栽培される。在来種ではこの地域のみで採れる青豆大豆で、甘み、風味共に絶品である。枝豆、加工品としては和菓子や洋菓子、餅など多くの食材に用いられている大豆である。

山形大粒大豆「里のほほえみ」　大豆は山形県の主要な水田転作作物であるが、現在の主力「エンレイ」はダイズモザイクウイルスへの抵抗性が不十分であり、倒伏抵抗性も弱い。そのため、山形県内の栽培に適し、収量、品質が高く、加工適性に優れた大粒品種を選定した改良版「里のほほえみ」（東北160号）が作られた。こちらは粒が大きく、成熟期が「エンレイ」より5日ほど遅い中間種であり、ダイズモザイク病に強く、タンパク質含有率や破断強度もよい。豆腐などの加工用に向いている。

蕎麦出羽香り　蕎麦の品種の1つで、1996（平成8）年に山形県優良品種に登録された。1988（昭和63）年に、山形の在来種「最上早生」の改良品種で大粒で良質の特性系統を選別した結果、香りが高く、つるっとした喉ごしが人気となり、山形の代表品種ができ上がっ

たのである。

干し杏・山形三号　山形県の在来原産品種で、昭和初期から長野県で栽培されていたとされている。果実は円形で、黄色味がかかったオレンジ色をしている。酸味が強いので、生食には向かないが、干し杏やジャムの加工用に利用されている。

7 福島県

立小山
凍み豆腐

地域特性

東北地方南部の奥羽山脈阿武隈高原を背に、福島市を県庁所在地に持つ。信夫山をはじめ肥沃の大地を含むことから果樹園芸産業も多く発展しているが、いわき市、相馬市の沿岸付近は浜通り（太平洋側）と称し、松浦、小名浜、常磐沖は黒潮により多くの漁港に恵まれ、水産物が漁獲されている。県の中心地である福島市、郡山市、二本松市からなる一帯は中通りと呼ばれ、農業が盛んである。中でも、中央にまたがるフルーツラインは、リンゴ、ナシ、ブドウ、サクランボ、桃などの生産が盛んである。会津若松市、猪苗代、喜多方市は、山通り（会津地方）と呼ばれる。会津周辺の山々に囲まれた地域は、厳しい夏の暑さと冬の積雪が生む盆地独特の気候と、山々から流れる豊かな伏流水とによって、肥沃な大地に育った。

良質の米、酒処としても栄え、鰊の山椒漬けやこづゆといった郷土料理が観光地の人気を支えている。

このように福島県は大きく3つに分かれて呼ばれており、気候的にまったく違うだけでなく産業や文化などにも変化があり、故に産物も海産から果物、山菜まで多彩である。ちなみに、戊辰戦争時の会津藩は23万石で、仙台藩に次ぐ藩であった。

知っておきたい乾物／干物とその加工品

嫁小豆 白い斑の入っている在来種。主に福島県相馬地方で栽培されている小豆である。

荏ごま シソ科の1年草であるエゴマの実を乾燥させて煎ったものである。近年、健康志向の高まりから、リノール酸やオレイン酸を豊富に含むエゴマの種子を搾った荏油が注目されている。町おこしとして、福島県会津地方の山間地や長野県などで盛んに栽培されているが、まだ生産量は少なく、高単価であるため、将来に期待したいところである。

名前からして胡麻の仲間と思われがちであるが、胡麻ではなくシソの近縁である。韓国では焼肉に葉を巻いてよく食べる。

長野県や岐阜県多治見地方では種をすり潰し、「荏ごま味噌」として、五平餅などに塗って食べられている。

立子山凍み豆腐

福島市郊外の立子山の冬は寒さが厳しく、農閑期に農家の収入源として作られたのがきっかけで始まったといわれている。最盛期には60軒ほどの農家があったが、現在では7軒ほどに減少している。立子山凍み豆腐は、観光地の土産用として販売されている冬の風物詩である。豆腐を水切りして薄く切り、氷点下の夜に凍らせて稲わらで結び、軒先に吊るして乾燥させる。吾妻連峰からの風は乾燥しており、すべてが天然凍結・天然乾燥で作られている。機械乾燥より味がよく、なめらかな舌ざわりが人気である。

蕎麦「会津のかおり」

「会津のかおり」は、下郷町の在来種17品種から収集した系統で、やや小ぶりだが、粒張りがよく、収量性は高い。粉にして打ってみると、打ちやすく食味に優れている。この系統は「会津3号」と名付けられたが、2007（平成19）年度に「会津のかおり」と命名された。味、香りのよさは言うに及ばず、延ばしの割れが少なく、製麺しやすく、粒ぞろいがよく、「ルチン」が多く弾力もあることが評価されている。

会津裁ち蕎麦

「裁ち蕎麦」は、南会津、桧枝岐地方の山間部での主流派である。殻まで有効利用するため、挽きぐるみの黒い蕎麦粉を使用し、つなぎを使わずに延ばす。そのまま畳めば、折り目で生地が切れて短い蕎麦になってしまうが、この生地を畳まず数枚から十数枚重ねて包丁で裁つように切り、長い蕎麦に仕上げる。そのため、裁ち蕎麦と呼ばれている。

会津では一番粉を使い、つなぎは使わずに熱湯と水を使う「友つなぎ」と呼ばれる技法で、白くて腰があり、喉ごしのよい蕎麦が打たれている。

凍み餅

凍み餅は福島県相馬地方、葛尾村、三春などに昔から残る伝統食で、冬の寒さを利用した保存食である。餅米とうるち米にヨモギなどを加えてつき上げた餅を、一昼夜、外で凍らせた後、2か月近く自然乾燥する。長野県諏訪地方では餅米を水に浸けてから水ごと石臼でひき、煮てから容器に移して、固まったら切断した後、寒気にさらしてか

ら乾燥したものがあるが、長野県とは違い、わらで連なりの網にかけ屋外に下げる。固いので、水に浸けて戻してから汁粉にしたり、味噌汁に入れたりして食べる。なお、青森県では「シミ餅」は青海苔、胡麻を入れたものを作る。

青大豆

福島県郡山は通称中通り地区で主に作られている「青大豆」は、熟しても青い色をしている。これを黄粉にしたものは「うぐいす」黄粉とも呼ばれている。新潟県にもある。

一般的な大豆は熟すと黄色か黒色になるが、青大豆は青いままである。大豆にもいろいろな品種がある。青大豆は黄色い大豆と違い、油分が少なく、糖分が多い。見た目は粒が大きく、風味豊かで甘みが強く、そして低脂肪でおいしいので、希少価値がある。山形県のだだちゃ豆、秋田県・宮城県の浸し豆などがあるが、栽培が難しいうえに病気にもかかりやすく、収穫も手作業で大変なことから、作付けが少ない。実がなる時期が早く、東北などで生産されているのが現状だ。

青大豆は「ひたし豆」として多く食べられている。地方では数の子と合わせて「数の子豆」として調理する。数の子は子たくさんの、豆はまめまめしくの語呂合せで、めでたい料理として、おせちなどにも登場する。

> **Column**
>
> 2009(平成21)年度の福島県の蕎麦の作付け面積は3,190haで、北海道(14,900ha)、山形県(4,090ha)に次いで全国第3位の面積を誇る。地元での物量は確保されている。福島県の蕎麦の生産量は1,560tで、そのうち自家消費が254t(16%)、県内への供給が484t(31%)、県外への出荷は約半数となっている。
>
> 蕎麦のイメージは信州が85%でダントツの一位、山形、越前、飛騨と続き、福島県は8位である。つまり「生産量は多いが、有名ではない」といえる。喜多方市の「山都」など蕎麦は在来を含めてたくさんある(農林水産省の統計より)。

8 茨城県

干し芋

地域特性

　関東地方の北東部に位置するため関東平野を一望でき、県庁所在地に水戸市を配し、歴史的に徳川水戸藩常陸の国として、今日に名を馳せている。霞ヶ浦、北浦、牛久沼と太平洋沿岸に面し、暖流から大洗海岸、那珂湊からの魚介類も豊富である。

　また、日立市、ひたちなか市の工業をはじめ、大きな産業を持っている一方、筑波学園都市、つくばエクスプレスに見る新しい都市作りが進んでおり、筑波未来構想が功を奏している。関東平野の最高峰、筑波山山麓は首都圏の大消費地の近郊に立地し、野菜の産地として、さつま芋、落花生など、また梨など広く果樹園芸が盛んである。

知っておきたい乾物/干物とその加工品

凍りこんにゃく（凍り蒟蒻）　こんにゃくを凍らせて水分を抜き、乾燥させた製品。こんにゃくの原料であるこんにゃく芋は、東南アジアから中国を経て日本の丹波（現京都府、兵庫県）に伝来した。丹波からもたらされた凍りこんにゃくの製法は、江戸中期（1858年）に常陸の国の中島藤右衛門が粉こんにゃくの製法を開発したことで水戸藩の財政上の理由から奨励され全国に広がった。

　文献によると、凍み豆腐より100年ほど早く出回り、精進料理に使われている。こんにゃくの原料であるこんにゃく芋は、サトイモ科の多年草で、火山灰土を含んだアルカリ性の土地で育つ。こんにゃくの生産量が一番多いのは群馬県である。凍りこんにゃくは後述する常陸太田市天下野町でも、今は高齢化現象もあり、作られている農家は数軒しかない。

　茨城県天下野町（けがのちょう）で真冬の農閑期に作られた凍りこんにゃくは、戦後、厳冬期の作業の困難さや高齢化により生産農家が減ってしまったが、伝統文化を守るべく製造が再開され、天下野の水と日照の多い冬の短期間のみ生

産されている。カロリーがゼロで繊維質やカルシウムを多く含み、湿度に注意すれば何年も賞味できる保存食品である。

＜製造方法＞

① こんにゃくを薄く切り、石灰水に浸ける。
② 田畑に藁を敷き詰め、約3mmの厚さでハガキ大に切ったこんにゃくを丹念に並べ、水をかける。
③ こんにゃくは夜から朝方にかけて凍る。その後、昼間の直射日光を当ててゆっくり解凍させて、水をかける。
④ この作業を約20日間繰り返すうちにこんにゃくの水分が抜け、スポンジ状になる。色も灰色から白色に変化してくる。
⑤ 仕上げにしっかり乾燥し、保存する。

＜栄養成分＞

カロリーはゼロで、繊維質やカルシウムを多く含む加工食品である。

＜保存と利用＞

水にぬらさずに保存すれば何年たっても食べられる。利用するときは前もって水に浸け、柔らかくなったら石灰分が出るようによくもみ出し、水をしぼっておく。醤油、砂糖、みりんなどで味付けをしたり、てんぷら、フライ、吸い物の具などに使う。

最近は洗顔用のスポンジとしても市販されている。こんにゃくの主成分であるマンナンの作用が美肌効果をもたらすという。

常陸秋蕎麦(ひたちあきそば)

茨城県北部の常陸太田市は蕎麦の名産地である。打ち立ての蕎麦を具だくさんのけんちん蕎麦、大根、長ネギ、ゴボウ、サトイモ、豆腐、芋がらを菜種油で炒めたけんちん汁で食べる。常陸太田市の旧金砂郷(かなさごう)地区で古くから栽培されている在来種ブランド「常陸秋そば」は、香りが高く、関東地区では大変人気の蕎麦である。

きぬの波小麦

関東107号を母とし関東100号(バンドウワセ)を父として育成された品種で、農林61号より栽培性に優れ、アミロース含有率がやや低く、うどんの粘弾性を優先させた品種である。

天下野町(水府村)の山の斜面に広がる畑では、夏の初めに小麦を収穫する。穂を落とさず茎から刈り、昔ながらの穂田がけをして、天日干し乾燥させる。干している間にも追熟して味が濃くなる。手刈り天日干しは今では少なくなった。県推奨品種「きぬの波」の小麦はつるつる、しこしこ

の食感と味のよさがあり、色はやや黒味を帯びているが、黄金色の光がある。滑らかで力強い小麦は、甘みとともに野性味もある。

干し芋

ヒルガオ科の多年草であるさつま芋を蒸して切り、乾燥した製品。干し芋の始まりは、1809（文化6）年ごろに大藤村（静岡県磐田市）の大庭林蔵と稲垣甚七がさつま芋を蒸して厚切りにして乾燥させる製法を発明してからだといわれている。1908（明治41）年に、茨城県那珂湊市（現ひたちなか市）での生産が始まった。茨城県で干し芋の製造を始めたのは、せんべい屋の湯浅藤吉だといわれている。

秋の味覚の代表であるさつま芋は糖質が高いが、体内に入ると糖質分解酵素が働く。皮の部分は黄色をしており、カロチンとビタミンが多く、熱に対しても強い。さつま芋を食べると胸焼けを起こしやすい人は、皮ごと食べると体内で発酵が抑えられて胸焼けが起こりにくいという。茨城県では、食物繊維が多いことから、さつま芋が学校給食にも使われている。

一般的には乾燥芋、芋切り干しなどの呼び名がある。静岡県なども産地である。愛媛県宇和島では「東山」、長崎県では「かんころ」、熊本県や鹿児島県では芋をスライスする機械をコッパケズリ、コッパキリなどと呼ぶことから「こっぱ」と呼ばれているが、いずれも干し芋である。

さつま芋は繁殖力が強く、栽培方法も比較的簡単で、収穫量の多いでんぷん食品であったことから、日本各地で作られるようになった。春先に親芋から芽が出て10cmほどになったら、茎を土中に差して植える。夏が過ぎ秋になると収穫となる。埼玉県川越市近郊などでは、芋の加工菓子がたくさん売られている。

茨城県ひたちなか市や阿字ヶ浦は土壌がさつま芋に適しており、冬に強い海風が吹く乾燥した気候も干し芋の生産に向いている。また北海道、東北に出荷するのに地の利があることや、大都市に近いことなどから、現在は有名な産地となり、人気がある。干し芋の原料となるさつま芋の品種には、玉豊、べにはるか、ほしこがね、ほしキラリ、いずみ種、玉乙女、紅まさりなどがある。主力の玉豊は、他の品種と比べて大型で、外皮も肉も白く、食感がネットリしている。生では白いが、干すとやや飴色に変わる。

＜製造方法＞

秋に収穫された原料芋は土が付いたまま寝かして保存する。干す作業に入るのは寒風の吹く11月後半から翌年3月にかけてである。

① 蒸す前に芋をよく洗い、大きさで選別してせいろに並べて蒸す。
② 蒸した芋は1つずつ丁寧に皮をむく。
③ 蒸して皮をむいた芋は、芋つき台でスライスする。つき台にはピアノ線、ステンレスの針金を張り、平干し芋は9〜12mm幅に、角きり芋は2cm角にスライスする。
④ スライスした芋はすだれに並べ、天日で1週間ほど乾燥する。丸干しの場合は20日間ほどかかる。

飴色で白粉が吹いて甘い香りと甘みがあり、やや柔らかいものを選ぶ。
白粉は、天日乾燥し熟成すると表面に発生する麦芽糖の結晶である。コレステロールを含まず、食物繊維が多い。ビタミンB_1、ビタミンC、カリウムなどを豊富に含んでいる。

乾燥し過ぎると固くなり、乾燥が不十分だとカビが発生するので、保存するときは湿度管理が重要である。強い直射日光を避け、水分が分離しないよう低温保存か冷蔵庫保存が好ましい。冷凍すれば長期間保存が可能である。固くなったら、焼くとおいしく食べられるが、熱がさめると再び固くなる。最近はカビを防ぐために窒素ガスや脱酸素剤を封入した包装品がある。

納豆大豆

有名な水戸納豆は旧徳川35万石の城下町水戸で採れる。大豆は小粒の上質なもので、旧水戸藩では土質によく合うことから多く生産されるようになった。茨城県の畑作農業の奨励品種として、県の大豆作付け面積の約半分を占めてきた「納豆小粒」。最近は販売不振や需要の汎用性から、「タチナガハ」「ミヤギシロメ」「スズマル」などの品種も多く登場している。

茨城県産麦

畑作麦の奨励品とされる小麦は、「さとのそら」「きぬの波」「ゆめかおり」、六条麦は「カシマムギ」「カシマゴール」、二条麦は「ミカモゴールデン」などがある。それぞれが品種改良種であるが、特作品種で幅広い需要の喚起を指導している。

むかご

山芋の葉の付け根に生ずる珠芽で、秋の素材として、季節に合わせてご飯などとの炊合せ等で楽しむ食材である。

> **Column：凍みこんにゃく**
>
> 　天下野町の生産者中嶋さんは毎朝、前夜に凍ったこんにゃくを溶かすため、2回水をかけ、あとは次の夜間に再び凍らせるために止め水を1回、さらに5日目ごとに、並べたこんにゃくを1枚1枚、下の藁の節に接した部分が腐らないように裏返しているという。風や寒さとの戦いでは忍耐力が必要だ。

> **Column：そばの品種**
>
> 　蕎麦は栽培の時期によって夏蕎麦と秋蕎麦、そして間に春蕎麦の3種類があり、日本で一番多く栽培されているのが北海道産「キタワセ」である。夏型で、9月ごろ新蕎麦として出てくるので、人気が高い。9月下旬から出てくる在来種では、東北地方青森県、秋田県、山形県に多い「階上早生(はしがみわせ)」、長野県をはじめとする本州高冷地では「信濃1号」、茨城県では11月ごろに収穫される「常陸秋蕎麦」などが知られている。ほかにも、在来種としてその地域だけで栽培されている種類が全国各地に存在し、「牡丹早生」「キタユキ」「最上早生」「福井在来」「高知在来」「鹿屋在来」「みやざきおおつぶ」「信州大粒」「でわかおり」など多くの品種がある。さらに、ルチンの含有量が多いことから、中国の四川省あたりの「ダッタンそば」も出回っている。

9 栃木県

干瓢

地域特性

関東平野の北部に位置し、宇都宮市を県庁所在地とする。日光国立公園、日光東照宮は世界遺産に認定され、有名である。近隣には日光鬼怒川温泉、川治温泉、那須温泉などがあり、温泉の宝庫としても、観光県としても有名になっている。茨城県、福島県、群馬県との県境が山間地に囲まれており、農業、工業、商業、観光とバランスが取れ、それぞれが盛んに発展している。那須高原山麓は酪農が盛んであり、関東ローム層の土地柄、干瓢やイチゴなどの特産物も多く生産されている。

知っておきたい乾物/干物とその加工品

かんぴょう(干瓢)　ウリ科の1年草で、ユウガオを細く割りむきしたものを乾燥したものである。一般的には「ふくべ(瓢)」と呼ばれ、中国から16世紀ごろ日本に伝えられた。最初は大阪の摂州の木津にあったが、近江の国水口藩(現滋賀県甲賀市)から藩主鳥居忠英が下野国壬生藩(現栃木県壬生町)に国替えになり、農作物を増やし、産業を盛んにするために、今から約300年前の1712年に、干瓢の原料となる「ゆうがお」の種を取り寄せた。壬生藩の人々に種をまかせたところすくすくと育ち、よい干瓢ができたという。「水はけがよい」関東ローム層という地層であり、「夏の雷と雨」が多いこの地に「ゆうがお」の栽培が盛んになった。

現在では壬生町、上三川町、下野市、小山市で作られており、日本一の生産県となった。瓢(ふくべ)を干して作るため、「干瓢」という名前になったといわれている。干瓢の産地であった大阪の木津の寿司屋では、干瓢巻のことをキズ巻ともいい、江戸前の寿司屋でも呼び名は通じる。

ユウガオは同じウリ科のひょうたん、ゆうごうと近縁で、花が咲いてから30日間ほどで丸形の果実となる。1本の枝に雄と雌の両方がある雌雄

同株のツル性の植物で、初夏に咲く白い花は夕方咲いて朝にはしぼむので、ミツバチや昆虫の媒介でなく風で受粉する風媒花である。

ツルは長さが数ｍにもなり、真夏の７月から８月にかけて生産期を迎え、１玉が５kg〜７kg。大きなものは10kg以上にもなり、一番玉から始まり、３〜４玉くらいまで収穫する。人工授粉や目止めなど農家の人の手によって栽培されている。

干瓢農家の朝は早い。前日夕方畑から収穫し、朝３時ごろから作業を始め、干瓢削りの機械で厚さ４cm、幅５cmぐらいに細くむき、最終的には２ｍくらいの長さになるまでむく。使える部分は表皮肉部分で、中心部は種が多いので使用できない。朝８時ごろには外部に吊るし、乾燥工程に入る。今はビニールハウスなどに干していることが多い。

とうがらし（唐辛子）

ナス科の一年草であるトウガラシの果実を乾燥した製品である。トウガラシはどんな土壌でも比較的よく適応し栽培が簡単なため、世界中で栽培され、香辛料として多くの人に愛用されている。日本ではトウガラシの中でも一番人気の、鷹の爪トウガラシは栃木県大田原市などで多く栽培されている。

東北地方、北陸地方、東海地方などではナンバンといい、岐阜県、京都府、島根県地方ではコショウ、また、福島県会津地方ではカラシなど場所によって呼び名が異なる。

唐辛子はペルーやメキシコの複数の遺跡から出土しており、紀元前から栽培されていたのではないかと思われる。その後、コロンブスによってヨーロッパに持ち帰られ、17世紀にポルトガル人によってアジア、中国に伝えられたという。日本には同じころポルトガル人によってタバコと共に伝えられたという説と、豊臣秀吉が朝鮮半島に出兵したときに持ち帰ったという説などがある。

唐辛子はアメリカ大陸の熱帯地域が原産国といわれている。辛味種と甘味種に大別され、辛味種を欧米ではチリペッパーといい、日本では甘味種の一種などをピーマンと呼んでいる。春先に種をまいて苗を植えて、晩秋に収穫する。辛味成分であるカプサイシンがエネルギー代謝を活発化して、食欲増進、発汗作用をもたらすといわれている。発汗によって体温が下がるため、特に暖かい地方で好まれている。炭水化物の消化を助ける働きもあるという。長時間保存する場合は、湿気を避けて、瓶などの広口容器に

入れて保存する。香気が抜けたり、害虫も発生するので、冷蔵庫もよい。和食のきんぴら、漬物、野菜炒めのほか、中華料理、西洋料理、韓国料理など利用範囲は広く、小さく切ると辛味が増す。ぬるま湯に浸しておくと戻しやすく切りやすい。種のまわりの内壁部分に強い辛味があるため、辛味を抑えたいときは種を抜いてから調理するとよい。

鷹の爪唐辛子 日本の乾物店にある辛味唐辛子の代表的なもので、一番多く市場に出回っている。形状が鷹の爪のように先がとがって見えていることから名付けられた。果実は3～4cmほどで、乾燥させて保存し、漬物や七味唐辛子などの加工用に幅広く利用されている。栃木県鹿沼市、大田原市などが主な産地である。

日光唐辛子 果実は10～15cmとやや細長い。辛味は中辛で、輪切りにして生食するほか、中華料理や加工用としてさまざまな場面で利用される便利な中辛唐辛子で、在来種として日光市、群馬県沼田市周辺などで栽培されている。

一味唐辛子 七味唐辛子より辛く、さまざまな種類の唐辛子と配合した薬味である。用途は七味唐辛子と同じで、ふりかけやキムチ漬けなどに利用されている。

日光湯波 日光門前周辺に生産者が多い湯波で、大豆の二次加工製品。京都で作られていたゆばが日光開山のときに修験者たちによって日光に持ち寄られ、その後、輪王寺宮のために京都から職人を連れてきて作り始めたという。京ゆばは皮膜のはしに竹串を入れてすくい上げ、1枚ずつ串ごとに広げ薄く作るのに対し、日光湯波は皮膜の中央に金串を入れ、2つ折りにして引き上げ、2枚重ねにして干す。つまり京ゆばの2倍の厚さになるわけである。消化吸収がよく栄養も豊富なことから、貴重なタンパク源として江戸時代に二社一寺に供え物として納められたという。日光ゆばはなぜか「湯波」と書いている。

耳うどん 野州佐野葛生町仙波地区に昔から伝わる伝説によれば、耳に関した珍しい郷土料理で、正月三が日に悪魔の耳になぞらえた「耳うどん」を食べると無病息災で過ごせる。また、悪魔の耳を取ると我が家の話が聞かれることがない。そのために家庭で食べるようになった。

Column：唐辛子

　東京・浅草寺、長野・善光寺、京都・清水寺など寺院の門前には唐辛子屋が多い。これは昔から、寺参りに行くのに旅費や金がかかり貧乏になっても安い唐辛子があれば飯が食えるという言い伝えがあるためであろう。長野県の代表的な観光地でもある善光寺は「牛にひかれて善光寺参り」という言葉もあるように、週末ともなると全国各地はもちろん海外からも参拝者が訪れる。門前にある八幡屋礒五郎は七味唐辛子が有名で、参拝者に人気の店である。八幡屋礒五郎の歴史は古く、長野市の郊外にある鬼無里村の商人が麻と和紙を江戸に運び、かさばらない七味唐辛子を持ち帰り、初代勘右衛門がその唐辛子を善光寺境内で売り始めたのが始まりといわれている。その後、1707（宝永4）年に火災で焼失した善光寺の再建が行われ、冬の寒い中で作業する大工や作業員延べ20万人に唐辛子を入れた汁を振る舞ったところ、寒い冬でも作業がはかどり、七味唐辛子が耐寒食糧としてよく売れるようになったという逸話が今なお残っている。

10 群馬県

きくらげ

地域特性

関東地方北西部に位置し、県庁所在地は前橋市である。県南に関東平野、県西に長野県、県北に新潟県、福島県と接し、尾瀬国立公園、上信越国立公園、日光国立公園、三国連山、赤城山、榛名山、浅間山、妙義山などの山々や、利根川水系、吾妻川、神流川、渡良瀬川の肥沃な大地に恵まれて、小麦をはじめ果樹園芸も盛んである。桐生織物、太田市の自動車産業なども盛んである。

気候的には北部地域は日本海側気候で、冬は三国連山、尾瀬ヶ原、日光連山と新潟県、福島県、栃木県、長野県、埼玉県と多くの県に隣接し、大変厳しい環境である。夏は県中央部館林に見る高温多雨の地区で温暖化が激しい県でもある。夏暑く冬寒く、上州空っ風と雷が名物である。平野部は火山灰土のため、ネギ、こんにゃくの栽培規模は日本一であり、小麦の産地でもある。

知っておきたい乾物／干物とその加工品

ひもかわうどん　群馬県は全国有数の小麦の産地であり、おきりこみ、焼きまんじゅうなど粉文化が根づいている。うどんもその1つで、水沢うどん、館林うどん、上州うどん、そして「ひもかわ」と呼ばれる桐生うどんなど種類も豊富である。絹織物の産地桐生市近郊はうどん屋が軒を並べている。「帯うどん」とも呼ばれ、厚みが1mmほどの幅広平打ち麺は、店によって麺幅はまちまちだが1.5〜10cm以上のものまであるという。

材料は小麦粉と塩水で、小麦粉に対して加水50%、足で踏んで小麦粉を慣らしながら熟成する。この生地をロールのように巻いて踏みを3回繰り返し、寝かし、さらにもう1回行いこれを1.5kgほどの玉にし、ビニールをかぶせ、一晩寝かす。これを繰り返すと小麦と塩水がつながり、腰の

強い麺ができ上がる。翌日麺棒で角が出るように長方形に延ばし、折りたたんで切る。

作り方は、その日の温度や湿度などを考え、塩加減などを調節する。ここが各店の職人技の見せどころである。鮮度を大切に作る。生のままの冷凍もあるが市販されているのは主に乾麺である。たっぷりの湯の中で長さ40cmのひもかわが泳ぐその姿は桐生友禅流しを思い起こさせ、名前の由来となっている。

木耳（きくらげ）

キクラゲ科のキノコであるキクラゲを乾燥加工したもので、人の耳の形に似ていることから「木の耳」という意味で木耳の名になったといわれている。

主に生産地は中国、台湾、韓国などであるが、近年国産品の需要が高まり、群馬県で生産されている。春先から梅雨時にケヤキ、クワ、ブナなどの広葉樹の倒木や枯れ木に発生する。ゼラチン質であるが、乾燥すると、軟骨質になる。食感が海のクラゲに似ていて、こりこりした歯ざわりが楽しめる。形が不ぞろいで変化に富み、表面は滑らかである。中華料理には、セミと呼ばれる木耳や台湾裏白などがたくさん出回っている。

白木耳（しろきくらげ）

クヌギの木に発生する白色の木耳で、昔から漢方薬として伝来し珍重されてきたが、今はデザートとしてシロップ等をかけて食べられている。中国四川省などの産地から輸入されているが、群馬県などでは菌床栽培されて、市販されている。ビタミン、鉄分などが豊富である。

馬鈴薯澱粉（ばれいしょでんぷん）

片栗粉の名前で市販されているじゃがいもからとるでんぷんで、1833（天保4）年に群馬県嬬恋村で製造されたのが始まり。そのころから「加多久利（かたくり）」と呼ばれていたといわれている。1870（明治3）年、千葉県の蘇我で十左エ門が製造し、「片栗粉」と呼ばれるようになった。カタクリの根からとった本当のカタクリ粉は今はなく、じゃがいもでんぷんが北海道の斜里や士幌の大規模工場で生産されている。

生産量の60％は糖化用に、30％は片栗粉、春雨などに加工され、5％は水産練り加工品に使われている。片栗粉は粒子の大きさによって分級片栗粉、未粉つぶ片栗粉などがある。

粉末こんにゃく（粉末蒟蒻）

こんにゃくはサトイモ科の多年草食物である。こんにゃく芋は地下茎の芋で、2年ものから5年ものなど成長に時間がかかる。中国、ミャンマー、インドネシアなどでも栽培されている。近年、和食ブームから低カロリーということで欧米にも広がっている。日本では群馬県の生産量がもっとも多く、約90％であり、栃木、茨城と続く。北関東などの石灰岩灰土が栽培に適する。強アルカリ食品である。成分はグルコマンナン、コンニャクマンナンとも呼ばれ、食べても消化されず、極めてカロリーが低い。球形のこんにゃく芋を粉末にした後、水でこねて石灰乳（消石灰）を少量水に混ぜて、炭酸ナトリウム溶液を混ぜ、煮沸して固まらせる。関西では、こんにゃくにヒジキやアラメの粉末を混ぜた黒こんにゃくが好まれている。

花いんげん

標高900～1,300mの高原である、西吾妻地区や片品地区の産物で、大きないんげん豆で甘納豆やおこわ（お強）、煮豆などに加工されている。

水沢うどん

関東坂東33か所の札所水沢寺は、推古天皇の勅願により創建された。水沢観音の名で知られており、その門前には今なお数十軒の店が存在し、400年の歴史を守り続けている。上州は昔から小麦の産地でもあり、上質な小麦粉から作る水沢うどんはアメ色でコシがあり、薬味にはしその葉やゴマ、山菜、山フキ、山ウドなどが使われている。

11 埼玉県

小川青山在来大豆

地域特性

埼玉県といえば県南が大都市東京に接し、大消費地を抱え、北は秩父山系、県境では山梨県、群馬県、茨城県、千葉県、栃木県に接している。荒川、利根川などの大河を有し、関東平野は野菜や米など農産物の生産県として、長ネギ、ブロッコリー、ホウレンソウ、里芋などの多彩な農産物が生産されており、特に野菜の産出額は全国6位に入るなど近郊農業が盛んな地域である。

埼玉県はスパゲティの購入量では全国でトップ。家計調査によると2012〜14年の2人以上の世帯のスパゲティの年間購入量は4,262g。全国平均より3割以上上回り、金額では東京に次いで2位である。街道筋にはイタリアンの店も多く、手軽な外食として食べる習慣が根強く、さらにパスタなど自宅での消費も多いのは小麦文化と関係している。

うどんといえば香川県だが、埼玉のうどんは香川に次いで2位。全国有数の小麦の産地で、「朝まんじゅうに昼うどん」という言葉がある。熊谷市、深谷市、行田市などの県北部を中心に栽培している作付け面積の9割以上が麺用粉「さとのそら」という品種だ。埼玉県北部は晴天率が高い温暖な気候と、流通に便利な立地に恵まれており、特に秩父は乾物の椎茸や乾麺で有名である。

知っておきたい乾物/干物とその加工品

小麦さとのそら　埼玉県は関東平野の中心地として、古くから小麦の生産県であった。小麦の生産量は全国8位で、品質、製粉工場、産地などの評価が高い。中でも「さとのそら」は従来の農林61号より収量が多く、草丈が短く倒れにくいなどの特徴から、「麺用」小麦として生産されている。

また、「あやひかり」は品種改良種として作付けされている。低アミロ

ース品種であり、麺用粉としては滑らかな食感で香りがよい。でんぷんにはアミロペクチンとアミロースの2つの成分があり、アミロースが少ない低アミロースのものはモチモチ感がある。

大麦

小麦の産地でもあるが、大麦の産地でもある。ビール用二条大麦「彩の里」は、大手ビール会社と提携し、契約栽培が主体である。また「すずかぜ」は麦茶用六条大麦で、夏場の主力である、麦茶の原料として人気がある。

五家宝(ごかぼう)

熊谷地方に伝わる銘菓である五家宝はまさしく乾物である。原料は餅米、麦芽、水あめ、黄粉である。おこし種を水あめで固め、棒状にした芯を、黄粉に水あめなどを混ぜて巻き上げ、さらに黄粉をまぶした菓子である。青大豆黄粉を使ったものもある。

小川青山在来大豆

マメ科の一年草であるダイズの種子を乾燥させた製品。埼玉県小川町下里地区は米、大豆をはじめ有機農業を取り入れて無農薬栽培を始め、大豆は田んぼの畔豆として、米の代わりをしていた。雑穀が主食だった時代からおいしいとされた在来品種「小川青山在来」を育てている。

豆乳とおからの分離がよく、豆乳の濃度を上げても豆乳の切れがよいのが特徴で、色は青大豆に近く、豆乳や豆腐はやや黄色味を帯びる。煮豆、枝豆にしてもおいしいと評判である。

埼玉大豆「行田在来(ぎょうだざいらい)」

埼玉県北部の行田地区の畔道で栽培されていた大豆の在来種で、通常の大豆より青味がかっているのが特徴で、マメ本来の特有の香りが高く、濃厚で個性的な食味が評価されている。従来の在来種は倒れやすかったり、栽培しづらかったが、行田市内の農家では協力して改良することで、拡大を測っている。晩生種であるので遅まき時期にまく。豆腐、煮豆などにすれば甘みと食感がよいと好評である。

行田フライ

揚げていないのにフライ。戦前農家で手軽に作られたフライは、腹持ちがよいこともあって、昭和初期に行田で全盛期を迎えた足袋工場で働く女工のおやつとなった。また、その名の由来は「布来(ふらい)」、フライパンで焼くからフライ、富来(富よ来い)にかけたからなどといわれている。

埼玉の粉文化である小麦粉と水を練って、ネギ、豚肉と混ぜて鉄板にた

らし、円形に薄く延ばす。ベーキングパウダーを少し入れて焼くとふっくらと焼けるお好み焼きである。

ほかにゼリーフライがある。おからをベースに小判型に整えて油で揚げた食べ物。味付けはソースである。明治後期に庶民の間に普及し、形が小判型で銭にそっくりだから、ゼニフライ、ゼリーフライになったのだろうか。熊谷、行田地区の粉文化である。

Column：大麦と小麦

大麦と小麦の違いは何だろう。粒が大きいものが大麦で、小さいものが小麦なのか。じつは、大麦と小麦はまったく違う植物である。

大麦も小麦も同じイネ科の植物だが、大麦はオオムギ属の学名オオムギ、小麦はコムギ属の学名コムギで、属名も種名も違う。二条大麦は6列のうち2列（条）に子実がつく。六条大麦は6列（条）のすべてに子実がつく。小麦は3つの子実が交互につく。子実のつき方が違うのである。

Column：埼玉県が生んだ麦翁

権田愛三は1850年に旧東別府村（現熊谷市）に生まれ、農業の改良に努めた。その中でも麦の栽培方法に関して大きな功績を残し、麦の収量を4～5倍にも増加させる多収穫栽培方法を開発した。

その方法は麦の根元をしっかりさせて倒伏せを防止する「土入れ」、麦の茎の枝分かれと根部の伸長を促す「麦踏」、堆肥を使った「土つくり」というものであった。

野村盛久は1888年、小麦の品種改良に取り組み、1933年に「埼玉27号」を生み出した。その後、「埼玉27号」は品種・収穫量ともに評価され、全国的に普及した。

12 千葉県

落花生

地域特性

東京都の東方に位置し、房総半島、関東平野の南部にまたがる。千葉市を県庁に持つ。東京都に隣接することから、東京湾の埋立て地は多くの住宅地として盛んに開発され、朝夕の人口は通勤・通学人口と大きな差がある。また、平野と丘陵が大半を占め、海抜500m以上の山地がなく、房総半島太平洋側（外房）、東京湾側（内房）に続く長大な海岸線は暖流の恩恵から銚子港、九十九里海岸、館山、鴨川と多くの港を有している。また、歴史的には房総三国、上総の国、安房の国、下総の国から成り立ち、鎌倉時代から多くの武将も誕生している。

近年は成田空港、東京ディズニーランドなど観光県として、農業、工業とあわせ、大きく発展している。

知っておきたい乾物／干物とその加工品

落花生　原産地は南米で、日本では明治以降に栽培されるようになり、生産量、生産面積ともに千葉県八街町が日本一である。八街町は火山灰土で水はけがよく、土壌が栽培に適することから、盛んになっている。

落花生は主に黄色の花が咲いた後、花の基にある子房柄と呼ばれる柄が地面に向かって伸び、子房柄の先に実が付き始め、成長するとさやができて中に新しい実ができる。落花生は花が落ちて実となることからその名前が付いたと思われる。乾燥には強いが、夏場に雨が少ないと成長が止まるので、水やりが重要となる。

光合成により甘味を増すが、風味・香ばしさなどとのバランスが大事である。また、ポリフェノール、抗酸化作用があって栄養価も高い。最近は多くの品種改良がなされ、「千葉半立」「ナカユタカ」「郷の里」などがあるが、中でも「おおまさり」はショ糖が1.5倍もあり人気である。

収穫後の乾燥はボッチ積み（坊さんの法衣に似ている）という野積みをして約1か月くらいしたら火力乾燥して調整する。殻から取り出す技は豆の頭の部分のくちばしといわれるところを押すとよい。

割菜（わりな）
サトイモ科の多年草で、里芋の葉柄（茎）を乾燥させたもの。千葉県のほか新潟県、福島県などでも冬場の乾燥野菜として需要が多い。葉柄の表皮をむかずそのまま荒縄で縛って軒先などに乾燥させたものであるが、皮をむいて乾燥するやり方もある。

房州ひじき
春の風物詩ともいわれる房州ひじきは、毎年春の大潮の時期の10日間ほどしか刈り込みを行わない。金谷海岸から鴨川市の沿岸で採取される房州ひじきは太くてうま味がたっぷり詰まっている。地域の漁師が200人ほど総出で一気に刈り取っていく。

そのままでは食べられないので、刈り取って蒸す加工が行われる。苦みを抜き、うま味を引き立たせる職人技がある。

ひじきは「波食棚」という平らに広がる岩場で干潮時に露出し満潮時に隠れながら育ち、日光をたくさん受け、光合成してうま味の元となる「アミノ酸」が生み出される。ひじきにはもともと紫外線から身を守る成分「タンニン」が含まれている。100℃を超える蒸気の熱で蒸すことでタンニンが溶け出してくる。

カルシウム、ミネラルを含み、アミノ酸が残るので、本来のひじきのうま味が引き立つ。

青口煮干し
カタクチイワシで作った煮干しは捕れた場所によって種類分けなどされるが、中でも、背中が青く、黒味がかったカタクチイワシは、「背黒」とも呼ばれ、魚質がしっかりしており、肉繊維も密である。コクがあり、風味の強いだしが取れることから、関東では大変人気が高い。特に千葉県九十九里産が最高級とされている。漁期は12月から2月ごろで、冬の海岸線で乾燥させている風景が美しい。

さつま芋でんぷん（さつま芋澱粉）
かんしょ（さつま芋）はヒルガオ科に属する植物で、原産国はメキシコを中心とする中央アメリカとされている。日本には1597年に宮古島で導入されたほか、1700年代から九州地方旧薩摩藩で餅とり粉、かねんこ汁（だんご汁）など郷土料理にも使われている。また、さつま芋は食糧不足の時代から江戸時代の中期、8代将軍徳川吉宗のときに、

蘭学者の青木昆陽らによって全国的に普及された話は有名である。

1836（天保7）年、江戸時代のさつま芋の栽培の地でもある下総の国（千葉県）で、でんぷんの製造が始まったといわれている。その後、鹿児島県や九州各地などでも盛んになるが、生産量はわずかである。

現在の日本における生産量はでんぷん全体の2％にも満たない量で、さつま芋からでんぷんを取り出し、熱加工して麦芽糖を形成し、水あめや糖化原料として使われている。また春雨や韓国冷麺などに練り込まれている。

手入れ海苔

江戸前海苔は千葉県の海苔の呼び名で、主に船橋から木更津海岸での養殖は、色、味、香りのすべてにおいて全国で高い評価を受けている。千葉海苔は江戸前の伝統を受け継ぐ海苔である。11月の下旬から採取される。最初に摘み採られる海苔は、「網に手が入る」という意味から「手入れ海苔」と呼ばれている。一番摘みの海苔は、風味と柔らかさから高級品として贈答用などに多く使われ、光沢のある黒は口の中で溶けるようである。

金田産一番摘みあま海苔

江戸時代に生まれた海苔養殖法「支柱柵」で育てた黒あま海苔である。木更津金田海岸の盤洲干潟で育てる海苔は、日光をたくさん浴びると共に、海水からミネラル分など栄養素を吸収する。まろやかで深い味わいの海苔は歯切れもよく、色味、香りすべてにおいて人気がある。

一番摘み青飛び海苔

千葉県側の東京湾で生産量が一番多く、養殖技術も高く、品質も最も安定している。新富津漁業組合は千葉県を代表する海苔組合である。11～12月ごろに青海苔が混ざって生育した黒海苔は、希少な海苔である。青海苔が引き立つ香りは、ほろ苦さとマッチした高級品である。

一番摘みの柔らかさと青海苔の香りが映えるように焼き上げた海苔は逸品。昔は漁師の自家用であったが、その味と香りが認められるようになり、現在は期間限定で市販されている。

巾(ばのり)海苔

カヤモリ科の一年草の褐藻類。千葉県以西で採れ、名前の通り幅が広く薄い葉はざらざらしている。千葉県、神奈川県、鳥取県、島根県などでは、冬に岩礁へ着床した葉を摘んで薄くすいて干し、自家製の海苔とする。香りがよく、南房総では正月の雑煮に欠かせない存在である。海洋汚染などから収穫量が少なく、いまは貴重な珍味である。

> **Column：千葉県産海苔の特徴**
>
> 　海苔の産地としては古く、歴史もあり、生産されたものは色、味、香りがよく、特に香りは他産地にはない特徴がある。関東地方を中心に流通し、上級品は贈答用、江戸前寿司用として人気が高く、中級品は全形焼き海苔、きざみ海苔などに使用されている。

13 東京都

浅草のり

地域特性

　日本の首都東京は特別区23区および多摩地区、伊豆七島をはじめとする島々からなり、政治、経済、産業、行政機関のすべてを統括する。東京都は関東平野の一部に位置し、東京湾から小笠原諸島に至るまで広範囲にわたり、一括管理下としている。第二次世界大戦以降目覚ましい発展を遂げ、急ピッチな東京湾の埋立てから始まり、大きな変貌を遂げることとなった。東部には隅田川、荒川、江戸川など沖積平野が広がり、南部の奥多摩、西部は武蔵野台地、臨海工業地域から埋立地羽田にいたるまで目覚ましい発展を続けている。気候的には四季の変化が明瞭であり、夏は高温多湿、多雨となり、冬は晴れの日が多く乾燥する日が多いが、年間を通して比較的安定している。武蔵野台地に見られる農産物は消費地も同じ地域に集中しており、需要も多く、野菜類も練馬大根や千住ねぎなど在来はあるが、生産物は今はほとんどない。東京湾もかつての面影はなく、江戸前といわれる海苔、穴子、貝類は今や神奈川県産、千葉県産となっている。

知っておきたい乾物 / 干物とその加工品

浅草海苔　江戸時代中期に東京湾内の品川から大森を中心に海苔の養殖が本格的に始まり、海苔の代名詞「浅草海苔」の名前が登場する。江戸前の海苔は御膳海苔として幕府への献上品となっていた。海苔の胞子が付きやすい場所にヒビ（海苔を付着させて育てる道具、古くは木や竹を使ったが、現在は網が主流）を立てて胞子を付け、ヒビごとに養殖場に移植する。明治時代になると、品川付近で採れたものを浅草の紙漉き技術によって薄板加工し、江戸最大の浅草寺境内で販売され、人気の海苔であった。

　現在、板海苔として食べられている海苔は90％以上がスサビノリ。中でもナラワスサビノリという品種である。「海苔」は東京湾では絶滅した

と考えられていたが、2004年に東京都と神奈川県の境を流れる多摩川河口で発見され、この品種が「アサクサノリ」として命名されている。このアサクサノリは病害に弱いため、養殖、量産に適さないことから、漁師の間では「バクチグサ」と呼ばれ、生産が安定しない海苔として敬遠されていた。現在は、その独特な風味と濃いうま味に昔懐かしい味わいを求める保存研究家などの研究により、熊本県海路口(うじぐち)漁協、有明漁協の生産者の協力で養殖に成功し、復活したが、まだ全国的な生産量に達するほどではないため、希少品種として販売されている（板海苔漁法は「佐賀県」の項目を参照）。

七味唐辛子

香辛料として各種の珍味や陳皮などを薬味として混合したもので、唐辛子加工品の代表的な商品。配合は各業者によってさまざまであるが、一般的なものとしては、唐辛子粉、黒胡麻、山椒、芥子の実、麻の実、陳皮、青海苔など7種類の香辛を混合したものである。浅草の「やげん堀」、長野市の八幡屋礒五郎商店、京都府清水の「七味家本舗」「一味堂」「山城屋」などが有名である。

煎り糠(ぬか)

精米したときに出るふすま、生糠を煎った製品。玄米を精米するときに生じる副産物である生糠はそのままだと雑菌が多く、コクゾウムシなどが発生しやすいので、保存性に問題があるが、これを煎ることによって利便性を高めたものである。玄米を精米すると約10％の生糠が出る。生糠は非常に脂肪分が高いので、抽出精製し米油や化粧品などに利用されている。

日本の漬け物「ぬか漬け」に欠かせない「糠床」を作る風習が関東以北の地方で大変好まれている。また、飼料、キノコの培養床などにも使われている。

麦焦がし

イネ科のオオムギや裸麦を煎ってから粉にした製品。地方によって呼び名が違うが同じもので、はったい粉、こうせんなどがある。砂糖を加えてそのまま食べたり、水か湯で練って食べたりする。

深大寺蕎麦

代表的な門前蕎麦である調布市の深大寺蕎麦は、江戸時代に土地が米の生産に向かないことから小作人が蕎麦を作り、深大寺守護の神「深沙大王(じんじゃだいおう)」水神に、奉納品としたことに由来する。東京では浅草寺に次ぐ古い歴史を持つ寺で、献上された蕎麦粉を打ち、参

拝人をもてなした。また3代将軍の徳川家光が鷹狩の途中に深大寺に立ち寄った際に献上したなどの言い伝えもある。

現在は、門前には20軒を超える蕎麦屋が軒を連ね、また、市販されているものでは乾麺深大寺蕎麦がある。

明日葉粉末

明日葉は、今日摘んでもまた明日新しい芽が出るといわれるほどの生命力があり、食用や牧草として栽培されている。東京都利島村、大島町の特産品として、粉末が作られている。明日葉の茎や根を折ると出てくるカルコンとクリマリンと呼ばれる液汁はダイエットサポート効果が期待されている。

もんじゃ焼き

もんじゃ焼きのルーツは大阪お好み焼きとほぼ同じで、小麦文化から生まれた食品。千利休が広めたとの言い伝えがある。関西のお好み焼きに対して関東、特に東京はもんじゃ焼きにこだわっている。月島地区が有名であるが、上野、浅草にも多くの店舗がある。小麦粉を主体に水溶きし、いか、タコ、キャベツ、揚げ玉、生姜など関西のお好み焼きと具材は似ているが、鉄板に流し込み、ヘラでかき混ぜながら調理し、お好みに焼きながら食べる。もんじゃ焼きのほか、「ぼったら」、「おいの」と呼ぶ地域もあるようだ。

Column：海苔

寿司屋で海苔巻を注文すると、七輪の上で軽く炙り焼いた焼き海苔の香りが何ともいえない。今は、工場の焼き海苔機で海苔を焼いてしまい、家庭でも袋に密閉された焼き海苔を買ってくるが、香りはいまひとつである。生活習慣上、家庭には七輪はなく、炭焼きなどは難しいので仕方ないが、ガスレンジの上に石綿の餅焼き網を載せて焼くか、オーブンなどで軽く炙ると格段においしくなる。

スーパーマーケットでは生海苔は販売していないが、上野のアメ横では生板海苔を売っているので、試してみてほしい。理想の海苔は、味が濃く、色、艶、香りがよいものである。

老舗の蕎麦屋に行って焼き海苔を注文すると、網を敷いた海苔箱に生海苔と消し炭が入って出てくることがある。香りとパリパリ感がよい。

海苔の歴史は古く、平安時代には上層階級の贈物や寺院の精進料理に珍

重されたと文献にあるが、江戸時代の享保年間（1716年）に、浜の浅瀬にヒビと呼ぶ木の枝や竹を刺して胞子を付着させる天然の採苗方式が生まれた。当時、浅草近辺で作られていた「浅草紙」の製法をまねて、板状に薄くすく「すきのり」が誕生した。こうした海苔の製法で簀子の大きさが19cm×21cmの簀子の板の大きさが今日の板海苔のサイズに統一された。海苔は「運草」「のりぬら」などとも呼ばれ、その年によって収穫は安定していなかった。

14 神奈川県

ひじき

地域特性

神奈川県は東京都の南に位置し、県庁所在地は横浜市である。県名は東海道筋に古くから栄えた宿場町におかれた神奈川奉行所に由来する。神奈川県の人口は東京都に次ぐ2位。県東部の横浜市、川崎市は東京湾に面した京浜工業地帯として発展し、県西部は緑豊かな丹沢山地から足柄山地、箱根山からなる。酒匂川が流れる足柄平野、相模平野、海老名など平野部は都市化が進む。相模川から流れる水は平塚から相模湾へと注がれている。また鎌倉幕府がおかれたように、歴史も古く、鎌倉市は鶴岡八幡宮、長谷の大仏、江ノ島と名跡旧所が多い。三浦半島では近郊野菜が東京湾では漁業も盛んである。

知っておきたい乾物/干物とその加工品

赤目 神奈川県逗子の海は、海水浴場としての顔とは別に、豊かな漁場でもある。海岸線を囲む山や丘には手つかずの自然が残っており、雨水はやがて山や丘から栄養分を海に運び込む。そのため、山を背にした小さな入り江の岩場がゆりかごのように海の幸を育み、その恵まれた環境の中で育った天然の海藻「赤目」は逗子の小坪漁港で水揚げされ、寒風の中で天日干しにされる。

アカモクは褐藻綱ヒバマタ目ホンダワラ科の海藻で、北海道から日本全国の浅い海に分布し、秋から冬にかけて生長し4～7mの長さに達するものもあり、雌雄異株である。秋田県ではギバサ、山形県では銀葉藻、新潟県では長藻と呼び、食用に供されている。

アカモクは一年草で、本州中部では冬から春に成熟し、日本北部では7月ごろに成熟期を迎える。また、類似種にシダモクなどがあるが、気泡の形状が異なっていて、アカモクが円柱状であるのに対して、シダモクは球形から楕円体である。気泡形状を形成する前の若い個体では区別がつか

ない。

　食用するときはよく水洗いして、真ん中にある茎を上から下に下げてしごき、節から葉を含む小さな茎を食用にする。熱湯を数十秒かけてざるに開け、冷しポン酢などで食べる。ポリフェノール、フコイダン、フコキサンチンなどの各種ミネラル、食物繊維などを含んだ機能性食品として注目を浴びている。逗子小坪産のアカモクに道南産「がごめ昆布」「真昆布」と合わせてうま味を凝縮した昆布茶などを生産している。

津久井在来大豆

　相模原市津久井郡農業協同組合では、もともと地元では野菜生産が盛んであるが、大豆を特産にしようという取組みを始めた。その後、遺伝子組換えの輸入大豆の流通が始まり、遺伝子組換えのない国産大豆への関心が高まったが、大豆生産者が加工業者などに直接販売する例が多く、品質を安定することが課題であった。

　製品の付加価値を高めたい加工業者や流通業者からは「津久井在来」の証明を求められたが、品種改良などで開発した新品種と異なり、在来種の品質のばらつきに問題があった。しかし解決策として、原種に最も近い種子を選別し、DNA解析専用畑などの管理のもとで選別大豆の収穫を行い、生産量は神奈川県の3割を占めるようになった。国産20万ｔの中ではまだわずかだが、品質を維持しながら拡大している。

　特徴は色白で粒が大きい。甘みが強いので味噌に向き、そのほか豆腐、豆乳を使ったデザートの人気が高まっている。現在はロゴマークや商標登録など、ブランド確立に向かっている。

しらす

　湘南茅ヶ崎は鰯の産地として名高い。シラス釜揚げは江の島海岸、葉山、藤沢地区の名物。シラス干しの原料となる鰯の稚魚は生態上他の稚魚と分けるのは大変難しく、目視と手作業による異物混入選別で苦労している食材である。

横須賀海苔

　横須賀東部走水海岸の海苔の養殖は、秋になると種付け網を沖に張ってから20日、5mmから1cmに成長した海苔の種付け網を1年分冷凍保存し、その網を2〜4期作にかけて交代しながら張っていく。11月下旬ごろになると、種網を張ってから20日程で一番摘みが採れる。その10日後に2番摘み、さらに10日後に3番摘みという4周期で、4から5番摘みまで収穫する。浮き流し方式は千葉新富津漁港とほぼ同じで、ここでも青海苔が採れ、黒海苔に青海苔が1/4ほど混

じっている。香りがよく大変人気があるが、量は少ない。

猿島わかめ　東京湾の湾口部に位置する横須賀東部漁協猿島漁地区は、反時計回りの潮流による潮通しのよさが特徴である。波の影響を受けやすいが、波による海水の流動が生物の成長に必要な栄養源を運び込んでいる。栄養塩も豊富で、魚類や海藻類の好漁場となっている。この潮の流れがよい豊かな海で捕れる魚介類を「江戸前」という。猿島のわかめは食べごたえがあり、香りと柔らかな食感が特徴である。

ひじき　三浦半島西岸に位置する相模湾に面した長井漁港は浅い岩礁体が多く、春の大潮の干潮時になる4月中旬の3〜4日の短い解禁日になると、この一帯はひじきの絨毯に覆われる。

荒波に揉まれ、強い天日の乾燥の中ですぐに釜揚げされ、真水で煮て柔らかくし、天日乾燥したひじきは、格別な味で柔らかく、房州ひじきに引けを取らない。

Column

水溶性食物繊維「フコイダン」「フコキサンチン」は聞きなれない言葉だが、「フコイダン」とは海藻のヌメリ成分で、海藻が傷ついた部分を修復したり、引き潮で外気に触れた際の乾燥を防ぐものである。最近の研究で、水溶性食物繊維は人間の生きる機能を回復して免疫力を正常化する働きが明らかにされている。また、「フコキサンチン」はフコイダンの中に含まれる成分で、その抗肥満作用が注目されている。「あかもく」には、フコイダンが「もずく」の2倍、フコキサンチンは海藻の中で最も多く含まれている。あかもくは現代人が求める健康づくりにマッチした食材でもある。

15 新潟県

車麩

地域特性

　新潟県は対馬海流の影響を受ける佐渡島や本州、三国連山を背に、広大な越後平野は稲作中心の産業が多く発達した。豊かな大都市である。越後国・上杉謙信と甲斐国・武田信玄の川中島の戦いは戦国史に残る有名な話題である。

　東西文化の接点である上越、中越、下越と佐渡に文化商圏は分かれている。山間部から流れる信濃川、阿賀野川がもたらす肥沃の大地が大きく広がる。

　山間部は冬になると豪雪地帯となり、魚沼三群（北魚沼、中魚沼、南魚沼）は冬の雪解け水と、真夏の盆地からの暑さ、昼と夜の気温の差がもたらすうまさ特AAにランクされている魚沼米、コシヒカリの産地で日本一の米所として名前を保っている。

　日本海の暖流は佐渡をはじめ多くの水産物の漁獲をもたらし、海岸線は北は粟島、山形に接し、三面川に北上する鮭は江戸時代から村上藩の収入源として今なお伝統が残されている。歴史と大都市を抱え、海の幸、山の幸、海上貿易に至るまで、今なお発展している県である。

知っておきたい乾物／干物とその加工品

へぎ蕎麦　この地方は冬が長く雪が深く、多いときは3m以上も積り、機織物でも全国的に有名である。この魚沼地方独特の蕎麦である。蕎麦を盛るときに入れた容器の木の枠の名前を「へぎ」と呼んでいたことから、へぎ蕎麦の名前が付いた。蕎麦の独特の香りと腰の強さが際立ち、この食感が新潟県人に受けたものである。著者は子供のころからこのへぎ蕎麦で育った。新潟県魚沼川西地方独特の蕎麦で、蕎麦のつなぎに布海苔を使った蕎麦が、大の御馳走であった。

北陸地方

黒幻魚 日本海3大珍味の幻の深海魚幻魚の干物は珍味である。中でも上越市の名立漁港で水揚げされる幻魚は、最も深海で捕れる黒幻魚で、凝縮されたうま味が特徴だ。軽くあぶってそのまま食べてもよく、天ぷらなどでは頭からシッポまですべて食べられる。

乾燥まいたけ サルノコシカケ科のキノコであるマイタケを乾燥したものである。生のマイタケと比べて栄養価は変わらないが、保存性が高いことから冬の鍋物に具材として使われている。現在では天然ものが、岩手県、秋田県の栗駒高原三系などでとれるが、新潟県で菌床栽培ものが盛んに市場に出ている。

干し杏 新潟県の原産在来種で酸味が強く、干し杏、アンズジャム、シロップ漬けの加工用として使われている。円形淡橙色で果肉は40％から60％ほどである。

青大豆 種皮が緑色の品種で、鶯の卵に似た色から鶯まめ、加工して鶯黄粉（うぐいすきなこ）、山形県鶴岡地区では「ダダチャマメ」、東北地方の岩手県や宮城県などでは「ひたし豆」などとして出回っている。

くらかけ豆 種皮に黒い鉢巻の模様が入っている青豆である。馬の鞍に似ていることからこの名が付いた。「けらかけ」とも呼ばれている。長野県など県境付近でも多く栽培されており、ひたし豆の代表的なものでもある。北海道でも栽培されているが、粒が小さいのであまり多くはない。

打ち豆 ひたし豆、青豆、大豆を石臼や堅い金属板の上で小槌で叩き、扁平型につぶした製品。収穫したダイズをつぶすことによって硬い皮が壊れるので、早く調理ができて味付けも簡単にできる。一度加工しているため、打ち豆にすると早く煮えて味付けができるので人気がある。しかし、一度手を加えているので賞味期間は短くなるし、色も変色しやすくなる。新潟地方に限らず、山形県や長野県などでも生産されている。特に雪国では、福島地方を含め、青大豆を使っており郷土料理によく登場する。農産物の収穫が終わりひと息入れた秋深くに煮物にして食卓に上がる料理は、刻み昆布や車麩と一緒に炊き込むのが代表的である。冬に不足しがちなタンパク質源を補う郷土料理である。

＜品質の見分け方＞
● 粒の大きさがそろっていること。

- かたちがふっくらして、つやがあること。
- しわ寄せがないこと。
- 農産物検査法に定められた品質格付けを満たすこと。百分率（全量に対する重量率）、整粒率、水分率など定められている。

長期間保存する場合は、常温か冷蔵庫など湿気のない場所で保存し、カビや虫が付かないように、缶、ガラス瓶、プラスチック容器に入れるとよい。

車麩（くるまぶ）　麩の生地を鉄芯に巻きつけ、直火で焼成した製品。麩の生地を鉄棒に巻きつけ、2層3層にして焼く。新潟県では県の特産品として需要が多く、けんちん汁や煮物など冬のタンパク質源として多く食されている。このほか、新発田麩などがある。

干し薇（ぜんまい）　ゼンマイ科のシダであるゼンマイの新芽を摘み採り、煮てから乾燥した製品。新潟県と県境の福島県、長野県、山形県などが主な産地である。春浅く雪解けした山間地にいち早く芽を出す山菜で、おせちや法事で煮物などにして出される冬の野菜としての食材で、国産が重宝されているが、近年は中国からの輸入品が多い。ぜんまいは、わらびと同様に山菜類の代表的食材として北国では大変人気がある。わらびは原野林や平地に生えるため天然の収穫量は多いが、ぜんまいは山深い沢や谷間に生えることから天然ものは貴重となっている。最近は人工栽培も行われているが、時間と手間がかかるため、なかなか進んでいない。一般的に使われているのは水煮であるが、干しぜんまい本来の歯ごたえが乏しい。

業務用食材を中心に加工した商品の8割が中国からの輸入品である。日本では1990年ごろから各地で人工栽培に取り組み始めたが、栽培期間が5〜8年と長いためなかなか軌道に乗らない。とはいえ、2007年には人工栽培が天然の半分近くに達した。南では徳島県、高知県などでの生産があるが、秋田県、山形県、新潟県の品物が多い。

くるりと巻いた胞子葉が円い銭の形に似ていることから「ぜんまい」と呼ばれるようになったという説と、細かいぜんまいを織物や手毬の芯につかったことから「繊巻」（せんまく）と書くようになり、それがなまって「ぜんまい」といわれるようになったという説などがある。「薇」は菜の微なるもの、つまり、小さな、取るに足りないおかずの意味がある。昔はそれほどありふれて食卓によくのる食材であったのだろうか。

ぜんまいは、全国、特に東北地方の山間部に自生する山菜である。同じ山菜にわらびがある。わらびは『正倉院文書』にすでに登場しているが、ぜんまいの登場は室町時代以降である。江戸時代の『日本諸国名物尽』には信濃（長野県）のわらびはあるがぜんまいの名はない。『本朝食鑑』には曲がった地下茎が犬の背に似ているから「狗脊（ぜんまい）」と、ありがたくない文字があてられている。福島地方では山菜の親方と呼ばれ、法事や年越しに欠かせない食材である。血のめぐりがよくなると、お産の滋養食にもされたという。

　国産のほとんどが天然もので、人工栽培はごくわずかである。雪国の山間地で、春先に人の手作業によって収穫・加工されている。

＜製造方法＞

① 収穫後すぐに頭の部分の綿毛を手で取り、大きな鍋に入れてサッと茹でる。
② その後、急速に冷し、ムシロに広げる。
③ 天日干ししながら手で何回も揉み、水分を飛ばす。揉むことによって繊維質の部分がほぐれ、ひねりが加わることによって独特の食感が生まれる。
④ 天日でよく乾燥させる。

　干しぜんまいは赤干しぜんまいと青干しぜんまいがあり、乾燥後に分けられる。青干しぜんまいは、茹でたぜんまいを網に広げて薪や松葉を燃やした火にかざし、煙のうえで揉みながら乾燥した製品である。煙を当てずに、輻射熱で乾燥させたものを緑干しという。赤干しは天日乾燥したもので、もっともおいしいとされている。太いものが好まれ、価格も高い。

＜栄養と成分＞

　赤血球の材料となる鉄分が豊富で、カロテン、ビタミンK、パントテン酸が多い。カロテンには抗酸化作用があり、活性酸素による細胞の傷害を防いでくれる。ビタミンKは骨にカルシウムが沈着するのを助け、骨を強くし、骨粗鬆症の予防に役立つ。パントテン酸はストレスへの抵抗力を付ける働きがあり、体の抵抗力を付けるのに役立つ。最も期待できるのは食物繊維である。茹でぜんまい50gで2.6gのライ麦パン並みの食物繊維が取れる。切り干し大根、干瓢と同じく、動脈硬化の予防に期待できるリグニンが含まれている。

調理と戻し方は簡単で、必要なのは時間だけだ。使おうと思ったときは前日から水に入れて戻し、翌日には調理できる。面倒なら一度に多めに戻し、冷凍しておけば数か月は問題ない。煮物にしてから冷凍保存してもよい。ぜんまいの戻し比率は乾燥の約3倍、すなわち乾燥が40gならもどして120gとなる。

かんずり
越後妙高高原地場産の厚肉唐辛子を雪原にさらしたあと、麹、柚子、塩と混ぜてから熟成させた、この地方独特の産物で、乾物加工品の逸品である。冬の季節に欠かせない鍋物料理などに使うと、独特の風味と辛みが最高。

笹粽（ささちまき）
新潟県長岡、魚沼三群地方では、田植えが終わり7月ごろになると三角粽が出回り始める。笹の葉を丸めて三角形、円錐形にして、生の餅米を笹の中に入れて包み、イグサのひもで結び、せいろの中で蒸す。黄粉で食べる。黄粉は青黄粉（うぐいす黄粉）である。まさに乾物である保存食。この三角粽は新潟県に独特なもので、京都祇園粽は棒状に長い。中国、台湾などの中華粽は四角い。マレーシア、シンガポールなどにもあるが、味も形もみな違う。

ながも
佐渡のナガモはホンダワラ科のあかもくで、独特の粘りを持ち、食物繊維たっぷりで、成熟期の2～3月にはなんと10mにも成長する。粘り気の正体はアルギン酸という水溶性の食物繊維であり、アルギン酸は整腸や血中コレステロール低下の働きなどがある。佐渡では古くからながもを食べている。熱湯をくぐらせると、鮮やかな緑色になり、とろろのような粘りがある。1～3月が収穫期であるが、乾燥したながもや冷凍品もあり、1年中市販されている。

上新粉（じょうしんこ）
うるち米を精白して水を吸収させて粉砕し、乾燥した製品。粒の荒い製品は並しんこと呼ばれ、上用まんじゅうのように上新粉と区分けしているものがある。なお、上新粉と白玉粉を半々に混ぜた団子の粉もある。

まんじゅう麩
江戸時代前期に日本地図を作ったといわれる伊能忠敬が新潟県岩船の庄屋に宿泊した際に、「丸い麩」という名前の料理が食卓に並んだと伝えられている。岩船麩は半球型にグルテン生地を入れてまんじゅう型に焼き上げる。新潟県村上市の岩船麩、同県新発田市の新発田麩もあり、この麩を蒸気で押しつぶした「つぶし麩」が

ある。手のひらに収まるくらいの椀型の独特な形が特徴で、別名「まんじゅう麩」と呼ばれている。つるんとした滑らかな舌ざわりと、モチモチした腰のある絶品でだし汁をよく含み、上品な味覚がある。

米と加工品

　稲は日本の作物雑穀としての歴史は古く、日本全国で栽培されているが、近年は交配により多くの品種が存在する。気候風土、土壌のほか、その年の気温や気候の条件によって毎年収穫量は変わるが、水に恵まれた土地で広く栽培され、水田で栽培される水稲と畑で作る陸稲に分けられる。陸稲は関東で麦の間作に作られ、餅米が多かったが、近年はほとんど栽培されていない。米の性質からは、うるち米と餅米に分けられ、本質的には大差はないが、含有するでんぷん粒の大きさが違う。餅米は乾燥すると、不透明な乳白色となる。この状態は「はぜる」といい、うるち米は半透明で、硬くなる。米の品質は、品種固有の特性で各種変化する。

　加工品は、米を原料とした製品を、粉にした商品と熱を加えアルファ化した製品。この2つの二次加工品で、それぞれにうるち米と餅米を原料にした製品をここで記す。

　分け方としては国内産、水稲、陸稲、屑米、外来米と各等級があり、製品の用途、値段により、米の配合、どの製品を作るかなど複雑に分かれていく。例としては食用、酒米、加工せんべい、米粉などがある。

粳粉（うるちこな）　うるち米の粉を精米し、糠を取り、水洗いしてから製品にしたもので、新米の上物から「上新粉」「新古粉」などと呼ぶ。米の粒子は細かく固いので、水を吸わせてから製粉作業を行う。製粉されたままの品を「生しん粉」という。大量に使用する業務用は生しん粉のまま業者に渡すものと、一度乾燥したものがある。用途は和菓子材料である。団子、ういろうなどに使い、家庭では彼岸や月見などの行事で団子などを作る。

白玉粉　餅米粉を精白してから水に浸けて柔らかくし、水ごとすりつぶす。水を加えてさらしてから、圧縮脱水する。この段階で大きなかたまりになるので、細かく削り、乾燥機により温風乾燥する。昔は寒中に製造した品を寒さらしといっていたが、今は工場で年間製造している。品質は原料の餅米の質と精白度により決まり、でんぷんを混合したり、また、弾力（ふんわり）感、固まりにくいなどの多様性がある。用途はぎ

ゅうひにして各種和菓子に使ったり、夏の白玉団子、汁粉、ゆであずきの中に丸めて入れたりなどする。餅とはまた別の食感が楽しめる。

白玉は水を徐々に加え、耳たぶほどの固さにこねる。好みの大きさに丸め、沸騰した湯で茹でる。いったん沈んだ白玉が浮き上がったらでき上がり。すくい上げて冷水に入れて冷ます。白砂糖をかけたり、冷やした黒みつや醤油を加えた大根おろしで食べてもおいしい。

餅粉（もちこ）　餅米を精白、製粉したものである。同じ白玉の米加工品とは異なり、水漬け、さらしの工程がなく、白玉を使用した場合と比較すると、粘り、舌ざわりの違う品ができる。工程が少ないため、平均して白玉より安くなる。使い道は白玉と似ているが、餅米からつくより簡単にできるので、「だいふく」など大量に作る場合に利用される。ほかにきんつば、さくら餅の皮にする。小麦粉に20％くらい餅粉を混合すると、焼上りが軽くならず、薄く半透明にできる。

手軽につきたての餅ができるので、家庭でも利用する。利用方法としては餅粉を湿らせる気持ちで少しずつ水を加えて固めにこね、ひと握りずつの大きさにちぎり、蒸器で10分間くらい蒸す。蒸し上がったら丈夫な器に移し、すりこぎ棒でつく。あとは、普通の餅のように、黄粉、汁粉、辛み餅として食べる。焼き餅は餅粉70％、上新粉30％を混合し水でこねて、丸めて平らにして鉄板で焼き、砂糖醤油、あんこなどで食べる。

おだんごの粉　上新粉に餅粉を配合したもの。団子は本来、上新粉で作るが、蒸してつくにはコツと手間がかかるので、簡単にできるように考えられた。うるちの固さともちの粘りと保水性があり、歯切れのよくなるでんぷんを配合して、家庭で簡単にできるように調整した。

新引（しんびき）　真引とも書く。餅米を蒸し、乾燥後に砕き、砂煎りする。砂煎りするのは、砂を加えると熱が平均に伝わり、煎り上げてから砂をふるい分ける。少々焦がして薄茶色にしたものは「狐色」（こいろ）という。粒の大小で「おこし棒」「丸棒」「おこし種」など菓子原料に使う。料理では、揚げ物の衣、鶏肉のから揚げに使ったりする。

みじん粉　餅米を原料として、蒸す、煎るなどの方法でアルファ化して粉にした製品。製造工程は種々あり、加工法により品質、特性もいろいろな品ができるため、同系列の品として「寒梅粉」「焼みじ

んこ」「煎りみじん粉」「落雁粉」などがあるが、地方によって別の呼び名がある。用途は和菓子が一般的だが、「らくがん」「しおがま」などはかなり古く、全国で作られ、各地区の名産になっている。「仙台の塩がま」「長岡の越の雪」「松江の山川」「姫路の塩味まんじゅう」などがある。

> **Column**
>
> 　五大栄養素であるタンパク質、脂質、炭水化物、ビタミン、無機質を豊富に含んでいる大豆のタンパク質は良質で、脂質は動脈硬化を防ぐとされるレシチンや肥満予防効果が期待できるサポニンである。大豆はこのほかにもイソフラボン、ビタミンB群、カルシウム、鉄、オリゴ糖、食物繊維などを含むバランスのよい食材である。

16 富山県

朴の葉

地域特性

　3,000m級の山々が連なる立山連峰から、水深1,000mを超える富山湾まで、変化にあふれる地形をなした富山県は、北陸地方日本海に面し、新潟県、石川県と県境を接し、県庁所在地富山市を中心に、水産、農産が盛んである。

　気候風土としては、冬は豪雪湿地帯であるが、夏はフェーン現象による高温多湿の傾向が強い。春になれば国内屈指の山岳ルートである立山黒部アルペンルートが観光客を迎え、室堂周辺は降り積もった雪で見渡す限りの銀世界。高さ20mの雪壁の散策、立山室堂、みくりが池散策、日本一高いところにある温泉、黒部峡谷を走るトロッコ列車、宇奈月温泉など豊かな自然と観光に恵まれている。また南にある飛騨高山、白川郷（岐阜県）と五箇山の合掌作りはそろって世界遺産に認定されている。

　富山湾は、日本海寒流と対馬暖流が交差する富山湾の定置網から採れるシラエビ、ホタルイカなど多種類の魚介が楽しめる。県東部地区は高山地区、新川地区、富岡地区、砺波地区に細分化され、とりわけ砺波地方、砺波平野の小麦は国内産麦としての評が高い。手延べそうめんの大門素麺が作られている。

知っておきたい乾物/干物とその加工品

朴の葉（ほうは）　モクレン科の落葉樹の葉を乾燥させたもの。朴は大木になり葉が大きく、春先にこぶしの花が咲くころに白い花をつける。葉は芳香があり、殺菌作用もあるために、食材を包む朴葉寿司、朴葉餅などに使われる。

　秋深く霜が降り始めるころ、葉が落ち、拾い集めて3日間ほど塩水に浸けた後に陰干しして保存する。落葉となった葉は比較的火に強いため、味噌で味付けした牛肉などを朴の葉の上で焼く朴葉焼きなど郷土料理の材料

として使われる。葉が大きいので食器代わりや食物の盛り付けの演出などに人気がある。

湿気を嫌うので缶などに入れて保存し、利用するときは乾燥しているので水に10分ほどつけて戻してから使うと香ばしい香りがある。岐阜県飛騨高山、新潟県湯之谷村などでも多く使われている。

大門素麺（おおかどそうめん） 江戸後期の1848（嘉永元）年、砺波の住民、田守三右衛門が薬の行商で能登蛸島（珠洲市）を訪れたときに、前田藩御用達そうめん作りを教わって持ち帰ったのが始まりといわれている。ほかの手延べそうめんづくりと似ているが、大門素麺は10～翌3月の寒製、凍るような寒い冬の農家の副業として栄え、半乾の長い麺を丸めて和紙で包むことから「丸髷素麺（まるまげ）」と呼ばれているのが特徴である。

＜製造方法＞
① 練り込み：小麦粉を塩水で練り込み、生地を大きな鉢に巻き込む。
② 太さはより細め：麺の太さ2.7cmから0.9cmになるまで細く渦巻き状に鉢の中に入れる。
③ 掛場：細く延ばしながら8の字に2本の長箸にかける。
④ 室箱に寝かせ、熟成させる。
⑤ はさがけ：室箱から出し、手と足で延ばし、60cmくらいにし、「はさ」にかける。
⑥ 乾燥：室内乾燥で扇風機などで乾燥する。
⑦ 丸まげ：手で切りながら丸まげ状にする。完全に乾かないうちに丸めなければならない。丸まげの形を作るのが大変。

製品は和紙に包んで再度本乾燥する。

乾燥白えび あいがめと呼ばれる富山湾の海底に生息する「白えび」。まとまった漁ができるのは富山湾のみ。水揚げ後は透き通ったピンク色をしており、「富山湾の宝石」と呼ばれる貴重なえびである。生食はもちろん、乾燥してせんべいなどの製品に加工されている。

干物幻魚（げんげ） 富山湾の深海で水深200mに生息する深海魚。体長は20cmほどで細長く、身は白く透明感がある。グロテスクな顔をした白身の魚である。良質なコラーゲンが豊富で、プルプル感がある。多少グロテスクであるがこの食感が苦手な人には干物にすると食べやすくなり、絶品である。漁師の仲間では「下の下（げんげ）」と呼ばれ、幻の魚から「幻魚（げんげ）」と

表現している。

しらえび オキエビ科に属するエビで、桜えびと同様に深海に生息する。富山湾ならではの特産である。

体長は50〜80mmで、左右が平たい体型で角はないが、無色透明でわずかにピンクがかっており、死ぬと乳白色になり、シラエビの名が付いている。富山湾では神通川、庄川が流れ込んだ先に「藍瓶（あいがめ）」と呼ばれる海底谷があり、そこに集まっているものを捕獲する。透明で美しいことから、「富山湾の宝石」と呼ばれ、だし汁、せんべい、天ぷらなど高級料理に使われている。

氷見うどん 富山県氷見市に伝わる伝統の技氷見うどんは手延べである。砺波平野の小麦粉を油を使わず延ばす手延べは、能登で生まれた伝統の技法を受け継ぐ。加賀藩前田家に献上したといわれる。天候と温度に合わせ、麺の綾かけ引き延ばしの手延べである。富山湾のシラエビの天ぷらで食べる釜揚げなどは最高。

17 石川県

干しロ子

地域特性

　北陸地方で日本海側に面し、県庁所在地は金沢市。県北部の能登地方、県南部の加賀地方に大別する。能登半島から、両白山地まで海岸線から山岳地帯までをもつ。日本海側気候である。日本海の対馬暖流を持つ気候から両白山地の冬は降雪が多く豪雪地帯である。降雨量も日本では5番目に多い県である。歴史的には有名な加賀120万石を有した。加賀前田藩は江戸時代に至る北前船の貿易や戦国時代にさかのぼる産業、輪島塗、古九谷焼、漆器、茶の湯道具、武具などにかかわった。多くの美術品から伝統文化を継承し、金沢城城下町、庭園、兼六園は多くの観光客を迎える。観光県である。

知っておきたい乾物／干物とその加工品

干しロ子（くちこ）　ナマコの卵巣を干した製品。海鼠子（このこ）とも呼ばれる。歴史は古く、『平城宮趾出土木簡墨書』にその名が記されており、奈良時代から永遠と作り継がれている日本三大珍味といわれている。

　ナマコは厳冬期の1月から3月ごろに産卵期を迎え、発達肥大した卵巣を持つようになり、それが口先にあることから「くちこ」と呼ばれている。また、関西方面では、三味線のばちに似ていることからバチとも呼ばれている。能登半島が主産地であり、高級珍味として人気がある。ナマコは雌雄同体でナマコの卵巣を細かい美しい糸のようになるまで、海水で洗い、みご縄という細い縄に幾重にも重ね合わせ、平たくまとめるために水滴が速く落ちるように先端をまとめ三角形にし、陰干ししながら乾燥する。

　1枚のくちこを作るのにナマコの量は数十kgともいわれている。凝縮した深い味わい、香りは日本酒に大変よく合う。火で軽くあぶり、酒の肴のほか、すまし汁に使われる。コラーゲンが豊富で美肌効果に効くうえに、コンドロイチンが関節痛などに効くとして、人気が高い。

能登干し岩海苔

奥能登・輪島からさらに奥に入った珠洲仁江海岸の冬の海は荒く、「波の花」がよく見られる。冬の日本海は波が荒く、岩にくだけた波が空気に混ざり石鹸のような水泡となり、雪のように舞う。波の花が舞うということは海がきれいということである。海水が荒波の姿のまま岩々にぶつかると、岩の表面にぬるぬるとした海苔が生えてくる。それをすべて手作業で摘み採り、板状にして乾燥させる。岩場は滑りやすく危険だが、冬の風物詩である。栄養成分はほかの海苔とほぼ同じである。

ぎんばさ

ホンダワラ科の海藻。奥能登・珠洲地区の波当たりの弱い岩場で水深7mぐらいのところに生えており、葉はギザギザで気泡は楕円形、根は小さく鳥の足のような形状である。一般的にホンダワラは群落を作るが、ぎんばさは藻場に生えている。

10月～翌5月の冬期間に採取する。浅いところで、胴長をはいて鎌で刈り取ったりや、磯に打ち上がった新鮮なものを利用する。ぎんばさは打ち上がると緑色になるため、ほかのホンダワラ類とは見分けやすい。

食べ方は、湯通ししたものを、酢の物やおひたし、味噌汁の具としたり、能登では唐辛子味噌和えにしたものを竹にはさんで串に巻き、囲炉裏で焼いて食べる。豆板醤をつけたりきんぴら風にしたりして食べられているようだ。

「ぎんばさ」はこのほか、神馬藻と書いて「じんばさ」と呼ばれたり、「義馬藻(ぎんばさ)」とも書かれている。11月下旬から12月にかけて、縁起物として正月の飾り付けの鏡餅にホンダワラを実の形から米に見立てて飾るものがある。これは食べられない。石川県のほか、新潟県佐渡地方や京都奥丹波などの産物で、日本海側に多くある海藻。

粉末沢野ゴボウ

原料のゴボウは七尾市の中山間にある沢野地区で栽培されている伝統食材で、普通のゴボウの3倍の太さがあり、スジがなくサクサクした歯ざわりが特徴である。約350年前に京都から神社の神主が種を伝え、加賀藩前田家に献上したといわれている。沢野町がある崎山半島一帯は隆起した土地で、特徴ある粘土質の上で栽培され、食物繊維が豊富で、ポリフェノールが多い。

老化防止、ダイエットサポートとして、粉末ゴボウの人気が高い。乾燥したゴボウはパウダーに加工され、茶、クッキー、菓子などまで多様に使

われている。

はとむぎ　石川県能登の里山地区にある宝達山の麓で栽培されているハトムギは香ばしい香りが特徴で、ノンカフェインなので子供にも最適である。ハトムギは古来漢方薬の１つであった。

　高脂血症、発がん予防など生活習慣病予防として、またタンパク質、ビタミンB_1、カリウム、カルシウム、鉄分などが多く含まれ、利用されている。近年、金時草（水前寺草）の乾燥品と合わせて、健康食などにも利用されている。

五郎島金時　五郎島金時（さつま芋）は今から300年前の元禄時代に薩摩の国（鹿児島）から種イモが持ち帰られ、栽培が始まった。日本海に面した五郎島金時の生育に最適な砂丘地帯があり、通気性、保水性に富み、砂丘の土壌が格別によい。五郎島金時は形も大きからず小さからず、おいしい。能登産干し芋「兼六」もまた格別である。

大浜大豆　能登半島先端の珠洲の狼煙地区にとてつもなくおいしい豆腐がある、という話題があり、調べるとなんと「大浜大豆」という在来種であった。

　昭和30年代は葉タバコの栽培が盛んであったが、近年タバコの栽培が減少している矢先、大浜大豆の復活に県の農業総合センターなどと協力。「幻の大豆」として途絶えかけていたほんのわずかな種子を農家仲間と栽培用にして復活が始まる。紫の花と白い花があったが白い花を選択したことから、白い花の栽培面積が増え、豆にヘソの目があって変わっている白い大豆の栽培に成功した。今はこの地の産業産物として、豆腐、味噌、納豆などに使われる。

赤ずいき　金沢市花園地区の産物であるサトイモの葉柄をずいきという。サトイモの葉柄が赤いもので、葉柄を食用する専用品を「赤ずいき」と呼んでいる。「唐芋」や「八頭」の太くて大きい葉柄の皮をむいて、酢のもの、漬物として食べる。乾燥させているので干しずいきとして好評。

　加賀野菜赤ずいきは食物繊維が多く、低カロリーである。サトイモは熱帯、亜熱帯地方東南アジア原産で、多年草で、日本には縄文後期に中国から伝来したといわれている。サトイモは食べる部位によって子芋を食べる品種、親芋を食べる品種、親も子も両方食べる兼用品種、芋がら（ずいき）

を食用にする葉柄品種の4つの系統がある。ずいきは親芋用の葉柄を「赤ずいき」と呼び、盆や秋祭り、法事のときなどに食用として使われ、酢の物などはすっきりして口ざわりがよい。北陸・新潟地方など多くの場所で食べられている。

能登てまり115

奥能登の珠洲市、輪島市、穴水町、能登町の2市2町で栽培されている原木シイタケの品種で能登てまり115はシイタケ菌の名前である。能登てまりは直径が8cm以上、厚さが3cm、巻き込み1cmほど。

椎茸は水分が多くなると栽培が難しいとされている。水分が少ないほうがおいしいとされているので、生産者は1つずつ袋をかけて水分調整している。能登てまり115の中でも特に優れた「のとてまり」。栽培期間はおおよそ12月～翌3月末。奥能登の土壌は、珪藻土の埋蔵量が豊富な土壌で、シイタケの原木になるコナラなどの生育に適していることが、産地としての特徴である。

椎茸には抗がん作用のあるレンチナンβグルカンが含まれるほか、エルゴステリンという成分がコレステロール、血圧を下げる。日光に当たることでビタミンDに変化するエルゴステリンという成分は、かさの内側に多く含まれている。市販されている椎茸は近年ボイラーや機械乾燥が多く、見た目はよいが太陽の恵みがない。かさの裏側を30分間ぐらい日に当てることで、さらにビタミンが増える。

加賀麩

1588（天正16）年、豊臣秀吉が聚楽第に天皇を招いて催した饗宴の献立に麩が菓子として記載されている。加賀藩前田利家が秀吉を招いた饗宴にも麩が登場している。麩の活躍は禅寺の茶子から茶道の懐石料理へと広がるなどの歴史がある。小麦のグルテンは煮ると汁の中で散ってしまうという欠点があった。この欠点を改良したのが、加賀藩前田家の付け人料理人舟木伝内包早であった。舟木は著書『ちから草』（1725年）で、グルテンに餅米粉や米粉を加えて練り、蒸したり茹でたりして仕上げる製法を紹介した。煮崩れしない麩が誕生した。以後、形、色さまざまな細工麩が誕生した。金沢名物「すだれ麩」も舟木の創作の1つであった。

18世紀後半に九州や東北地方で書かれた料理書に、すでに「すだれ麩」が紹介されており、舟木が開発した麩の加工法もまたたく間に日本中に広

まったようである。
　茨城県結城市では古くから天日乾燥品が作られていたという。天日乾燥ではあめ色に固く干し上がる。戻りが早い。

18 福井県

小鯛煮干

地域特性

　北陸地方で日本海に面し、中部地方の西に位置する福井県は、大きくは越前地方と若狭地方で構成されている。日本海の荒波からなる若狭湾・東尋坊や緑豊かな山々、清らかな水の流れに代表されるように自然が美しい。対馬暖流の影響による冬の雪景色から始まり雨も多く高温多湿地帯である。
　中でも代表される若狭湾は豊富な海の幸の漁獲量も多いことが知られ、古くから京都の台所ともいうべき要所として栄え、小浜から京都までの鯖街道は有名である。江戸時代中期ごろから、北海道からの北前船によって運ばれた魚介類や昆布は若狭港に水揚げされ、京の食文化を発達させた。京都に直結した身近な存在であった。
　また、観光県として芦原温泉をはじめ、曹洞宗の開祖道元禅師が1244（寛元2）年に開いた座禅の修行道場、大本山永平寺などが有名である。農産物は少ないが、海産物は豊富である。

知っておきたい乾物／干物とその加工品

乾燥九頭竜まいたけ

　九頭竜まいたけは、標高1,000m余りの深山に群生する樽の原生林にごくまれに自生する幻のきのこ「黒マイタケ」。恵まれた自然環境を利用して栽培したまいたけは、シャキシャキした食感、芳醇な香りと風味が特徴である。
　福井県大野市は標高1,000mの山々に囲まれた盆地で、九頭竜川の上流にあり、豊かな自然環境から農産物の栽培に適した土地である。

赤むつの干物

　一般的には「のどぐろ」の名前で親しまれている。口の中が黒いことから希少な高級魚として知られている。「白身のトロ」などとも呼ばれて、脂の乗りがよく味がよいと評判である。
　日本海近海の底引き網で越前、坂井市漁港などに水揚げされる。干すこ

とで水分が抜けて、さらにおいしさが凝縮され、ビタミン B_1 が豊富に含まれ、カルシウムの吸収を助けるなどの効果があり、人気である。

若狭かれい（若狭鰈） 正しくはヤナギムシカレイといって、薄くて長い体はまさしく柳の葉に似ていることから名前が付けられた。若狭湾小浜市で9〜12月ごろに捕れたカレイの中でも特に脂が乗ったものがおいしい。串に刺して天日干しにする様子はまさしく冬の風物詩である。

小鯛煮干 小鯛の脂があまり乗っていない時期に採ったものを熱湯で煮沸し、乾燥させた煮干しは、正月のおせちのだしに縁起ものとして使われている。

精進乾物 曹洞宗の大本山永平寺は道元禅師が開山した禅の修行道場である。道元禅師が『典座教訓』の中で唱えた「5法、5味、5色」の5法とは、生、煮、焼、揚げ、蒸の5つの料理方法である。5味とは辛、酸、甘、苦、鹹（塩の辛さ）の5つの味付け法である。5色とは青、赤、黄、白、黒の色彩のことで、うまくかみ合わせることで栄養のバランスが取れるという、まさに料理作りの真髄といえることである。

この教えを生かしたのが精進料理で、永平寺では今でも出され、生かされている。具材はまさしく乾物で「もどき」が基本である。

へし子（へしこ） へし子とは鯖に塩を振って塩漬けにし、さらに糠漬けにした福井県の郷土食で、水産加工品は若狭湾、丹後半島での越冬の保存食として珍重されている。鯖のほか、鰯、河豚、いかなどがある。

へし子の名前の由来は、漁師が魚を樽に漬け込むことを「へし込む」といったことから「へし込まれたもの」がへし子になったという説と、魚を塩漬けにする際に滲み出てくることを「干潮（ひしお）」と呼んだことから「ひしお」がへし子になったという説がある。

19 山梨県

ヤーコン

地域特性

　歴史的背景としては、甲斐の国の武田信玄がこの地を圧倒する勢力を極め、対抗勢力も育たなかったが、武田氏が滅びた後は徳川家康の天領地となり、江戸時代から幕府の直轄地となり、江戸の文化が入り込み発展してきた。山梨県は八ヶ岳、富士山などに囲まれた盆地である。富士山麓には富士五湖が点在し、淡水魚が生息する。甲府盆地に流れる笛吹川、釜無川が合流し富士川となる盆地内は肥沃の地として果樹園芸が盛んに栽培され、観光県でもある。

知っておきたい乾物／干物とその加工品

あけぼの大豆　身延町曙地区で栽培されていた大豆で、その起源は明治時代に関西地方から導入されたといわれている。粒を10粒並べると6寸になるほど粒が大きいことから「十六寸（とうろくすん）」とも呼ばれている。特徴は、大粒で食べごたえがあり、甘味、コクが強く風味に優れている点である。あけぼの大豆を使った煮豆は甲斐路の認証食品として登録されている。

山梨ほうとう　山梨県の郷土料理といえば「ほうとう」。ほうとうは小麦粉を練ってうどんより太く平面にし、ざっくりと切ったのが特徴の麺で、味噌味で野菜やカボチャなどを鉄なべで煮込んだ料理である。

　名前の由来はいくつかあるが、「宝刀」と書き、甲斐の国の武将武田信玄が刀で具材を刻んだという逸話から名付けられたともいわれている。

ころ柿（枯露柿）　山梨県甲州市塩山の松里地域で、昔ながらの手もみ作業で作られている「ころ柿」。干し柿は、水分が50％前後の柔らかいものを「あんぽ柿」、水分が25〜30％で甘み成分の結晶化した白い粉が吹いてくるものを「ころ柿」（枯露柿）と呼び分けて

いる。

　ころ柿の原料は「甲州百目柿」という釣鐘形した大型の渋柿で、350～400gもある。百目という名称は単位の匁（もんめ）から付けられたといわれている。1匁は3.75gなので、3.75g×100匁＝375gというわけだ。ころ柿は農家の庭先で皮をむいた柿を並べ、天日で乾燥（棚干し）させるときに、柿全体に太陽の光がまんべんなく当たるように、適当な間隔でコロコロと位置を変えることからころ柿と呼ばれるようになった。

<製造方法>
① 皮むき：ひもに掛ける枝を残し、ヘタを先に取る。ヘタのまわりをナイフで丸くむく。
② ひもに吊るす：枝部分をひもにくくり吊るす。
③ 殺菌：沸騰した湯の中に柿を入れ殺菌する。
④ 干す：水分と渋みを取るために、日当たりがよく風通しもよいところに20～25日間、干す。
⑤ 揉む：薄皮ができたら、柔らかくするため2～3日間おきに揉む。
⑥ 平干し：5～6日間干したら裏表を3日ごと日を当て、おいしく熟成させる。木箱に入れて3日間待ち、表面に粉が出てきたら完成。

乾燥ヤーコン　ヤーコンは南米アンデス原産で、ほのかな甘みと独特の食感が特徴で、さつま芋に似ている根菜。八ヶ岳南麓（山梨県北杜市）では近年栽培が盛んになっている。春に種芋を植えておけば、ほったらかしておいても秋には芋がなるが、草取りなどは必要である。栄養成分である食物繊維、フラクトオリゴ糖、ポリフェノールを多く含み、生活習慣病の予防に効果があるといわれている。粉末にした乾燥ヤーコンが市販されている。

⑳ 長野県

胡桃

地域特性

　長野県は本州の中部に位置し、周辺は8県と県境を接し、その昔は10州に連なる国とうたわれるほど多くにまたがっていた。東西南北に長く、面積は北海道、岩手県、福島県に次ぐが、山岳、山脈地帯で、北アルプス、中央アルプス、南アルプスに囲まれた、険しい地形であり、海なし県である。

　北信地区は善光寺平盆地ともいわれ、特に新潟県境に近い飯山、妙高、山之内地方は夏暑く、湿気が多く、冬は秋山郷に見られるような豪雪地帯である。また東信地区では軽井沢、佐久平、上田は、浅間山を配し、群馬県と接し、高原特有の冷涼地である。中信地区は松本、安曇野を配し、北アルプスの山麓は、アルプスからの伏流水により多くの果樹園芸が盛んである。南信といわれる八ヶ岳、中央アルプスは山梨県に接し、諏訪湖、伊那谷は気候的にも冬は厳しい。高野豆腐をはじめ寒天、工業用精密機械などの産業が発展している。

　大きく地区別された要因は、すべて峠を越して街に出るという難所であったことによる。日本の屋根と呼ばれ、千曲川、犀川は長野市で合流し信濃川と名を変え日本海へ、諏訪湖から流れる天竜川は太平洋に流れ込む。それぞれが違う気候風土を持ち、冬寒く平地が少なく、耕作面積も少ないことなどから県民意識は強いものの、地区ごとに文化や人々の意識が違っている。

　観光県として国宝善光寺、松本城をはじめ重要文化財、名勝も多い。歴史的なポイントとしては、戦国時代の上杉謙信と武田信玄による川中島の決戦や、真田藩であった上田、松代などが挙げられる。近年観光県として人気も高く、また、全県にわたり温泉地としても名高い。

知っておきたい乾物／干物とその加工品

寒天　ところてん（心太）を冷凍乾燥した製品。寒天と命名したのは中国から帰化した隠元禅師。寒い空、冬の空を意味する漢語「寒天」に、寒さらし心太の意味を込めて寒天として定着したという。

　長野県茅野市は標高800mで、南アルプスと中央アルプスを背に毎年12月の中旬から3月ごろまでは極寒期である。このころ、この辺一帯は寒天つくりの最盛期を迎える。

　朝早く釜の中で天草を煮て溶かす作業に入る。すでに釜場には海藻独特の匂いと共に蒸気が立ち込め、大釜でぐらぐら煮込むこと約4時間、さらに蓋をして約10時間ほど蒸らし、寒天質（のり）を出す。また、釜に入れて焦げないように長い棒でかき混ぜると、寒天はどろりととろみを帯び、重みを増してくる。

　八ヶ岳山麓の冬の風物詩である、寒天作りは長年の経験と技術を要する職人技である。自然が相手であるため、雪が降ったり、雨になれば最悪、色は黄色になってしまう。天然冷凍の難しいところである。1本約600gの生天（生寒天）が約7gとなり、半透明から真っ白に乾けば完成である。田んぼの水を抜いた大地一面に、生天が藁敷きの台に並ぶ。朝日を浴びた寒天製造風景はすばらしい冬の風物詩である。食物繊維はレタスの約100倍含まれ、ノンカロリーで、腸内の老廃物を掃除してくれることで、人気がある（製造工程は生産者によって違う）。

　角寒天（棒寒天）は、計量スプーンのない時代でも量が目分量でわかることから、全国の家庭に普及した。現在は糸寒天や粉末寒天が製造されている。

高原花豆　北海道などでも紫花豆と呼ばれ、栽培されているが、長野県産などと比べると粒が小さい。標高が1,000m以上の高原で育つ。群馬県沼田高原や、赤城高原、長野県戸隠高原、駒ケ根高原など冷涼な地域では、栽培された粒の大きさが北海道産に比べ2倍くらいある。

くるみ（胡桃）　クルミ科の落葉樹であるクルミの実の核を乾燥させたものである。中国清朝時代の西太后の美と健康長寿の秘密は胡桃の汁粉だったという言い伝えがある。乾物とはいえ、カロリーは高いので食べ過ぎないように、1日3〜5個くらいを目安として楽し

む。殻が固いので日持ちはするが、古くなると油臭がする。原産地はヨーロッパ西部からアジア西部とされ、北半球の温帯に広く分布する。

日本に自生する胡桃の多くは鬼胡桃という品種である。外果実はゴツゴツと堅く、内果皮（核）の中に可食部（子葉）があるため取り出しにくい。特に長野県は生産量日本一であり、菓子胡桃という品種が多く栽培されている。

鬼胡桃のほか、姫胡桃などが存在する。近年は中国、米国のカリフォルニア地方から輸入されている。

柏の葉

長野県東部町、小諸周辺が主産地である。柏の木の葉を乾燥した製品。5月5日は端午の節句。江戸時代の幕府の祝い5大節句の1つで、祝いの行事。男の子の節句であるこの日に、柏餅で祝う。柏の葉には霊が宿る。また、柏の葉は新芽が出てから古い葉が落ちることから、男の子の成長と子孫繁栄を願う縁起ものとして使われている。

凍み豆腐、凍り豆腐、高野豆腐

豆腐を凍結、熟成、解凍、場合によっては膨軟加工して乾燥させた製品。歴史は古く、今から1,200年前に最澄が中国から持ち帰ったとされる。凍り豆腐の由来はさまざまな説があるが、関西では高野山に住む高僧が精進料理として食べたところから高野豆腐と呼ばれている。

長野県では凍ることを方言で凍みるということから、凍み豆腐とも呼ばれている。武田信玄が冬に農家に作らせ、信州佐久地方に兵糧食として広めたともいわれている。江戸時代になってから、飛騨（岐阜県）から東北地方に至る東日本各地で作られるようになっている。今は長野県の企業で工業的に生産されている。

干しあんず（干し杏）

バラ科の落葉中高木であるアンズの実から種を取り出して乾燥した製品。アンズの原産地は中国北部、中央アジア、ヒマラヤ西北部である。中国では2,000年以上前から種の中にある「杏仁」を収穫し、漢方薬として利用してきた。アンズはその後、中国からヨーロッパ、中東、アフリカに伝わり、18世紀ごろにアメリカに渡ったとされている。

日本に伝わった時期は明らかではないが、平安時代の書物には「カラモモ」という和名が記載されている。本格的に栽培され始めたのはヨーロッパ品種が導入された大正時代からだと思われる。現在、日本で市販されて

いる干し杏は輸入ものが大半を占める。一番多いのは中国産で、日本の品種よりサイズが大きい。

日本で栽培されているアンズは和アンズ、日本アンズなどで粒は小さく、色は褐色で、時間が経つと黒くなってくる。味は酸味が強く、特に甲信地方、長野県北部では春早く花が咲き、6月下旬から7月にかけて実がなる。

長野県千曲市郊外の森地区、長野市安茂里、倉科地区での栽培が盛んである。日本で栽培されているアンズには平和、昭和、信州大実などの品種があるが、これらは生食用である。干し杏に向く品種は山形三号、新潟大実などがある。栄養と成分はβカロチン、カリウムなどを多く含み、高血圧、動脈硬化予防に効果があるといわれている。

信州産大豆「ナカセンナリ」

長野県産で小粒納豆に向く原料大豆ナカセンナリは、長野県の中信安曇野市近郊で栽培されている。在来種で、安曇野は北アルプス連峰、美ヶ原高原といった山々に囲まれた盆地で、梓川、烏川の夏でも冷涼できれいな水に恵まれ、朝晩の気温の寒暖の差が大きく、農産物の栽培に適している。

「ナカセンナリ」は作付け面積が少なく希少価値であり、薄い皮と強い甘みが特徴で、主に納豆の原料に向いている。乾燥した状態で豆の直径が5.5mm以下の小粒だが、中粒に近い小粒である。今後に期待できる。

信州産大豆「中尾早生」

下伊那郡大鹿村産大豆「中尾早生」は、標高の高い大鹿村近郊で主に栽培されており、古くから受け継がれ愛されている伝統大豆である。小粒で甘みが強いのが特徴で、茹でてもそのままでもおいしいが、味噌や煮物に向いている。

信州蕎麦

信州といえば、「牛に引かれて善光寺参り」の門前蕎麦から始まる。江戸時代から信州そばはうまい、という文献もあり認知度が高い。

火山灰土の土地が多い長野県は通常の野菜が育たず、寒暖の差が大きい高原地帯が蕎麦の栽培に最適だったことから、北は戸隠、黒姫、妙高、飯山、南は安曇野、松本、木曽谷、開田高原に至るまで蕎麦の栽培が点在している県である。高原蕎麦は霧下蕎麦と呼ばれ、朝霧が深く昼夜の寒暖の差が激しいことがおいしさにつながっている。

戸隠蕎麦（長野市戸隠）

岩手のわんこそば、島根の出雲蕎麦と並び、日本3大蕎麦の1つといわれている戸隠蕎麦。戸隠高原は標高1,000m以上にあり、朝霧、夕霧が発生し、蕎麦栽培には適しており、また戸隠神社にお参りに来る観光客の人気が高い。蕎麦屋の店も、戸隠神社が配する三つの神社、宝光社、中社、奥社に多く点在し、レベルも高い。

戸隠蕎麦の特徴は、そばを製粉するときに甘皮といわれる部分を取らずに挽く、挽きぐるみである。蕎麦打ちのやり方も、蕎麦を伸ばすのに四角に伸ばすのではなく、丸く延ばす、戸隠流という打ち方である。また、茹で上げた蕎麦は竹ざるに盛り付けるが、楕円形に丸めて載せる「ボッチ盛り」という食べ方がある。

富倉蕎麦（山之内地方）

北信地方の飯山地区、中野地方の富倉地区はオヤマボクチ（雄山火口、ヤマゴボウ）をつなぎに使い、腰が強く蕎麦がきなどもおいしい。オヤマボクチはゴボウではなくアザミ類の山菜で、葉の繊維質が使われる。

早蕎麦

新潟県との県境にある秋山郷、栄村に伝わる早蕎麦は、茹でた千切り大根を水に溶いた蕎麦粉にからめて団子状にして、季節の野菜と一緒に食べる。大根のシャキシャキ感と蕎麦団子のフワフワ感が喉ごしをよくする。

安曇野蕎麦

梓川と犀川の西岸から高瀬川流域にかけて広がる安曇野は、北アルプス上高地などの山々から湧き出た伏流水が扇状の地帯となり、「名水百選」にも選ばれた。安曇野蕎麦は地元で採れた大王わさびの薬味に助けられ、わさび蕎麦として人気が高い。

投汁蕎麦

冷涼な気候と澄んだ空気、1,200mの高地である野麦峠の入り口奈川地区で育った蕎麦はおいしく風味もよい。寒い冬の季節でも暖かい蕎麦として、小盛りに蕎麦を丸め、竹ざる籠に蕎麦を投じ、鍋の中で温め、季節の野菜やきのこなどをたっぷり入れて食べる。

寒晒し蕎麦

信州妙高高原、諏訪地方などでは玄蕎麦を厳冬期に清流に浸し、天日と寒風にさらして乾燥させる製法が用いられている。

高遠蕎麦（信州伊那地方）

焼き味噌と大根おろし汁、ネギを使い「からつゆ」にて蕎麦を食べるネギ蕎麦

甲信地方

が伝えられている。会津松平家の初代藩主保科正之は、信濃の国高遠藩主であったことがあり国替えで会津藩主に赴いた。大変な蕎麦好きだったので、密接なつながりとなり、現在、福島南会津下郷町大内宿でも、ネギ蕎麦が高遠蕎麦として伝えられている。

開田蕎麦 冷涼な木曽の御嶽山の裾野に広がる開田高原は、蕎麦の栽培に適し、霧下蕎麦が有名である。また、木曽地方では「すんき蕎麦」というカブ菜の漬物を具材として食べるのが特徴。

玄蕎麦「信濃1号」 収穫期は夏蕎麦の中間型で霧下蕎麦とも呼ばれ、長野県黒姫高原、戸隠高原、黒姫地区などに最も好まれて栽培されている。濃い褐色をした玄蕎麦で風味の評判が高く、種まきの時期も幅広く、本州の広い地域で栽培されている。

信濃大蕎麦 信州大学名誉教授の氏原暉男氏が開発した「信濃大蕎麦」。「信濃1号」の4倍体品種で中間型。4倍体は茎が太いため、栽培中に倒れにくく粒が大きい。

＜人工機械化の製法＞

1901（明治34）年に鳥取県の中原孝太氏が、米国から輸入した製氷機を使って人工冷凍法を発明し、特許を取った。これまでの製造はすべて自然の気象条件を利用していたので、生産量、品質ともに安定しなかったが、現在は規格化され、品質のばらつきはない。

＜製造工程＞

① 大豆を水に浸け、すりつぶし、煮てから濾し、オカラを分離して豆乳を作る。
② 塩化カルシウム、塩化マグネシウムを混合して、箱の中で固める。この段階で豆腐ができるが、一般の豆腐より固めに作る。
③ 切断して凍結装置で急速に凍結し、熟成室で20日間前後熟成する。
④ 解凍・脱水してから、温風で乾燥する。

凍み豆腐を戻すには時間や手間がかかるが、この凍み豆腐を手軽に柔らかくする加工法を長野県の人が発明した。長野県下どこでも生産適地であることから、早くから作られていた。生産量も長野県が一番であり、地元消費だけでなく、関西市場にも多くが出荷された。

当初は膨軟化加工法で重曹配合法、アンモニアガス加工法、カン水配合法など品質改良と多くの改良法が発明され、改善されてきた。その後、

1932（昭和7）年にみすず豆腐、1940（昭和15）年に旭松豆腐が人工冷凍工場を建設し、大規模工業化が進み、日本一の生産量となり、現在全国シェア80％。全国凍り豆腐工業協同組合連合会があり、7社が参加している。

五平餅　信州南信地方に伝わる郷土料理の五平餅は、炭焼きや山仕事をする際に山神様に供え、無事平穏を祈る行事に由来するといわれている。

　うるち米を炊いてつぶし、竹や木端の棒、しゃもじ型の板などに固めて焼き付けたものだ。小判形やわらじ形などがある。味の決め手のタレは味噌、醤油などを混ぜて、ごま、クルミなどをすり、季節の木の芽、秋には柚子風味なども加えて作る。

21 岐阜県

糸寒天

地域特性

　岐阜県は奥飛騨に象徴される飛騨山脈、奥穂高、飛騨高山と山間地を有し、南部平野美濃の平野から成り立ち、歴史文化の多くを配している。世界遺産に認定されている白川郷合掌作りには山菜加工品がある。長良川、木曽川、揖斐川の3つの川は濃美平野の肥沃の大地を成り立たせ、東西文化の接点でもある。

　歴史的には美濃の国と飛騨の国から成り立っている県である。気候的には北部の飛騨地方は積雪が多く、長野県に接し、飛騨高山に見る歴史と南部の平野部は比較的温暖で降雪は少ない。長良川を代表に、鵜飼や明治村、岐阜城、柳ケ瀬など観光地としても有名である。乾物も小麦加工品をはじめ米粉からくる飾り餅など、東西文化の境界として、関ヶ原を境に両方の食材が定着している。

知っておきたい乾物/干物とその加工品

飛騨粉山椒（ひだ）

　日本各地の山地に自生している山椒は、「木の芽」とも呼ばれ、七味の原料にもなる。飛騨山椒が栽培されている奥飛騨温泉郷は、北アルプスに抱かれた標高800mに位置する。山椒は香りが高く柑橘系のさわやかな香りがある。

　粉山椒は7月下旬から8月にかけて収穫された実山椒を陰干しして、その後天日干しを行う。杵（きね）と石臼で作られた専用の道具を使い、皮と種に分けて粉山椒を作る。山椒の皮の部分は七分づきで荒目に仕上げることで、より緑がかっているのが特徴である。

きなこ（黄粉）

　大豆を煎って皮をむき、挽いた粉である。加熱することで大豆特有の臭みが抜けて、香ばしい香りが楽しめる。

　飛騨高山地方では、黄粉を加工した飴菓子などが盛んに生産されている。

黄粉を使った和菓子は全国的には大変多く、東北の黄粉ねじり、東京浅草の雷おこし、埼玉の五家宝、静岡の安部川餅、飛騨のげんこつ、山梨の桔梗信玄餅などが有名である。原料となる黄大豆は、関東より関西の方が煎りの深い茶褐色系が好まれる。青大豆を原料にした鶯黄粉は新潟県や東北地方に好まれる。特に、新潟地方では7月に作る粽に使う習慣がある。近年は健康ブームから、黒豆には抗酸化物質アントシアンが多く含まれていることから、牛乳などと混ぜたものや黒豆茶など多くの製品が市販されている。

岐阜県産薄力粉 農林61号「イワイノダイチ」。岐阜県産で栽培された品種で、タンパク質が少ない小麦粉で天ぷらや菓子作りに向いている。

飛騨押し麦 飛騨高山産の大麦を自然の栄養素を損なわないように精白し、圧力をかけて平たくしたもので、穂留まりが高いので、胚芽部分が残っているのが特徴。

岐阜県産発芽玄米 わずか0.5〜1mmぐらい発芽した玄米で、玄米の難点である硬さを取り、軟らかく加工していて、白米と同じように炊飯できる。発芽によって酵素が活発化し、胚乳にあるでんぷんやタンパク質が分解され、栄養価が高まり、消化吸収もよくなる。白米と比べてビタミン B_1 やミネラルも豊富に含み、甘みも増す。

糸寒天 岐阜県と長野県の県境にある恵那市山岡町は、中央アルプスの麓に位置し、冬場の寒さは厳しい。極寒のこの地方が主産地である。昔から、京都からの伝統技法が受け継がれ、今日に至っている。信州諏訪、茅野地方は棒寒天が主力であるが、恵那市近郊は糸寒天の産地である。

上質な糸寒天を作るには上質な原料が確保されなければならない。日本の寒天の原料、「天草」は「漁業組合の入札指定業者」しか入札できない制度になっており、仕入れができない。全国で10社ほどの指定業者に限られている。

製造は野外に冬場の最も寒い厳冬期に、自然凍結、自然製法、自然乾燥により、乾燥を繰り返し約2週間ほどかけて作る手間のかかる作業である。糸寒天は簡単な使用方法で手軽さが受けており、スープや味噌汁に、そのままソースとからめてパスタ風にアレンジやフルーツカップなど洋風のも

のから羊羹など。簡単手軽がウリである。

> **Column**
>
> ミカン科サンショウ属の落葉低木であるサンショウの木は、雌雄異株で、雄と雌の区別がある。種をまいてから3～4年後に花を咲かせるまで、雄と雌の区別がつかない。粉山椒に使われる雌木は、花の後、実となるが、雄は花の軸からぼろぼろと散ってしまう。

22 静岡県

桜えび

地域特性

　静岡県は太平洋に面する県で、北部には名峰で世界遺産である富士山に赤石山脈、南に駿河湾、伊豆半島を配し、南西部には台地、平野部が広がり、大井川、安倍川、富士川が通る肥沃な台地に恵まれ、伊豆半島に配した駿河湾は焼津港、清水港、由比ヶ浜など漁港も多く、漁獲高も多い。気候は太平洋側気候であり、冬の山間地内陸部御殿場などは寒さは厳しいが雪も多くはなく、沿岸部は黒潮の影響で本州の中でも非常に温暖で過ごしやすい。特に伊豆地方の沿岸部は冬でも氷点下に下がることはなく、雪も降らず、温泉大国である。県の西部地区は自動車、オートバイ、楽器工業も盛んで、一次産業である米をはじめミカン、茶、藤枝に見る椎茸栽培、由比の桜えび、仁科浜の天草と浜名湖に見る鰻、スッポンの養殖と多種類の産業が大きく位置づけられ、発展している。

知っておきたい乾物/干物とその加工品

天草（てんぐさ）　西伊豆町は伊豆半島の西部に位置し、東は天城連山、西は駿河湾に面し、昔から漁業が盛んで、かつお節の生産地でもあり、富士箱根伊豆国立公園の自然と景観を有し、中でも水平線に沈む夕日は「日本一の夕日」として町のシンボルとなっている。西伊豆、仁科地区仁科漁業組合を中心とした天草生産は全国で2位、生産量は35〜40tで、地域別では1位である。毎年5月中旬〜7月下旬ごろまで漁が行われ、ところてん（心太）の原料である天草が海女の手により「まんぐわ」という道具を使って収穫される。天草は収穫後、浜に干され、乾燥の後に選別され、塩分を含んだ状態で35kg単位に分けて荒縄で縛って出荷され、入札制度により取引される。

桜えび　サクラエビ科の小型種であるサクラエビを天日干しした製品。身が透き通っていてピンク色に見えることから「桜えび」の名

が付いたといわれている。

サクラエビは水深200〜300mに生息し、夜になると海面近くに浮遊してくる。体長は3〜5cmである。

日本では静岡県駿河湾の由比ヶ浜、大井川河口で水揚げされたものに制限されている。年に2回漁期があり、桜の花の咲くころの3月下旬から6月上旬の「春漁」と、11〜12月の下旬の「秋漁」が行われている。漁期の条件が厳しく、また雨の日は干せず、サクラエビが浮遊してくる日は不特定で不漁の日があり、気まぐれである。

朝に漁獲したサクラエビをそのまま黒いシート状の網の上に、重ならないように広げて天日干しにする。春の天気のよい日には4〜5時間ほどで乾燥できる。

丸ごと食べられるのでカルシウムを豊富に摂取することができる。カリウム、亜鉛、鉄、ビタミンB_6、DHA、EPAなども含んでいる。

静岡県の特産として製造され、お好み焼き、かき揚げ、てんぷら、酒のつまみ、ふりかけなど多様に利用されている。中華料理に使われている「干しえび」があるが、これはアカエビ、シラエビ、芝エビなどで作られたものである。また、瀬戸内海地方で捕れるエビコは「干しえび」として市販されており、区別されている。近年、台湾やフィリピンからの輸入品も多く市場に出ているが、エビの頭の毛の部分が硬いので、口の中に刺さることがある。注意が必要である。

密閉容器かポリ袋など湿気のない所か冷蔵庫保管がよい。

しわめ

コンブ科の褐藻類であるシワメ（アントクメ）を乾燥した製品。海藻全体に納豆のようなヌメリのある海藻で、ガゴメ昆布に似ている。包丁でトントンと刻んで食べることから「とんとん芽」とも呼ばれている。静岡県の西伊豆、仁科浜漁港付近で主に採取されており、西伊豆地方の地場商品として人気がある特産品である。

さくらの葉

バラ科の落葉高木。低木のサクラの葉を乾燥したもの。桃の節句（ひな祭り）によく作られる桜餅の材料として、塩漬けなどがある。静岡県松崎を中心に、西伊豆地方では大島桜の葉などを使用している。サクラの葉を5〜9月にかけて摘み取り、杉の樽に漬け込むことであくが取れ、きれいなべっ甲色になる。サクラの葉は、成分にクマリンを含む。クマリンは生のサクラの葉が糖と結合して塩水によって

加水分解される。杉の樽に生育している微生物などの影響から独特の風味が生まれる。近年はサクラの乾燥ものは少なく、あまり出回っていない。

遠州焼き
鶏卵を使うお好み焼きとの違いは、生地にたくあん、紅ショウガ、ネギを混ぜ合わせ、薄く焼き上げるところにある。遠州焼きのルーツは浜松地方で、戦後の食糧不足の時代に一銭焼きといわれた。三方原特産の大根を漬けた「たくあん」が手軽にあったことからといわれる。地域外とお好み焼きの区別をするために生まれたのが遠州焼きという呼び名で、小麦文化である。

浜納豆
乾物の王様大豆の加工食品。静岡県の浜松名産、東三河納豆は、納豆という名前が付いているが、いわゆる糸引き納豆とは違い、納豆菌ではなく麹菌が使われ、別名「塩辛納豆」や「寺納豆」と呼ばれる。どちらかというと、ねばねばしない納豆である。その歴史は古く、中国の漢の時代、大豆を麹菌で発酵させた「鼓」という保存食が盛んに食べられていた。秦の時代には調味料として利用されていたのが、遣唐使の時代に日本に伝来し、平安京の都で市販されていた。

寺の僧侶が作ったため「寺納豆」、または中国渡来で「唐納豆」。後に浜名湖畔の寺に伝わり「浜納豆」としての名産になった。一方、中国では「鼓」は「豆鼓」（トーチー）という豆味噌になり、現代でも中華料理の重要な調味料として利用されている。

浜納豆は栄養価が高く、保存性がよいため、戦国時代には重要な兵糧の1つとなり、今川義元、足利義勝、豊臣秀吉といった武将に好まれ、特に徳川家康はこの「浜納豆」がお気に入りだったため、歴代江戸幕府の将軍に献上されたとも伝えられている。浜松にある法林寺納豆、大徳寺納豆、一休寺納豆とも呼ばれている。

現在は北海道産の大粒大豆を厳選し、産地の鈴木醸造では袖振大豆を蒸し、これに種麹を振りかけて麹室の中で発酵させる。麹室の中の温度は調整されていて、きれいに麹の花が咲くように発酵させている。これを樽に仕込み塩水を入れ、樽を並べ板を渡して、樽とほぼ同量の重石を乗せて、麹室で約3か月間熟成させる。7つの樽に乗せられる重石は計700kg。これを天日干しして、生姜の醤油漬けを加えて完成となる。しかし、この天日干しには素手で混ぜ返しながら白い大豆が黒褐色の粒に変化するまでさらに5か月かかる。香りと旨味を出す黒い粒は植物性の高タンパク質食品

で、酒の肴、茶うけ、しるこのほか煮物のコクや隠し味など食べ方はさまざまである。

23 愛知県

名古屋きしめん

地域特性

　愛知県は太平洋に面する県で、県庁所在地の名古屋市は中部地区の最大都市で人口も最も多く、尾張地区、西三河地区、東三河地区の3地区で構成されている。

　主な産業はトヨタ自動車をはじめ自動車関連企業、輸送業が多く存在することでも有名である。また、一宮市を中心に繊維産業、半田市の航空産業、三河瓦などを生産している。一方、農産物ではキャベツ、大葉、フキ、カリフラワー、ブロッコリー、イチジクなどの生産量は日本一である。キク、バラ、シクラメン、洋ランなど花卉の生産も盛んで、愛知県の平野は肥沃の土地が多く、渥美大根をはじめ農産加工品が多い。

　伊勢湾と三河湾に面し、沿岸は黒潮の影響と木曽川、揖斐川が流れ込む影響がある。岐阜県から流れ込む長良川も桑名市で揖斐川と合流し、伊勢湾に流れ込む。三河湾は知多半島と渥美半島に囲まれ、遠浅で干潟が発達し、水産資源に大変恵まれ、淡水魚から魚介類、海苔の養殖が盛んである。

知っておきたい乾物／干物とその加工品

名古屋きしめん　400年以上の歴史のある昔ながらのきしめんで、愛知県産小麦「きぬあかり」という国産小麦新品種で作られている。つるつる、もっちりとした腰が特徴。

　きしめんの名前の由来はいくつかあるが、いずれも定かではない。中世に禅僧が中国から伝えた、碁子麺、棊子麺、小麦粉を練って平たく碁石の形に抜いた碁石麺が平打ちの「きしめん」、紀州藩主が鷹狩りに、雉を撃ちその肉汁から雉麺、紀州麺からきしめんなど諸説ある。一般的には名古屋名物として有名である。名古屋には鰻の「ひつまぶし」、手羽先、八丁味噌を使った味噌煮込みうどん、これらに加え江戸時代から愛されている名古屋きしめんがある。きしめんは、日本農林規格JASでは幅4.5mm以

上、厚さ2.0mm未満の帯状に成型したものを「干しひらめん」「きしめん」または「ひもかわ」と記載する。

ほしい（糒）

乾（干）飯とも書き、「ほしいい」「かれい（い）」ともいう。煮たり蒸したりした米を天日で乾燥させたもの。古代より旅の携帯食、兵士食として用いられた。水や湯に浸して柔らかくして食べる。平安時代のころの『伊勢物語』には、業平が東下りの際、三河の国の八橋で、かきつばたの咲く沢のほとりに座って乾飯を食べたというくだりがある。

愛知八丁味噌

名前は、岡崎城から西に八丁の距離にある「八丁村」に由来する。八丁村は、矢作川の舟運と旧東海道が交わる水陸交通の要所として江戸時代に栄えた町である。大豆と塩のみで作られる八丁味噌は大豆麹菌から二夏二冬と二年熟成し、濃厚なコク、少しの酸味、渋味、苦みがバランスよく取れた味噌で、茶褐色の色を呈している。

愛知県産板海苔

浮流し式漁法と支柱式漁法を取り入れている。知多湾、三河湾の豊富な栄養で育った板海苔で、味があるのが特徴で、消費量も多い。

知多湾、三河湾の沿岸部は主に知多地区と三河地区に分かれ、それぞれが違った特徴を持っている。知多地区は、上級品は贈答用として、中級品は全形焼き海苔、きざみ海苔等に用いられる。三河地区では、上級品は贈答用として、中級品は米菓子として使用されたりと、業務用関係が多く、加工しやすい海苔が生産されている。

れんこん（蓮根）

愛知県海部郡立田村（現愛西市）のレンコンの栽培は古く、天保年間（1830〜1844年）に愛西市の寺の住職が門前田に植えたのが始まりといわれている。レンコンの全国3大産地の1つである愛知県は、330ha収穫量で4,620tの全国第3位（『野菜生産統計』による）、腐敗性に強い品種ホワイトロータスの栽培である。

レンコンは穴が開いていることから、「先が見通せる」縁起のよい食べ物として、正月のおせちの定番でもある。粉末レンコンはビタミンC、Kなどが豊富で、保存性もあり味もよいことから、近年は乾物として料理や菓子などにも使われている。

あんこ（餡粉）

小豆等を粉末状にして乾燥した製品。名古屋では粒あんであることから、東西の文化の中間にある。名古屋から見て、関西は丹波、備中岡山は大納言小豆の産地である。大納言小豆は皮が厚く大粒で煮崩れしないことから粒あんが主流である。関東の北海道小豆は皮が軟らかく煮崩れしやすいことから、こし餡を使うことが多かった。

昔は、米や麦の粉で作った生地の中に包んだ中身をすべて餡といった。今でいう肉まんの中身を指していたようだが、仏教で肉食を禁じられ、その代わりに豆類が使われるようになったのが餡の始まりとなる。豆は水を吸収し、加熱することででんぷん粒子をタンパク質が包み、滑らかな餡状になる。したがって、豆をそのまま乾燥したり、煎って粉にしても餡粉にはならない。豆に砂糖を加えて煮た餡は日本独特の食品であり、さまざまな和菓子の材料として使われている。製造方法によって、さらし餡とこし餡に分けられる。さらし餡は灰汁の少ない味なので高級和菓子に用いられる。こし餡は水でさらさないので、小豆の濃い味が残っている。

<主な種類>
- 粒あん：名古屋以西では多く好まれている。小豆などの粒を残すように煮る小倉餡などである。
- 赤餡：小豆や赤色の豆。金時豆、うずら、ささげ、あか豌豆を原料として赤色に仕上げる。
- 白餡：大手亡、白花、白小豆等を原料に、白色に仕上げる。

金時生姜

ショウガ科の多年草で、原産国はインド、マレーシア。愛知県金時生姜の粉末は、一般の生姜と比べて「ガラノラクトン」と「ジンゲローム」が約4倍も含まれている。「ガラノラクトン」は香りの成分。「ジンゲローム」は辛味の成分。

24 三重県

荒芽、荒布

地域特性

三重県は近畿地方の南東部に位置し、南北に長く、東は伊勢湾、熊野灘に面する。北勢、伊賀、中勢、南勢、東紀州の5地域で構成されている。江戸時代からお伊勢参りで有名な伊勢神宮を擁する地区として発展してきた。

山岳地帯や盆地など地形は多彩で気候の変化も激しく、伊勢湾にくる台風や鈴鹿降ろしが厳しい風土を保っている。県庁所在地は津市である。海山の豊富な自然に恵まれ、海産物、海藻類、また松坂牛に代表される酪農と中京工業地帯である四日市コンビナート、亀山シャープ工場、カメヤローソクなどがある。また、伊勢志摩、鈴鹿など観光地としても発展している。

知っておきたい乾物 / 干物とその加工品

あおさ（石蓴） アオサ科の緑藻であるアオサを乾燥させた製品。太平洋沿岸や朝鮮半島をはじめ日本各地で沿岸地域に生育している。一般的には、ヒトエグサ、バンドウコ、沖縄ではアーサなどとも呼ばれている。食用にされることは少ないが、養殖もされている。

ヒトエグサは冬季から初夏にかけて生長し、長さ4〜10cmの葉状の緑藻で、植物体が一層の細胞からなり、このため一重草と呼ばれている。三重県でリアス式海岸をもつ松坂以南、伊勢湾、熊野灘沿岸、鳥羽、志摩と波当たりがある緩い湾内で取れ、伊勢志摩の特産で全国の約70％ぐらいの生産量がある。

水質日本一を誇る宮川や木曽川から注ぎ込む栄養豊富な河川水と太平洋の黒潮が混じり合う豊富な漁場の伊勢湾で、三重のあおさは育っている。浅瀬の岩場に付着して生長し、海水に浮遊した状態でも育つ。穴の開いた円形の平たい海藻である。そのまま食用とするには固いが、大量に採取で

きるため、乾燥して粉末状に加工して、青粉、ふりかけ、海苔の佃煮の原料として多く利用されている。

晩秋から初春にかけて採取されるが、特に3月ごろが多い。大量に繁殖し、沿岸に漂着したアオサは飼料などにも利用されている。三重県のほか、千葉県の夷隅川、香川県小豆島、沖縄県などが主な産地である。

βカロチン、ビタミンB_2、葉酸など他の海藻と同じ栄養素がある。

湿気を吸収しやすいので、開封後は冷蔵庫での保存が望ましい。特有の味と香りがあり、そのままでもお好み焼き、ふりかけ、海苔佃煮、酢の物、味噌汁の具、てんぷらなどとして食べられるので、調理の範囲は広い。

あらめ（荒芽、荒布）

褐藻類コンブ科の多年草であるアラメを乾燥した製品。主産地である三重県伊勢志摩では、7～9月に各浜で海女が採取・収穫し、アラメを海岸に所狭しと並べ、天日乾燥する。

この風景は夏の風物詩でもある。あらめは昔から伊勢神宮の供え物として献上されてきた。関西では盆にあらめの煮物を作る。京都では8月16日の朝あらめを炊き、あらめの茹で汁を門口に流して精霊を見送る習慣などがある。また、粉末にした「こんにゃく」の黒い点々は、あらめの粉とひじきなどで色付けしたものを混ぜたもので、黒こんにゃくとして、関西方面では人気がある。

名称のあらめの由来は「わかめ」より荒い感じがするという意味の「荒芽」からきているといわれ、関西では「新芽」と書き、ひじきより縁起がよいとして好む傾向がある。

＜生　態＞

生態は、生育1年目はササの葉のような形で茎は短く、葉はしわになっている。冬から春にかけて、茎が2つに分岐し、それぞれに細長い葉が十数枚ずつ付くため、全体を見ると大きなはたき状に見える。そして2年目にようやく1～2mぐらいに育つ。2年目以降は胞子を付ける。胞子嚢で遊走子が波に流され、岩に付いて発芽する。アルギン酸製品の原料として、夏によく採取される。

三重県のほか、岩手県以南から九州地方にかけて、日本海側にも太平洋側にも、水面下3～5mぐらいの岩場に生育し、アワビや貝類を含む無脊椎動物や魚類の産卵、稚魚の成育場として重要な役割を担っている。

<製造方法と栄養>

採取したアラメを天日干しし、水で戻してから塩抜きする。その後、ボイルしてからプレスして裁断、乾燥させる。

栄養と成分は他の褐藻類と同様にカルシウムやヨウ素、食物繊維を多く含む。

<利用方法>

たっぷりの水で戻し、水気を切ってから煮物や佃煮、味噌汁などに入れる。あらめから抽出したアルギン酸などの多糖類は、アイスクリームやゼリー菓子、ジャム、マヨネーズの増粘剤に利用されている。また、化粧品のローション、クリーム、練り歯磨きなどの基礎剤にもなっている。

伊勢ひじき

褐藻類ホンダワラ科ホンダワラ属のヒジキを乾燥した製品。ヒジキは、遺跡の発掘物からも得られており、縄文、弥生時代から食べられていたことがうかがえる。奈良時代の記録を集めた『正倉院文書』にすでに記述があるが、見た目が鹿の黒くて短い尾に似ていることから「鹿尾菜」と書かれたという。神饌としても利用されていたという。庶民がヒジキを食べるようになったのは江戸時代で、当時の文献『本朝食鑑』(1695年) に鹿尾菜の文字が使われており、「猪脚菜」「羊栖菜」の文字も当てられていた。

外海に面した波の荒い岩礁地帯や浅瀬の岩場に繊維状の根をはわせて、最長1mにもなる円柱状の茎を伸ばし、小枝と葉を茂らせ、大群落を形成する。

三重県伊勢地方では江戸時代から伝わる製法を続けている。乾燥した原料を水洗いした後に蒸し上げ、再乾燥する方法である。これによって塩抜きされ、うま味、風味が逃れずモッチリした食感が生まれる。また、大量に加工することができる。

木曽川、揖斐川、長良川が流入する伊勢湾は栄養豊富なため、長くて太く、風味と食感のよい高級品質のヒジキが採取され、国内では需要が高い。

伊勢湾板海苔

伊勢湾西部地域で採れ、浮流し式漁法と支柱式漁法がある。色や味に特徴はないが、葉質重視の海苔作りで業務用の需要と米菓での利用が多く人気がある。主に桑名地区と伊勢地区に分かれる。桑名地区は木曽川の河口に位置し、歴史は古く味のある海苔が採れることで知られている。関西を中心に伊勢地区では、上級品は贈

答用、高級寿司用、米菓子用としての需要があるため、全形焼き海苔、味付け海苔の原料に用いられている。

大矢知うどん 今から200年ほど前の江戸時代から幕末にかけて禅僧が秘伝を伝え、兵庫県武庫郡深江村の田中栄五郎、姫路の酒井富蔵らが来村し、灘式素麺作りを開始したといわれている。その後、農家の副業として生産は増えたが、太平洋戦争の後に食糧不足となり、生産はすっかり減った。今では新たに伊勢うどんの名で売り出され、全国手延べ組合では12位である。

伊勢の赤福 伊勢神宮の入り口にある赤福本店は1709（宝永4）年の創業という歴史がある。名物は「赤福」である。これぞまさしく乾物の王様、小豆色のこしあんのうまさは絶品である。餅米の柔らかさと弾力があり、しっかりとした味わいがすばらしい。店で出す赤福氷はこれまたかき氷の中のあんこ、粉の小豆のこしあんのうま味がマッチしている。

25 滋賀県

ミズクグリ

地域特性

　滋賀県の面積の70％を占める中央部に位置する琵琶湖を中心に、農業、商業、漁業と多くの産業が生まれているという点で、全国的にも珍しい県である。琵琶湖周辺は水に恵まれ、稲作地帯が広がり、雨水は川となり、川のまわりに扇状に平野部が広がり、彦根、長浜、八日市の平野部は近郊野菜農業が広がる。滋賀県には琵琶湖から捕れる淡水魚は、鯉、鮒をはじめワカサギ、オオクチバスなど40種類以上が生息している。

　滋賀県の農業の特徴は、琵琶湖を中心に広がり、環境汚染に配慮し、農薬、化学肥料を少なくした環境農業が盛んに行われ、主に稲作中心であることである。古くから「近江米」として知られ、現在も「コシヒカリ」が最も多い。米から小麦へ、小麦から大豆などへと転作しているが、用地は限られている。また、お茶どころとして茶が生産され、酪農では和牛「近江牛」が有名である。

知っておきたい乾物／干物とその加工品

丁字麩（ちょうじふ）　麩というと普通は丸いイメージがあるが、近江八幡、彦根市の「丁字麩」は四角い形をしている。彦根が産地として有名な丁字麩は、近江八幡開町の祖、豊臣秀次が丸い麩は持ち運びに不便なため近江八幡の街並みのような角型にしたといわれる。麩の表、裏には城下の民を忘れないために小径を表す印として線が入っている。

　丁字麩の由来は、中国から伝えられた「丁子」という漢方の名から引用されたのが始まりで、「身体によい漢方のような麩」という意味を持っている。丁子から丁字に変わっている。麩は安価で保存が効き、高タンパク、低カロリーであるため、古くから親しまれている。

《滋賀県産在来大豆》

ことゆたか 　滋賀県だけで栽培されている大豆で、タンパク質含有量が多く、硬い豆腐ができ、淡い味噌や赤味噌のいずれにも向いている。

ミズクグリ 　湖東地域で昔から作られている緑色の在来種。味噌や醬油に使われている。五個荘地域の農家でも田んぼの畔に植えて、味噌や醬油の原料に利用しているが、最近は農家でも栽培が少なくなっている。

フクユタカ、オオツル、タマホマレ 　主な栽培品種で、滋賀県では昔から味噌や醬油、豆腐などが各地方で作られている。琵琶湖のスジエビと大豆を一緒に煮た「えび豆」や湖北地方に伝わる打ち豆汁など大豆を使った郷土料理も多く、暮らしに根づいている。また、近畿地方の大豆の60％以上を占め、全国的にも大豆栽培の盛んな県である。滋賀県の「環境こだわり農産物」の認証を受けている。

黒大豆 　丹波黒、早生黒など大粒のものが主に栽培されている。黒大豆は、抗酸化作用や視力向上作用を持つアントシアニンを含んだ栄養満点の食材として販売されている。生産時期は10〜12月である。

滋賀県産小麦「ふくさやか」 　滋賀県は全国でも有数の小麦の産地で、「うどん」などの製麺に適した「農林61号」「ふくさやか」が主に栽培されている。県内産「ふくさやか」を使った「近江うどん」は人気があり、近江牛とコラボレートした麺文化がある。ほかにクッキー、ドーナツ、地元の六条麦を使ったペットボトルむぎ茶などにも使われ、ビール麦用二条麦の栽培も盛んである。

赤いこんにゃく 　滋賀県近江八幡には赤いこんにゃくがある。織田信長の派手好きが高じて、こんにゃくを赤くしたともいわれる。赤は魔除けでもあり、祝いの膳には欠かせない、昔からの付きものである。近江商人は商人道として有名で、全国に行商していく中で赤いこんにゃくを考案した。諸説はいろいろあるが、定かではない。赤色は食品添加物の酸化鉄で色付けしたもので、こんにゃくにはマンナンの成分として表示されている。

近畿地方

焼さば素麺　素麺のことではなく、地元でいう「焼きそば」との食べ合わせが長浜名物で登場する。焼さばを甘辛く炊き込み、そのだし汁で茹で上がった素麺を軽く炊いて、その上に炊いた焼さばを盛り付けて食べる。さばのだし汁が素麺の淡泊と合うことから広まったようだ。

伊吹蕎麦　滋賀県東近江の伊吹山で始まった在来種日本蕎麦が長野県木曽、甲斐、信州にまで名産物として伝わったという。伊吹盆地の蕎麦は味、香り、風味共によく、人気である。

ひえゆば（比叡湯葉）　比叡ゆばは、中国から持ち帰ったゆばが比叡山延暦寺に伝わったのが初めといわれる。肉を食することができない禅の精進料理に欠かせない食材として必ず登場する（乾物は肉などをまねた「もどき」の食材となるのが基本である）。大豆の加工品の中でも僧侶にとっては大事な栄養源の植物性タンパク質源である。今日まで受け継がれている伝統食品でもある。味噌汁、煮物など、すぐ湯戻しできて、料理が簡単で、かつ、栄養価が高いことから、京料理の代表的食材としても使われる。

大豆「ふくゆたか」　岡大豆と白大豆3号をかけ合わせた品種で、滋賀県栗東地方の産物。直まき、畔立ち方法で、早まきの場合には栽培密度を抑えたり摘心するなどして倒伏を抑えるなど、栽培方法に特徴がある。肥沃な水田の転換畑でも、早まき、無肥料でも栽培ができることから、特に栗東市近郊は工場ばい煙のない田園が広がる町作りに好評である。

でっちようかん（丁稚羊羹）　羊羹の原料は、乾物の小豆と寒天で作る。その昔から滋賀県は近江商人の発祥地として有名であり、商人の原点である見習いを丁稚といい、見習い奉公が里帰りに買うことから名付けられ、今なお丁稚羊羹という名で売られている。

かんぴょう（水口干瓢）　甲賀市水口町はかつて東海道50番目の宿場町「水口宿」として栄え、歌川広重の錦絵『東海道五十三次』の絵にも登場する。干瓢を干す夏の女性の場面が描かれている。1600年ごろ水口岡山城主の長束正家が作らせた。栃木干瓢は後の城主鳥居秀忠が下野の国壬生に城主の国替えしたことにより伝わっ

たという。

　宇川地区は、毎年4月25日の宇川天満宮の祭礼に干瓢をふんだんに使った押しずしが作られるという土地柄である。この宇川寿司は、寿司飯の上に塩ぶりのほか、干瓢などの具材を敷き詰め、竹の皮をはさみ、幾層も積み重ねたとても豪華な押し寿司である。

　宇川地区では、今も朝7時前に収穫されたユウガオが軽トラックで畑から運ばれる。バレーボールほどの大きい薄緑色のユウガオを朝の冷たい空気の中で機械にかけて外皮を削り、幅3cm、薄さ3mm程度の真っ白な実を細長く剥るところから始まる。回転するユウガオに切り刃を当てると、勢いよく白い帯状の干瓢ができ上がる。

　長さは2～3mほどにむき、白い帯状の干瓢を干し棒に吊るし、乾燥する。約1日半天日干し乾燥し、製品化する。この乾燥が難しく、雨の日、風の日は中止となる。手間がかかる作業である。栃木県壬生地区でも同じ工程であるが、水口地区との違いは、代々種を自家採取しているところにある。

　独自品種の苗を育てるところから、つる切り、わら敷き、人手による受粉、有機肥料主体の土作りと、春から夏まで手間をかけている。「昼と夜の寒暖さがある気候と、水はけがよく乾燥し過ぎない土壌が昔から水口干瓢作りに適していたのだろう。

　生産量は少ないが、柔らかくて味が染みやすく、だしをよく含むという特徴があり、それに加え、収穫後に硫黄等で漂白しない「無漂白」なので、安心して使える。巻きずしはもちろん、和え物、ゼリーなどに料理されているようだ。干瓢は製品であって、ウリ科のゆうがおの実を剥いて干して乾燥したものである。

26 京都府

蝶々湯葉

地域特性

 京都府は日本海沿岸から南東に向けて伸びる大都市である。平安遷都（794年）の平安京から明治時代初期まで、天皇の御所がある。山城の国、丹波の国、丹後の国にまたがり、府庁所在地は京都市である。本州の近畿中央部に位置し、福井県、滋賀県、三重県、奈良県、兵庫県、大阪府と多くの府県に隣接し、1,000年にわたって政治、文化の中心としても栄えてきた。丹後半島は舞鶴、若狭湾で日本海に面し、北部に丹後山地、福知山盆地、中央部に亀岡盆地、南部に京都盆地があり、府の75％が山地、丘陵地である。日本の歴史の都は外来文化と国内文化が合流し、都として栄えた。

 中国、朝鮮などの外来文化は九州から瀬戸内海を通って大阪の淀川から京都盆地に、北前船による海の産物、山の産物は若狭湾から陸路京都へと運ばれる。仏教の伝来からの寺院が中心の精進料理の発展が京都の人々の食生活に影響を及ぼしていると思われる。

 丹波栗、丹波黒豆、丹波大納言、大原ゆば、万願寺唐辛子などなど、多くの食材が京の都に運ばれ、錦市場では今なお多くの食材が品揃えされている。

知っておきたい乾物／干物とその加工品

夜久野の蕎麦

 京都府福知山市の夜久野は福知山盆地を中心とした平地で、それを取り囲む市域面積の大部分を占める山間地西部は東経135度線上に位置しており、京都府唯一の火山「宝山」があり、麓には火山灰土の夜久野高原が広がっている。標高300〜500mの丘陵地は霧が多く、昼夜の寒暖の差が大きいことから、良質な蕎麦が育つ。冷涼で肥沃な高原だけが生み出す蕎麦である。

伏見唐辛子　京都の伏見地区で栽培されている在来種で、果肉は大きく、10～15cmぐらいの細長い形で頭の部分に特徴があり、くびれている。丸ごと焼いたり、天ぷら、煮物などに利用されている中辛タイプである。

八房唐辛子　1つの房に10個もの実がまとまって、上を向いてなる。鷹の爪より太く長いが、辛味はやや劣る。枝のまま乾燥して、観賞用としても楽しめる。

京ゆば　豆乳を煮立てて、表面にできる薄い膜をすくい取って乾燥したもの。ゆばの歴史は古く、今から1,200年前に最澄が中国から持ち帰ったといわれている。日本に最初にゆばが伝わったのは、京都比叡山の天台宗総本山延暦寺であった。精進料理の材料として使われ、坊さんに大変好まれたという。江戸時代の文献『豆腐百珍』（1782年）にはゆば料理が記載されており、いろいろな種類が作られ、一般庶民にも広まったとある。京の都は海から遠く生鮮食品に恵まれず、限られた食材から工夫を凝らす生活の知恵が生んだ食べ物である。

貴重な栄養源だった僧侶たちの食糧。「建仁寺ゆば」「大徳寺ゆば」「東寺ゆば」などの名称は、その寺で作られていたことを語っている。精進料理や懐石料理など京都を代表する食材である。近年は和食だけでなく、洋食にも健康的食材として利用されている。

名前の由来は豆乳の表面がしわになり、姥の顔に似ていることから「うば」と呼ばれた。また、豆腐の「うわもの」の音が濁って「ゆば」となったともいわれている。豆乳はマメ科の1年草である大豆の種子を加工したものである。

＜製造方法＞
① 大豆を一晩水に浸けて戻す。
② 水を注ぎながら挽く。
③ 大釜で煮て、布でこして豆乳を作る。
④ 深さ5～10cmくらいの木枠で仕切った鍋に移し、微調整された火にかけて、じっくりと皮膜を作り上げる。
⑤ 皮膜を竹の串でそっと引き上げる。引上げはゆばの張り具合や火加減を見ながら、早からず遅からず絶妙なタイミングで1枚1枚ていねいにそっと引き上げる。職人技である。

⑥ 半乾燥のところで切り、成形してから温風乾燥する。

干しゆばにはさまざまな形に加工した製品があり、以下にも紹介する製品のほかに小巻ゆば、結びゆば、竹ゆば、平ゆばなどがある。
- **大原木ゆば** 真ん中を昆布で結んだ京ゆば。ゆばとゆばの間にだしがしみ込んでうま味を引き出すように加工した製品。
- **巻ゆば** ゆばをいく重にも巻いて作る。水分を含むと広がってボリューム感が出る。
- **蝶々ゆば** 蝶々のような形に成形したゆばで、料理の華添えに使う。
- **京ゆば** 京都周辺で生産されるゆばで、仕上りが平たいので板ゆばとして多く加工され、寺院、料亭や土産ものとして多く使われている。

＜栄養と成分＞

ゆばは、豆乳から作られるので、大豆加工品と同じ栄養価があり、消化吸収がよく、栄養価が高い。鉄分のほか、亜鉛、カリウム、ミネラルなどが豊富で、子供や高齢者の栄養補給に適している。

＜品質の見分け方＞

やや白黄色でクリーム色のゆばが見栄えがよい。薄く固いため壊れやすく、取扱いに注意を要する。長時間経つと、外観は変わらないようだが酸化が進み、油臭が出てきて変色する。常温で3か月ぐらいを目安に乾燥した場所に保管し、強い紫外線に当たると酸化が早くなるので冷蔵庫か冷暗所に保管する。利用は、乾燥したまま吸い物に直接入れたり、煮たり、ゆっくりと弱火で火を通す。煮汁はゆばをやや大目にするのがポイントで、火を落とすとまた固くなるので注意する。

京の薬味

京都丹波で育てた黄金唐辛子や国内産の唐辛子を原料として、石臼製法で引かれた和歌山県産朝倉山椒や高知県産青海苔などを使い、独特のブレンドによる風味豊かな京の薬味。京の薬味は、清水寺の参道の一休堂、山城屋、おちゃのこさいさいなど販売店が多い。一味唐辛子、七味唐辛子、柚子唐辛子、山椒などがある。

聖護院干し大根

京都府与謝野町で契約栽培した聖護院大根を乾燥した干し大根は、カブラのような丸い形に仕上げ、京野菜の1つとして京都の食材に欠かせない逸品である。

浮粉(うきこ)

小麦粉から取ったでんぷん。小麦粉に水と食塩を加えながらもむとタンパク質は固まり、小麦粉に含まれるでんぷんは水と一緒

に流れ出る。それをふるいで水と分離し、乾燥させると、本葛粉に似た固まりとなる。これを製粉機で粉にしたものが浮粉である。さらに沈殿したものを取り出したものが麩の原料となるグルテンである。

京都では、葛餅などの和菓子やかまぼこの増粘剤などにも利用されている。

まくさ 原草は全国で種々採れるが、寒天の主原料である天草の属に類したマクサは紅藻類テングサ目テングサ科で、日本、北朝鮮、韓国などの沿岸域に広く分布している。日本国内では京都府舞鶴湾や京丹後市網野町の浅茂川で年間を通じて見ることができる。

マクサはところてんや寒天の原料として有名である。ところてんは乾燥させたマクサを湯で煮出した後、冷やして固めたもの。天突きという道具で細い糸状に押し出したものに、ポン酢や黒蜜などをかけて食べる。

ところてんを凍結乾燥したものが寒天である。マクサは多年生の海藻で、寿命は3年程度といわれており、春先から夏にかけて成長するため、京都府沿岸ではそのころに漁獲されている。マクサは波打ち際から水深15m以深にまで分布し、天草場と呼ばれる大規模の純生群落を形成する。天草場はマクサの漁場としてのみでなく、サザエ、イセエビ、稚貝のよい餌場となっている。採取したマクサは浜に天日干しして乾燥保存する。

万願寺唐辛子 京都市、舞鶴市は大正末期には貿易港として栄えていた港をもち、万願寺唐辛子の発祥の地といわれている。収穫は5月上旬～9月中旬と比較的長いため、京野菜としての人気が高い。万願寺は寺の名前でもあるが、在来種伏見唐辛子と、カリフォルニアワンダー唐辛子を交配して誕生したもの。果肉が大きくて分厚く、柔らかく甘みがほんのりとあり、肩がくびれる特徴があり、種が少なく、食べやすいのが受けている。京野菜として錦市場などでも有名である。伝統的に生産されており、「京の伝統野菜」として指定されている。

甘唐辛子 京都の伝統野菜の伏見唐辛子と万願寺唐辛子、山科唐辛子などの仲間。京都では唐辛子の実だけでなく、葉も「きごしょ」と呼ばれ、煮物や佃煮にしても食べられ、葉唐辛子といって、葉もほんのり辛くおいしいと人気である。甘唐辛子の多くは早採りしたもので、時々赤いものも見るが、これは品種が違うのではなく、赤ピーマンと同じように枝になったまま完熟させて赤くしたものである。

獅子唐辛子　ナス科のトウガラシ属で「南蛮唐辛子」または「南蛮」とも呼ばれている。辛い唐辛子と同じトウガラシ属になり、辛くない唐辛子、唐辛子甘味種、ピーマン、パプリカも甘い唐辛子の部類である。

　獅子唐辛子の名前は、でこぼことした起伏があり、形が獅子の顔に似ていることから付けられたといわれる。普通はあまり辛くないが、たまに凄く辛くなり、まさにいわゆる唐辛子そのものの味が紛れていることがある。育つ環境の違いによるもので、乾燥など強いストレスの中で育つと辛くなるようだ。辛いものの多くは小ぶりで中に種が少なく、これは受粉不良によるものだが、激辛唐辛子になったものもある。

京都笹粽（ちまき）　京都美山町（現南丹市）では端午の節句や7月2日頃の半夏生（げしょう）（二十四節気の1つで夏至から11日目に当たる日）に食べる笹粽は新潟の三角粽とは違う。うるち米と餅米を7対3の比率で細く長い棒状にのして団子状にした後、4枚のクマ笹で巻く。イ草8本を使い笹の内側に縦の笹が隠れるように結び上げるのが特徴である。笹の美しさが有名である。

＜作り方＞

① 餅米とうるち米を洗って、2～3週間日陰で干して粉にひく。
② 粉をお湯で耳たぶくらいの柔らかさになるまでこねる。
③ 約50gを手に取り、8cmほどの円錐状の団子を作る。
④ 笹で団子を包む。
⑤ 10本を束にして、約15分間蒸す。

京都湯豆腐（とうふ）　乾物の代表的素材である大豆。大豆加工の代表的な豆腐。京都での精進料理には湯豆腐が欠かせない。現存する最古の湯豆腐店が南禅寺の山門のそばにある。底冷えの京の冬、身も心も温まる冬の代表料理でもある。素朴な味わい。豆腐の起源は中国で、日本には奈良、平安時代に遣唐使の僧が寺の食事に取り入れたといわれている。いつの考案かわからないが、江戸時代に入ってから豆腐は庶民の味になる。社寺の門前で参拝者に精進料理を出す店が増え、江戸後期には南禅寺前にある湯萩腐店が『都林泉名勝図会』に登場する。

　京都では、嵯峨豆腐森嘉の柔らか硫酸カルシウムを使う店と、自前で石臼で作る「奥丹」のような店の2つに分かれているようだ。

Column：抹茶と煎茶

　抹茶の産地は、茶道具から発展した京都府宇治市、愛知県西尾市などが有名である。春の一定期間、茶畑に覆いをして日光を遮断。うま味成分のアミノ酸のテアニンを相対的に増やす。摘んだ葉を蒸した後に乾燥したものがてん茶。抹茶はてん茶を臼で粉末にしたもの。煎茶は覆いをせず栽培した葉を蒸し、もみながら乾燥して作る。

27 大阪府

はったい粉

地域特性

　大阪府の府庁所在地は大阪市である。西日本、近畿地方の中心で、経済、文化、工業、商業をはじめ交通の中心でもあり、JR、私鉄、関西空港をはじめ陸・海・空、すべてが集中している。人口も東京都、神奈川県に次ぐ第3位であり、京都府、奈良県、和歌山県、兵庫県に接している。33市9町1村の43の自治体で、複数の政令指定都市を有する府となっている。

　瀬戸内海式気候のため、年間を通して温暖で、昼と夜の気温差も少なく、冬はほとんど雪の降らない土地柄である。大阪湾、紀伊水道、淡路島、太平洋を流れる黒潮は栄養豊富である。瀬戸内海があるが、大阪湾は工業地帯として、生活排水に加えて船舶の往来があり水産物は少ない。中央に大阪平野を抱え、三方を山に囲まれている。農産物の生産は少なく、消費地である。

　大阪は「粉もん文化」といわれ、お好み焼きに始まり、タコ焼き、ラーメン、浪速うどんなどが庶民文化として定着している。

知っておきたい乾物/干物とその加工品

はったい粉　イネ科の越年草であるオオムギを煎ってから粉にした製品。関西以西では裸麦を使う。トウモロコシやキビなどを使うところもあるが、いずれも煎って粉にしたものである。

　関西方面でははったい粉というが、地域によって呼び名が違い、関東では「むぎこがし」、日本海側では「こうせん」などと呼んでいる。砂糖を加えてそのまま食べるか、水または湯で練って食べる。

昆布の文化　大阪は昆布、昆布加工品両方の需要が大変多く、江戸時代には北海道からの北前船が大阪に昆布を運んだという流れがある。昆布の利用から生まれた佃煮、ばってら寿司、身欠きにしん、昆布巻きなどの多くの食材が消費されている。

道明寺粉

大阪府藤井寺市の道明寺市という寺で保存食として作った糒(ほしいい)を貧民に施したことから名が付けられた。餅米を蒸して乾燥し、粉砕してふるい、粒の大きさをそろえた製品。

大阪お好み焼き

大阪はまさしく粉文化。乾物加工品の宝庫である。中でもお好み焼きは庶民文化と共に、大阪の人にとっては特別扱いの食材である。水に溶いた小麦粉を野菜、肉、魚介類等の具材と共に鉄板の上で焼き上げて、粉末の海苔やかつお節をソースと一緒に絡めた「関西風お好み焼き」は、いろいろな趣向で庶民に定着している。お好み焼きの歴史は、安土桃山時代の千利休が作らせた「麩焼」に始まるといわれている。その後、江戸時代から明治時代にかけて、「助惣焼」から「もんじゃ焼き」が生まれてきたようである。大正時代から昭和時代にかけて、ソースが作られその後醤油やマヨネーズなども用いられ多様化し、変化してきたようである。

関西ではお好み焼きは麩焼→助惣焼→もんじゃ焼→どんどん焼き→お好み焼きと変化してきたようだ。大阪を中心とする関西地方は、小麦粉に刻んだキャベツや魚介類等の具材や山芋などを加えて食感を出し、季節感を求めたようだが、いつのころから始まったのかはわからない。昭和30年代は、関西下町では町内に1軒、戦後は町内には4〜5軒もあるというほど増え、乱立し、家庭でも多く好まれ、作るようになった。

現在はだし汁に小麦粉、鶏卵、山芋などを混ぜて、刻みキャベツと肉を混ぜる「混ぜ焼き」が一般的である。

岸和田かしみん焼

関西風お好み焼きが原点であるが、この地域ではキャベツのほか、具材は似ているが鶏肉を使い、パサつきを抑えるために牛脂を乗せて焼くことから、「かしみん焼き」の名が広まっている。

このほか、神戸市長田区の「すじこん」と呼ばれる牛すじの煮込み入りや、大阪富田林市の豚肉の鉄板焼きを用いた「ブー太郎焼き」、神戸市では「大貝(おおがい)」と呼ばれる本荘貝を用いたものなどがある。

新挽き

大阪府藤井寺市の道明寺で最初に作られた保存食が起源とされる。餅米を蒸して乾燥した道明寺粉をさらにこまかく粉砕し、色が付かないように砂煎りしたものが「新引」「真引」である。砂煎りするのは、砂を加えると熱が平均的に加わるためである。煎り上げてから砂

をふるいに分ける。少々焦がしたり、大小の粒で、「おこし種」「丸種」「上南粉」などの菓子原料に使う。

和菓子の落雁などの原料として用いられる副材料でもあり、揚げ物の料理では鳥のささみに塩こしょうと一緒に衣揚げするカラ揚げにも用いられる。関西では「みじん粉」ということもある。ピンク、黄色、グリーンに着色したものもある。

みじん粉 　餅米を蒸したり煎ったりしてアルファ化して粉にする。同類のものに「寒梅粉」「焼みじん粉」「煎りみじん粉」「早みじん粉」「落雁粉」などがあるが、同一品で地方によって呼び方が変わるところがある。

みじん粉を利用した和菓子では「塩釜」がある。砂糖に水を少し湿らし、そこにみじんこ粉を同量加え、両掌でもんで、全体を混合し、湿り気も平均化させる。木形や陶器の器に押し込んで型抜きし、弱火で軽く乾燥させてから食べる。

また、みじん粉を板の上に置き、水を少しずつ加えながら竹へらでこね、適当な粘りを出したものは、高級家具などの木工品用の糊として昔から使われている。

大阪粉物 　粉もの文化が大阪の人々の間に登場したのは、第二次世界大戦後の国内に米が足りなくなり、全国的に粉を使う二次加工品が主流になる時代があったためであろう。でんぷん加工のさつま芋、粟餅、小麦粉から作るすいとん、ひも川などで飢えをしのいだ。いわゆる代用品であり、食糧難が続く中で、米国から大量の小麦粉、メリケン粉が日本に入り込み、学校給食にパンが登場し、脱脂粉乳が登場したのもこの時期である。大阪の人は戦前から小麦料理に親しんでいたことから、新しくアレンジを加えた。安く食べられる洋食の意味として小麦粉やネギ、キャベツ、ソースを加えて「拾円焼き」「キャベツ焼き」など名前を変えて庶民の感覚に合う簡単に作れる粉もの文化が急速に発展したのであった。戦後は肉が貴重品だったので、キャベツ、野菜に、イカやタコなどの海産物も混ぜて焼くことで今日に至っている。食糧難の時代が終わり、飽食の時代になって現在に至っても、お好み焼きは大阪を代表する味として根づいている。お好み焼きも広島焼きも、もんじゃ焼きも、最初は子供の食べ物であったことと、小麦粉がベースになっていることから、ルーツは同じ

といえる。

ちょぼ焼　現在におけるもんじゃ焼き、タコ焼きに類似する。水に溶いた小麦粉（うどん粉）を半月に窪んだものが並んだ銅板に流し込む。こんにゃく、紅しょうが、えんどう豆に醤油を入れたり、ネギ、かつお節の粉などをまぶし、七輪で焼いた。「ちょぼ」とはサイコロの目に似ているなどの印や点などの丸いものからチョボ、ポチという言葉から名が付いたといわれる。

ラジオ焼き　タコ焼きの元祖である。牛スジ肉を具材として、丸く焼いた粉料理で、球状にくぼんだ鉄板を使用して、小麦粉と具材の生地を入れて丸く焼き上げる。ちょぼ焼き板を使用している。

　昭和初期には、牛スジ肉を入れた醤油味で、当時としては高価なものだった。ハイカラの象徴として高価だったラジオにあやかってラジオ焼きと呼ぶようになり、後に明石焼きの具をまねてタコを入れたものがタコ焼きとなり、これが大阪で人気となったため、現在においてはタコ焼きの方がポピュラーになっている。

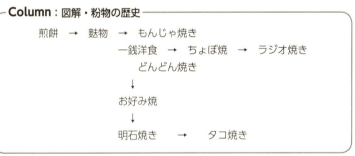

Column：図解・粉物の歴史

煎餅　→　麩物　→　もんじゃ焼き
　　　　　　一銭洋食　→　ちょぼ焼　→　ラジオ焼き
　　　　　　　　　どんどん焼き
　　　　　　　　　↓
　　　　　　お好み焼
　　　　　　↓
　　　　　　明石焼き　→　タコ焼き

28 兵庫県

丹波黒豆

地域特性

近畿地方の中西部に位置し、神戸市が県庁所在地である。北は日本海、南は瀬戸内海と2つの海に面し、県では青森県、山口県の本州両端を除けば日本では唯一両海に面している関係で、阪神工業地帯の中心として、日本有数の重化学工業地域がある。また、農山漁村地域が中部から北部にかけて占めており、農林水産業も盛んである。

神戸港は世界有数の貿易港として発展し、六甲山麓に異人館街があり、大都市圏大阪の主要なベットタウンであり、観光、歴史、物産との面でも多くの物に恵まれ発展している県である。北部は日本海式気候、南部は瀬戸内海式気候で、北部域は豪雪地帯でもあるが、比較的自然環境も安定している。

知っておきたい乾物／干物とその加工品

丹波黒豆 ブドウ豆とも呼ばれる。兵庫県篠山の黒大豆はおせち料理に欠かせない。色、つや、大きさ、味のよさのどれをとっても他を寄せ付けない品質は、誰もが認めるものである。

5月末から6月初旬に種をまき、10日ほどで芽が出る。芽が出たらまわりに土を盛り、風などで倒れないように根をしっかり張らせる。後は、夏場に水と肥料を十分にやりさえすれば、11月の半ばに刈り取りを迎えられる。

夏の昼夜の温度差と土壌、気候風土から、最高に大きい飛び切りブドウ豆と呼ばれ、表面には白い粉状のろう粉が付着している（飛び切りは最高級の意味で使われる）。この粉は中のタンパク質が表面に出てきたものといわれている。

丹波大納言小豆 小豆の中でもとりわけ上質のものとして古くから京都の高級和菓子に使われ、粒の大きさは北海道産

と比べ、特に大きく、味もよい。平安の昔、官位の位の称号が与えられた。煮ても身割れしにくい。

　3代将軍徳川家光の乳母春日局生誕の地である丹波市春日町は、県の北部中央に位置し、大納言小豆の発祥の地と言われ、何百年もの間、この小豆を作り続けている。その集落の春日町東中地区はなだらかな稜線を描く三尾山の麓にある。寒暖の差が大きい盆地の丹波市は、10月ごろから霧が出始める。この時期が大納言の成熟期と重なり、寒い夜は呼吸量が少ないため、光合成で作られた栄養分が減ることなく小豆の中にうま味として溜まる。

　一般的な小豆は、完熟するとさやは茶色になるが、東中地区の小豆は黒くなり、濃い赤茶色の豆は、両端が平らで四角い俵型をしており、皮の表面には薄いしわがある。煮ると指の先ほどに膨らみ、おいしい。

割り干し大根

大根を太く縦に切ってひもに吊るし乾燥したもので、主に兵庫県伊丹市郊外などで作られている。品種は冬季青首大根。製法を変えたものはその他、長崎県や岡山県など全国各地で作られている。

朝倉粉山椒

但馬の朝倉山椒は日本の香辛料の絶品として好まれ、八鹿朝倉村の豪農朝倉氏の名前が付き、トゲのない山椒として知られる。原産地は養父市八鹿町朝倉。山城地方史によると、「但馬朝倉より産出する山椒を佳しとなしこれを京都富小路にて売る」とある。江戸時代中期（1730年）、朝倉村今滝より出石藩江戸屋敷に献上したとされている。木にはトゲがなく、雌雄異株のうち雌木になる山椒の実は大粒で、山椒特有の渋味が少なく、まろやかな味と香りが好まれている。

兵庫県産板海苔

浮流し式漁法で、播磨灘、大阪湾での生産量が多い。ここでは特につやのよい海苔が採れる。葉質はしっかりしている。

　瀬戸内海沿岸は生産量が多い産地であり、色、つやがよく、また作りがきれいで、ロットがまとまるため、主に業務用として全国的に流通している。寿司海苔、おにぎり海苔の用途が大半を占める。

播州そうめん

兵庫県播州でのそうめんの生産は古く、1418年の斑鳩寺の古文書の記述によれば、伊和神社（穴栗市一宮）社殿の祝言にそうめんを使うとされている。播州そうめんが本格的に作ら

れたのは、江戸時代の安永年間ごろ（1771年）と考えられ、「揖保の糸」の産地化は、龍野藩が産物の保護育成を始めた文化年間（1804年）に始まったと考えられる。

　兵庫県揖保郡太子町の斑鳩寺に残る寺院日記では1418（応永25）年に登場する。約600年も前からこの地でそうめんが食べられていた。手延べそうめんを顕微鏡で観察すると、小麦粉に含まれるタンパク質のグルテンが縄状の方向性を持ち、円形のでんぷん粒を包み込むように伸びていることが確認できる。このようなグルテンの構造は、手延べそうめんの特徴であり、「熟成」と「縄状に麺によりをかけて延ばす作業」を繰り返すことで、茹で伸びにくく滑らかな舌ざわりで腰のある歯切れのよい食感が生まれる。これが揖保の糸のうまさの特徴だ。

　手延べそうめん「揖保の糸」は、国家資格手延べ製麺技能士の手により製造されている。その技術と専門的な知識が認証された、熟練と経験を要する技能士による商品で構成されていると製品に表示されている。

明石焼き

　今は大阪と交通の便も大変よくなった近郊都市の神戸であるが、粉文化がまったく違う。大阪から兵庫県に来ると、お好み焼きの看板はほとんど見られなくなり、明石焼きの看板に変わる。

　兵庫県明石市の名物といえば明石焼きだ。見た目はタコ焼き風だが、明石では「卵焼き」と呼ばれている。生地に卵が使われている。その昔、卵が割れたときに白身は糊づけ状になり、接着剤の役割があることから、お好み焼きとは違う「だし汁」「だし巻き」「卵焼き」の発想が生まれたようだ。黄身をおいしく食べる効果があることから、明石焼きが誕生したようである。塩気の代用として明石海峡の産物であるタコの干物を入れるようになり、「卵焼き」から「明石焼き」となった。ふわふわのだし汁で卵の黄身とマッチした明石焼きは絶品である。近年は、粉文化と一緒にアナゴ焼きなども食べられるようになったようである。

29 奈良県

葛きり

地域特性

　紀伊半島の内陸部に位置し、奈良盆地、大和高原、紀伊山地からなり、平野部が少なく、耕地面積も少なく、大きな産物などには恵まれていない。奈良盆地は内陸性気候で降雨量も少なく、降雪も少ない。観光地である一方、大阪、京都に隣接していることから県外への通勤通学も多く、サラリーマンも多い。

　吉野山地は、吉野千本桜に見る吉野山から熊野古道に通じる山岳信仰の霊地として世界遺産にもなっている。山間地は多雨地帯である。県北、県南では気候も違い、人口の90％は奈良盆地に集中し、世界遺産のある古都奈良は文化遺産や仏教、仏像建造物など歴史的遺産群が多く、誇示している県である。

　歴史的には天皇家の陵をはじめ、神武天皇を祀る橿原神宮、石舞台、飛鳥寺、さらには古墳群が多くあり、近代の工業用開発や生産工場の建設などを展開できない状況にある。海がなく、山間地の生産性はほとんどなく、自給自足状態である。

　古い歴史から、農作物には伝統野菜があるが、生産まではいかない。魚介類は、塩乾物の棒たらや若狭湾から運ばれてくる干物が消費され、吉野川では川魚、アユ、ウナギ、アマゴ、カワニナなどが捕れる。

知っておきたい乾物／干物とその加工品

春雨　春雨のルーツは中国で、日本には鎌倉時代に禅宗の普茶料理と共に伝来し、精進料理に使われたのが始まりといわれている。中国では粉条子（ふぇんじょうつ）、粉絲（ふぇんす）、韓国ではタンミョンと呼ばれる。昭和初期には「豆麺」という名で輸入されていた。

　さつま芋、じゃが芋のでんぷんを原料にして作られる日本の春雨は奈良県桜井市の素麺業者が三輪地区の手延べ素麺の閑職期の副業として生産す

るようになり、奈良県桜井市と御所市近郊は昔から三輪手延べ素麺の産地として栄え、その技術によって、1937（昭和12）年ごろから生産が始まり、今は全国の60％以上を生産している。

凍結春雨　春雨は、でんぷんを熱湯で撹拌し、水分を天気や気温、湿度などをかんがみながら、これを団子状に練り上げ、銅製の容器に流し込むと、容器の下からでんぷんが糸状になって落ちてくる。受け止めるのは、数mはある熱湯の釜で、この中で茹でられることで春雨は半透明になり、この釜から水の中で晒し、一定の長さにたぐり寄せ、管と呼ばれる棒にかける。

これをハタと呼ばれる台車にかけて、零下20℃まで徐々に温度を下げて、約2日間冷凍する。3日目には冷凍した春雨を大きな水槽の中で解凍し、夏場なら1時間、冬なら半日、麺同士がくっつかないようにしながら、天日干しすると、夏なら1〜2日、冬なら3〜4日後に完成する。輪状の部分をカットして、手作業でほぐしたりするため、手間がかかる。

じっくりと時間をかけた春雨は茹でても煮崩れせず、白くモチモチした食感がある。春の雨筋から連想して春雨と呼ばれるようになったと思われる。近年は工場も機械化され、連続作業で製造されている。

非凍結春雨　中国で生産されている春雨のほとんどは、この緑豆のでんぷんを原料に使って作った非凍結春雨である。細長い形状は凍結春雨と同じであるが、純白で透明、光沢があり、一定の太さでウェーブがかかっている。

長時間煮ても煮崩れしない特徴があり、凍結春雨よりも多く出回っている。代表的なブランドに、中国からの輸入品の「龍口春雨」がある。日本で市販されている「マロニー」も非凍結春雨である。

＜製造方法＞
① 混合したでんぷん乳（馬鈴薯でんぷん、甘藷、コーンスターチなど）をステンレスの板状のベルト体に薄く流す。
② 薄い膜状にして、熱を加えてアルファ化する。
③ 巻き取って数時間熟成した後、製麺機カッターで麺線上にカットする。
④ 完全乾燥する。

カットすることによって、断面から味付けされるため、料理の汎用性が増す。さらに透明感を出すときは、ソラマメのでんぷんを20％ぐらい混

入すると、腰は弱くなるが透き通った春雨になり、スープ春雨や、早く戻ることからカップスープなどの新製品として出回っている。

　余談だが韓国冷麺は、製造工程は似ているが、原料が馬鈴薯でんぷん、甘藷でんぷん、それに蕎麦粉を加えた非凍結麺で、春雨ではない。韓国ではコクスーと呼ぶ製品である。

葛粉　マメ科の一年草で、クズの根から採るでんぷん質を精製した粉。クズは秋の七草の1つである。葛きり、葛素麺、葛餅など葛粉を利用した製品は、その涼やかな口当たりから夏の涼味として、高級和菓子として扱われている。奈良の吉野本葛は、中でも貴重な食材として生産されている。

　葛はツル性の植物で、30～50年の長きにわたり地下で育ち、根が長さ1m、直径20cmにもなる。中でも本葛は生産量が少なく、高価なため、一般的にはじゃが芋でんぷん、さつま芋でんぷん、コーンスターチなどを混入したものが多い。奈良県のほか、三重県の伊勢葛、福井県の若狭葛、福岡県の秋月葛などが有名である。

葛きり　葛粉を撹拌し、熱を加えた後、氷水に入れて冷し、麺状にして乾燥したものである。奈良県や京都府などで夏の涼味として、黄粉や黒蜜などを付けて食べられており、精進料理などでも登場する。このほか葛粉入り手延べ三輪素麺なども発売されている。

　現在市販されている葛きりは、非凍結春雨法によって製造した製品と、葛きり専門の業者が製造したものがある。原理は同じだが、糊化、温度、熟成時間、方法、原料の種類等に差ができる。製造能率も違い、専門業者は高級品を作って直接販売しているが、市販品の工場製品とは違っている部分がある。原料のでんぷん、混合比率、作りかたなども違い、いずれも春雨式の製造方式が多いのが現状である。

　甘味喫茶カフェなどが出す葛きりには、自家製の生葛を出す店と乾燥葛きりを茹でて出す店とがある。最高の原料といわれているのが、吉野本葛である。『貞丈雑記』によると、「葛の粉を水に和し、火にて練り、平らな銅の鍋のうちに、練りたる葛を打ち上げて湯気をさます。酒にしたして食べる。くちなしの汁で色を付けたものと付けないものを混ぜて盛る。その黄色と白の美しさから水仙羹とも呼ばれる。水纖とも書くのは細く切るからである。」と書いてある。

また江戸時代の『料理指南抄』に葛きりの製法が記されている。「葛生を粉にしてよくふるい、煮え湯にてよきかげんにこね、丸盆ほどに打ちのべ、切り麦のごとく細く切る。ふり粉にも葛の粉を仕り候、煮湯も煮え過ぎ申さず候ほどにそのまま取り上げ、水に入れ、二三遍も替え、切り麦のごとく、冷やしてなりとも、また温め候には湯をさし申候。」とある。

これが現在の葛素麺といわれている。現在は葛素麺として販売されているものは、でんぷんを煮て糊を作り、それをこねて製麺機にかけ、製麺したものである。手延べは油返しのときに油でなくでんぷんをふり、葛は練り込んでいる。麺の状態では白いが、茹でると透明になり、細くして葛素麺、板状にして葛きりと使い分けている。

三輪素麺

奈良の三輪素麺の歴史は古く、日本人と小麦の出合いは弥生時代の古墳から発見されているが、麺文化につながる素麺についての出合いは奈良時代になる。

中国の唐の時代、遣唐使や仏教僧などにより、高麗の国から奈良の都三輪に伝えられたといわれている。それは、米や豆、小麦粉をこねて胡麻油やはちみつなど水あめに混ぜて油などで揚げた「唐菓子」に始まる。しかし、当時はまだ穀物の生産が難しく、粉に挽くという文化や技術もなかったため、一般化しなかった。

平安時代になって、宮廷の儀式の饗応として菓子類が草餅、ちまきなどが出てきた。素麺は唐菓子から麦縄、「索麺」であり、小麦粉を練って細長く延ばす菓子の一種として登場するに至る。現在見られる発祥は山全体を御神体とする三輪山の里（現在の桜井市）で売られていたという説が、『今昔物語』『和名類聚抄』に登場している。このときは「餛飩」と書いた小麦の練り物（うどんの語源）から素麺になったという説が取り上げられている。

麺のルーツは空海がもたらしたとする説がある。806年に空海が唐から帰国した際に、仏に献食する品として「麦縄」が記されている。また、927年に出た『延喜式』には、「索麺」が7月7日の星祭、今の七夕の儀式に供されたと記載されている。平安初期にはこうして、唐菓子とは別に、精進の麺が登場し、広がったのではないかとの説もある。

仏教では、来世の幸福を願うためには、身を清め、精進しなければならない。「物忌」の日を設け、食べ物も「清進もの」に限る。そこで選ばれ

たのが、普段食べている米や雑穀の粒食とは異なる特別な粉食の麺類だった、というのである。鎌倉時代から室町時代にかけて、中国から禅宗と共に、禅林で食べる軽食の点心や茶子(ちゃのこ)が伝えられた。『庭訓往来』に記された食品名には「素麺(そうめん)」「饂飩(うどん)」「棊子麺(きしめん)」の名前がある。まさに空海が伝えた「麦麺」の子孫である。この時代、仏教が民衆に急速に広まっていくが、その布教に活用されたのが、こうした麺類だったという。まさに庶民にとっては特別な精進ものだった麺類を寺で打って信者に振る舞ったのである。今でも全国の寺院や神社に、素麺やうどんが登場する行事や祭礼が多いのは道理である。

なお、手延べ素麺の製造過程などについては、日本では生産量の一番多い兵庫県の頁で記載する。

わらび粉（蕨粉）

山野に自生するワラビの根からとったでんぷんが「わらび粉」である。奈良県のほか、岩手県、秋田県などでも、山間地で農家の副業としてわずかだが生産していた。昔は囲炉裏の火の上、居間において乾燥したため、茶色の灰の色が付き、特有の香りと味があった。その後、山村の過疎化や自生地の整備改造などにより、生産面積が減り、今は中国から輸入して日本で精製したりしながら原料の確保をしている。和菓子の原料として本わらび粉は粘りが全でんぷんの中でも強いため、糊として、傘や提灯の貼りなどにも使ったが、和菓子の「わらび餅」の原料に多く使われている。

奈良わらび餅

古都奈良の銘菓で、「和」のスイーツを代表するわらび餅に使われるのは、山菜のワラビの根っこから採る希少なわらび粉である。根をたたき、何度も水にさらし、手間をかけて採取した貴重なでんぷんである。天日干しした甘藷でんぷんと国産わらび粉を混ぜて作った口どけのやさしい素朴な味が、伝統の甘さとして残っている。わらび粉は希少で、1kgあたり2～3万円もする高価なでんぷんである。

宇陀大納言小豆

奈良県宇陀地区在来のアズキの品種である。1950年代に県の奨励品種として作付けされたが、収穫と選別に手間がかかるため作付けが減少してきていた。その後、造成農地開発や兼業農家、高齢化作物として遊休地活用農業の条件に合った土地利用作物と見なされ、栽培が進んでいる。

宇陀大豆

宇陀地域在来大豆の黄大豆である。昼夜の気温差が大きいことがダイズの栽培に適しているといわれ、コクとうま味のある大豆として、宇陀郡神戸村（現宇陀市）を中心に集落の物産として作られ、現在農産生活物資として促進されている。このほか、鉄砲大豆など産地在来がある。

奈良在来青大豆

奈良県の中山間地域で奨励栽培されている在来の青大豆である。色合いと優しい甘みが特徴で、黄粉や豆腐の原料として使われ、茹でて浸して豆にしたり、炊いた豆を餅に入れたりして食べられている。郷土料理である「黄粉雑煮」は、香りがよいことから人気がある。

白とろす

奈良県宇陀地域在来の白インゲン豆の品種である。形は長いものから丸いものまでさまざまで、煮豆にするとトロ味が出ることから、「とろす」と名付けられている。

大和のつるし柿

奈良県の柿の産地である五條市の吊るし柿。同市南部、旧西吉野村を中心に広がる柿畑には、山の斜面に刀根早生や富有柿などの木々がある。所々に見られる高い柿の古木は、法連坊柿といわれる。小粒の渋柿を吊るそうとして長い間守られてきた古い品種だ。

柿の実から伸びる枝を残し、ひもがけして吊るす。柿の大木にはしごをかけて登り、はさみで１つずつ切りはなし、枝を残してヘタを取る。大中小に大きさを分け、皮をむく。地元では「はだける」と軸に紐を通す作業を経て、吊るす。最後に熱湯に浸けて表面の渋を取り、外で干す。冷風にて冬の乾燥をする。

色は黒いが味がよく、味はまさに大和の吊るし柿。伝統の干し柿である。同市西吉野町の農家の生産物が正月のしめ縄、鏡餅などの飾りに使われる。冬の金剛山や吉野の山並みに見渡せる干し場に連なるオレンジ色の柿は、まさに冬の風物詩である。

30 和歌山県

湯葉巻き

地域特性

　日本最大の半島である紀伊半島の西側に位置し、全体的に山地が多く、面積の80％が山間地である。平地は田辺市、南紀にわずかにある程度で、多くが山岳地帯である。歴史的には徳川御三家の1つ紀州藩があって、世界遺産に指定されている熊野三山は高野山開基による仏教や神社信仰が発達しており、観光関連産業も多く発達している。

　紀伊水道、熊野灘をはさんで変化に富んだ海岸線が続き、黒潮がもたらす漁業も盛んである。また、和歌山市を中心に阪神工業地帯に属し、重化学工業も盛んではあるが、立地条件として平地が少なく、産業は未発達の部分が多い。一方、中部ではみかん栽培や田辺市近郊に見る梅の栽培が盛んで、梅干し工場も多く見られる。小規模ではあるが、水産加工や花卉栽培などによる特産品もある。気候は太平洋側気候と瀬戸内海式気候で、比較的安定している。

知っておきたい乾物／干物とその加工品

ぶどう山椒粉

　和歌山県は日本一の山椒の生産県で、収穫量の70％を占める。有田川町は江戸時代の天保年間（1830～1844年）に自生していたものを栽培した。山椒はミカン科の低木である。浅根性植物で、排水のよい乾燥した土地を好むため、西日が当たらず、日照時間が短い中山間地の傾斜地が適している。中でも、標高500～600mの高地である遠井地区を中心に栽培が盛んになり、その品種は「ぶどう山椒」といい、山の実の粒がぶどうのように房重なりになり、粒も大きく、香りや味もしっかりしている。

　山椒には舌がピリリとしびれる効能があるが、これは山椒に含まれるサンショオールという成分が神経に作用しているからである。人体には無害で、大脳を刺激して内臓器官の働きを活発にする作用に効果的で、塩分、

近畿地方　187

糖分の吸収を控えめにするスパイスの働きが大である。兵庫県の「朝倉山椒」はトゲがないので収穫しやすいが、ぶどう山椒は朝倉山椒と違い、葉や茎に鋭いトゲがあり、収穫に大変手間がかかる。

粉生姜　和歌山県産粉生姜は、収穫後すぐに乾燥し、粉末にしたものである。甘い香りとピリッとした辛味は、生姜本来の味と香りを楽しめる。

真鯖、大鯵、カマスのひもの　紀州沖の海からは新鮮な真鯖、鯵、カマスなどが上がり、塩味で仕上げた干物は冷風乾燥で仕上げることで身が柔らかくなり、人気がある。DHA、EPAなどが豊富で、カルシウム、ビタミンBが多く含まれている。

姫ひじき　和歌山県串本、東牟婁郡では、春先になると磯の口開けにふのりや天草に続いてひじきが採れる。ブランドの姫ひじきは太くて柔らかく、腰があることで評判である。古座町では、20年前は生の原草で売っていたが、今は、大釜で茹でて天日乾燥し、伝統の加工方法で袋詰めして出荷している。加工方法は伊勢方式である。

湯葉巻き　海苔が高価で手に入りにくい時代に高野山ゆばが盛んに作られ、西牟婁地区では巻きずしにゆばを使ったのが走りといわれている。

加太わかめ　和歌山市の北西端加太浦付近で採れるワカメは「加太和布（かもじ）」と呼ばれ、京阪神を中心に大都市に出荷され、人気が高い。紀伊水道の荒波にもまれ、加太の海で育ったワカメは、磯の香りが漂い、色鮮やかで新鮮な素材である。かもじは天日干しで味香高く、海苔の代わりに巻いたわかめ寿司は加太の名物である。

生しらす　3〜5月ごろ、外海でカタクチイワシは黒潮の分岐点から紀伊水道に群れを成して流れ込み、春になるとシラス漁が盛んになる。シラスは小さいので、バッチ網といわれる目の細かい網を2艘の小型船で引っぱって行われ、新鮮なまま水揚げするため、運搬船が加わり、合計3艘の船を組んで行う。釜揚げ、天日干しシラスは白くなり、しらす丼が人気である。

ごま豆腐　9世紀に、高野山の弘法大師が御入山の途中に立ち寄った農家で供されたごま豆腐に大変喜び、「この珍しい味と香りを後々まで伝えよ」とのことから、今なお伝統的な製法で受け継がれてい

るという。ごま豆腐はまさしく乾物であり、白ゴマの練りごまをくず粉と混ぜ合わせ、昆布のだし汁で煮固め、型にはめてでき上がる。精進料理の代表である。

柿の葉寿司　柿の葉寿司は奈良県が有名であるが、和歌山県には高野山発祥として、柿の葉を乾燥して保存し、その殺菌性と保存性の高さから生まれた逸品がある。

31 島根県

馬尾藻

地域特性

中国地方日本海側で山陰地方の西部をなす。松江市を県庁所在地に持ち、出雲地方、石見地方、隠岐地方の3つに大別される、それぞれが文化と歴史を持ち、特徴がある。鳥取県と接し、人口は70万人と鳥取県に次いで少なく、農業、工業共に産業は衰退が進み生産額も少ない。日本海に面し、水産業の中では漁業が盛んである。中国・四国地方では漁獲量は多い県である。日本海式気候で比較的安定した温和な気候で、豪雪地帯はない。松江市、出雲市など沿岸部は冬季は気温が低いが、太平洋側の京都府、大阪府などと比べてもほぼ同じで、温暖である。島根県は石見銀山が世界遺産に登録され、松江城、宍道湖、出雲大社、玉造温泉などに県外からの観光客が多く訪れるため、観光は大きな産業となっている。

知っておきたい乾物/干物とその加工品

奥出雲蕎麦　奈良時代（722年）、元正天皇が蕎麦を国の食糧対策の一環として公式に取り上げた。そのころから出雲地方でもソバ栽培が始まったようだが、本格的には江戸時代になってからのようだ。松江藩堀尾氏に嗣子がなく断絶したため、1638（寛永15）年に松平直正が信州松本から入封することになり、信州蕎麦職人を連れてきたのが始まりといわれている。その後、出雲蕎麦は江戸時代後期になって、「連」と呼ばれる趣味人が独自の食文化として普及させた。

＜特徴＞
① 割り子、釜揚げという形態。
② 色が黒っぽい灰緑色。
③ 蕎麦の香りが高い。
④ 腰が強い。
⑤ 出雲地区の地元蕎麦粉を使用している。

奥出雲地方仁多町、横田町（いずれも現仁田郡奥出雲町）を中心に、栽培されている在来種「横田小そば」を使用するのが特徴である。

　出雲蕎麦は「挽きぐるみ」といって、1～3番粉まで混ぜ合わせて作るので、色が黒く灰緑色を呈する。この3番粉に含まれる甘皮がポイントで、甘皮は色が黒くなる原因であると同時に、香りやうま味が強く、腰の強さとなる粘りの素となっている。

　蕎麦の甘皮にはルチンというアミノ酸が、実の他の部分と比べ多く含まれている。ルチンはビタミンCと一緒になって毛細血管を強くし、脳溢血を防ぐ。さらに、甘皮は繊維質が多いため、体内の老廃物を排出させるので、各種健康食として普及している。出雲蕎麦は、小分けして小鉢に3つくらいにして出すのが特徴である。

十六島海苔（うっぷるい）

　島根県出雲市平田町で真冬の荒れる日本海に面した危険な岩場に生えた岩海苔を手摘みし、乾燥したものである。天然高級岩海苔で、1,300年前の『出雲国風土記』にその名が残る。朝廷に税として納められたとも記録がある。江戸時代末期、全国各地に出雲大社の参拝を広めた御師（おし）が、お札と一緒に配り、正月の雑煮に入れて食べるとその年の邪気を払い難病を逃れると広めたといういわれがあった。十六島海苔は香りが強く、腰が強く繊維が特徴的で、出雲地方では雑煮、炊込みご飯、天ぷらなどに使われている。

焼板わかめ

　天然板わかめを手間をかけて丹念にあぶり（焼き）上げたものである。直火焼きで香りもよく、軽くもんで温かいご飯などにかけたり、そのままつまみや酢の物などで食べる。

島根あらめ

　コンブ科の海藻アラメは島根県の隠岐の島で採れる。よく水で洗い天日干しにした後、屋内でじっくりとねかせて熟成すると、渋味が取れておいしくなるのが特徴。カルシウム、食物繊維、βカロチンなどを多く含む。

ほんだわら

　ホンダワラ科の海藻であるホンダワラを乾燥した製品である。島根県隠岐郡知夫村、新潟県の佐渡地方、四国、九州にも多く分布している。一年草の雌雄異株で、浅い沿岸に生え、冬から春に成熟する。全長は1～2mにもなる。アカモクやヒジキなどもホンダワラ科の仲間である。ほかの海藻と比べて体の仕組みが複雑で、気泡という浮き袋を持っているのが特徴。気泡の浮力で体を直立させている。一

般的には需要が少ないが、藻体の先の端の部分を酢の物などにして食べられている。

日本海側では食用として人気がある。呼び名が地域によって異なるが、正月に供える鏡餅の飾付けなどにも利用されている。枝葉にたくさんの気泡の実が稲穂を連想させることから、縁起ものとして扱われている。「穂俵」「神馬藻」「玉藻」などの和名がある。

島根くろもじ　クロモジの木は島根の里山に自生しており、主要産地である島根県美保関町では、「もち花茶」として用いる乾物である。クロモジはクスノキ科の樹で、葉は楕円形で裏面が白く、花は緑黄色で枝葉に黒い斑点が出てきて、それが「黒文字」に見えることから「クロモジ」と呼ばれるようになった。乾燥した枝葉を削ると、柑橘系の香ばしいハーブティー、漢方薬などとして使われている。

どんちっち干物　どんちっち「のどぐろ」、どんちっち「アジ」、どんちっち「カレイ」がある。どんちっちとは、島根県西部石見地方において伝統的に受け継がれている石見神楽の囃子（はやし）を表現する幼児言葉で、それが転じて石見神楽全体を意味するようになった。リアス式の地形と砂丘海岸が織りなす海岸線は美しい自然景観だけでなく、天然の良港という恵みももたらす。この地で捕れた新鮮な魚を一夜干しにした干物は、脂が乗って最高級品である。

> **Column**
>
> **蕎麦の三たて**　挽きたて、打ちたて、茹でたての3つを「蕎麦の三立て」という。採れたてを加えて四立てという人もいる。玄蕎麦を挽いたら早く蕎麦打ちし、早く茹で上げるのが秘訣である。
>
> **包丁三日、延し三月、木鉢三年**　蕎麦打ちをするときの格言。修得するにそれだけかかるということだ。一番大事なのは最初の木鉢の工程（水回し、練り）で、ここで蕎麦の良否がほぼ決まってしまう。そのときの粉の状態、気温、湿度などの環境変化に対応しなければいけない。職人の勘が頼りである。
>
> **二八蕎麦**　出雲蕎麦は2割がつなぎ（小麦粉）で、8割が蕎麦粉である。ルールはないが、これが一番バランスがよいとされている。近年は10割や5割などまちまちである。

32 鳥取県

あごのやき

地域特性

山陰地方の東側で日本海に面し、東は兵庫県、西は島根県とつながり、日本海側はリアス式海岸の富浦海岸から鳥取砂丘となり、中国山地を源に発する千代川、天神川、日野川が鳥取平野、倉吉平野、米子平野と肥沃な土地を擁している。

人口、面積、市町村の数は少なく、小さい県である。気候は温暖傾向であるが、中国山地大山周辺の内陸、山麓は豪雪地帯であり、冬はかなり寒い。

生産物は特段目立つものは少ないが、日本海に面する境港から上がる魚介類は種類も豊富で、ズワイガニ、クロマグロ、スルメイカ、ブリなどの水揚げがある。海藻類も多く、郷土料理をはじめ伝統料理の食材も多いのが特徴である。

知っておきたい乾物／干物とその加工品

干ししいたけ（乾し椎茸） 鳥取県は「きのこ王国」と呼ばれている。財団法人日本きのこセンターは、きのこの専門研究機関として唯一鳥取県に存在し、現在食べられる乾し椎茸の30％が当センターで品種開発されたものである。肉厚で、風味も食感も栄養も規格外の日本産原木シイタケ。豊かな自然のうま味があるブランド代表品種「菌興115号」である。

鳥取大山大豆（だいせん） 鳥取県在来種のダイズの中から「鳥取大山2001」「大山もち緑」「神倉在来」はタンパク含有量が高く、全糖含有量およびイソフラボン含有量も高く、成分の特性、加工適性から豆腐や煮豆などに向いている。

鯵煮干し 鳥取県境港で水揚げされる豆鯵で作る煮干しである。鯵の煮干しは上品なコクがあって魚臭がないのが特徴で、はらわ

たなどを取ることなくそのままだし用に使える。甘味があり、しっかりしたうま味があるので、ラーメン店などに人気があり、色が薄くしっかりしている。鳥取県のほか島根県、高知県などでも漁獲している。

いぎす　紅藻類イバラノリ科カズノイバラであるが、この地方の呼び名がイギスである。大潮の干潮線よりやや深いところに分布し、7～8月の夏の時期に採取し、夏の暑くて強い日差しですぐに乾燥させる。

　乾燥が不十分だと腐りやすいので、水洗いと天日乾燥を繰り返し、クリーム色になったら保存する。手間がかかり、雑藻を取り除くと量が減ることから、「貧乏草」などと呼ばれている。煮とかし、冷ましたら固まるので、寒天のようにカラシ酢味噌やだし汁などで食べる。

麻の実　アサ科の一年草であるアサの実を乾燥して煎った製品。果実は生薬の麻子仁として、陶酔成分や便秘薬に使われ、栄養学的にはタンパク質が豊富で脂肪酸などの含有バランスがよいため、少しであるが食用に使われている。日本では紀元前から栽培されていたという記述がある。しかし、現在では麻の衣料の原料などが栽培されていた千葉県でもほとんどなく、鳥取県智頭町でわずかに試験栽培されているようだ。中国、カナダ、米国などから輸入されているが、実に麻酔物質があるため、栽培は禁止されている。販売されているものは発芽しないように煎ってある。七味唐辛子やがんもどきなどに使われている程度である。

関金わさび　倉吉市関金のわさびは大山からの伏流水の中、「水質良好な河川」で栽培されている。きれいで豊富な水と透水性のよい土が欠かせないため、これだけの規模は珍しく、西日本では最大級である。関金わさびは生育期間が24か月と、他の産地の約16か月に比べじっくりと栽培している。そのため締りがよく、品質が高く、しっかりとした粘り、上品で芳醇な香りが抜群と評判がよい。粉わさび、生わさびなどの加工品が産物である。

大山蕎麦　広い大山山麓は牛馬の放牧や蕎麦作りが昔から盛んで、甘皮までたっぷり挽き込む製法で、独特の黒い色と素朴な風味の「大山蕎麦」が作られている。その蕎麦の技法が後に出雲地方へと伝えられたのが、「出雲そば」の始まりともいわれている。出雲そばは全国でも知名度が高いが、この地方の江府町、貝田地区、日野郡は夏には蕎麦の花が可憐な絨毯の中に広がり、大山南壁一面を染める。肥沃な大地に天然

水、澄んだ空気、麓ならでの寒暖の差がそろい、観光県としての人気が高い。

あごのやき　鳥取県琴浦町は夏を告げるあごの水揚げが盛んである。あごとはトビウオのことで、長崎県五島が有名だが、ここ鳥取県で"のやき"とは竹輪を大きくしたような形をしているために呼ぶ。

　トビウオは回遊魚で、山陰沿岸には産卵のために5〜7月にかけて来遊する。漁獲シーズンには刺身でも食べるが、野焼きかまぼこや焼あごなどに加工し、さらに、乾燥あごのだしやふりかけなどにも利用されている。

33 岡山県

干し柿

地域特性

岡山県は中国地方南東部に位置し、中国地方では広島県に次ぐ第2位の人口を有する都市である。北は中国山地、南は瀬戸内海に面しており、四国の香川県とは瀬戸大橋で結ばれ、密接な交流を持っている。江戸時代には池田、津山から倉敷天領となり、特に日本三名園は岡山藩主池田綱政築城庭園「後楽園」と呼ばれ、有名である。

気候的には瀬戸内海式気候で、温暖である。北部は豪雪地帯で日本海式気候に属しているが、「晴れの岡山」といわれるほど比較的晴れの日が多く、降水量も少ない。明治から戦前までは農業が中心であり、児島湾の干拓によって、稲作面積が拡大され、イグサ、綿花、果樹園芸、養蚕、鴨川手延べうどん作りなどが盛んに行われた。近代になっては紡績、製糸工業が成長し、大原氏による倉敷紡績（現クラレ）が発展。大原美術館、美観地区などの展開から観光地としても有名になり、発展している。

知っておきたい乾物/干物とその加工品

白小豆 種の皮が白く、高級な白餡和菓子などに使われる。備中白小豆は、生産量は少ないが、京都の和菓子屋に需要がある。

ささげ（ささぎ） マメ科の一年草であるささげの種子を乾燥したもので、アフリカ原産である。岡山県産の備中ささげは有名で、種子を横から見るとだるまの横顔に似ていることから、備中だるまとして有名である。

栄養成分は小豆に似ているが、小豆より皮が硬く、煮崩れしないことから、主に赤飯などに使われている。関東以西で主に栽培され、三尺ささげ、十六ささげ、不老ささげなどがある。少量であるが、北海道では仏事用黒飯に利用されている。黒ささげなどがある。

きび（黍）

イネ科の一年草で、キビの種子を乾燥させた製品。岡山県名物の「吉備団子」は桃太郎の話にも出てくるほうびの「きび団子」の名前で親しまれている。きび団子はもともとキビを材料に粉にした団子であったが、今は白玉粉やマキビを使っている。

実が黄色いことから「黄実」となり、「きび」と呼ばれるようになったといわれている。五穀豊穣の1つに数えられている作物である。原産地はアジア中央部から東部にかけてであるといわれている。日本には米、麦、粟、稗などより少し遅れて中国から伝来したとされている。種子は淡黄色で、大粒、うるちきびと餅きびの2種類に分けられるが、餅きびの方が食べられている。うるちきびは小鳥の餌などに使われている。

イネより短期間で育ち、荒地などでも栽培できることから、昔は広く栽培されていた。しかし、近年はオーストラリアなどからも一部輸入されている。栄養成分として、タンパク質や鉄分、亜鉛などが多く含まれており、米や麦に劣らず栄養がある。

割り干し大根

大根を太く縦に裂いて、長くひもに吊るし乾燥した製品。岡山県高梁市郊外では、地域の手作りの割り干し大根は、5mmくらいの幅で包丁で切り、裏返しにしてさらに斜めに包丁を入れると、「提灯（ちょうちん）」のようになる。これを折り曲げて干す作業を何度も根気よく繰り返しながら長く伸ばしていく。水で戻すと幾重にもなり、花びらのような形になる。食べたときの食感がまたひと味違う。

蒜山（ひるぜん）そば

鳥取県境に近い蒜山高原は緑豊かな自然に包まれ、地元で取れる玄蕎麦は味も風味も共によく、地元での人気が高い。また、近くには名水百選にも指定された「塩釜冷泉」が湧くなど手打ち蕎麦などの環境も整っている。

岡山県産海苔

瀬戸内海産で、早い時期に生産されるもので、色、味がよいものは贈答用に使用され、そのほかは寿司海苔、おにぎり、業務用として使われている。生産後期の品質の劣る商品は加工用原料として流通している。

きくらげ（木耳）

神石高原特産きくらげは、栽培から乾燥選別まで一貫して製品化される、岡山県菌床栽培である。収穫後よく水洗いして石付きを取り、天日乾燥し、最後の仕上げは熱風乾燥機で行う。

唐辛子 　岡山県産唐辛子品種「やまと紅」は、辛みは鷹の爪より軽く、約80％ぐらいである。収穫から乾燥加工まで県産にこだわって生産している。

ひめの餅 　岡山県北部の新庄村は夏の昼と夜の温度差が激しく、おいしい餅米の生産に最も適しており、その気候条件で作った餅は絶品である。

鴨川手延べ 　岡山県鴨方は昔から備中手延べ素麺、うどんの産地である。鴨川の川岸にある水車挽きが、製粉の産地でもあり、平安の昔からの手延べの技法が伝えられて今日に至っている。

　岡山県鴨方、笠岡地方は麺どころで、杉谷川の水と熟練の技が作り出す手延べ麺は3日作りの昔ながらの製法を今なお使っており、1～3月の寒の時期にじっくり低温で熟成させて、通常の2倍の乾燥時間をかけているため、きめ細かさ、色つや、滑らかな舌ざわりと腰の強さ、歯ごたえのよさは抜群である。この地のブランド「松の雪」は組合生産であったが、現在は民間生産となっている。鴨川素麺、うどん、さくら麺など品種も多い。

はとむぎ茶 　笠岡市農協新山支部が中心となって企画開発した特産品で、ハトムギを原料に無農薬栽培し、無添加焙煎した麦茶である。

こんにゃく 　芳井町は県内有数のこんにゃくの生産地で、生芋から乾燥こんにゃくまで幅広く生産している。舌ざわりのよさが特徴的である。

干し柿 　矢掛町の特産である。山ノ上地区では、毎年良好な天日干し柿が特産として有名。

白石島海苔 　白石島は瀬戸内海国立公園の代表的な自然美観を持つ島である。晴れた日の山頂からは、遠くは大山、四国の石鎚山が眺望できる。その島の周辺は海苔の産地で、味と風味は他産地に引けを取らない最高の味と品質がある。

34 広島県

音戸ちりめん

地域特性

 中国地方最大の都市、広島市は政令指定都市に指定されている。瀬戸内海に面し、入り組んだ海岸から数多くの島があり、海産物も多く捕れ、北部中国山脈を背に広島平野、福山平野から広島三次盆地には多くの河川が集まり、瀬戸内海へと流れていることから、海、山共に豊富な自然に恵まれている。
 気候的には北部の豪雪地帯は日本海式気候と瀬戸内海式気候に分かれ、広島市は比較的雨が少ないようだが、気候の変化は激しく複雑。冬の季節風の影響で山沿いは積雪。中国山地と瀬戸内海側の気候の変化が多いようである。
 経済的には戦時中の主要海軍の拠点である。呉の造船施設をはじめ、自動車など鉄鋼産業を中心に発展し、工業県として発展している。広島は1945（昭和20）年の米国による原爆投下により大きく変貌を遂げることになり、近年は世界遺産原爆ドーム、安芸の宮島、厳島神社、四国と結ぶしまなみ海道に見る観光県としても大きく発展している。

知っておきたい乾物／干物とその加工品

広島大豆「さちゆたか」 広島県在来のサチユタカはタンパク質含有率が低く、豆腐に使うと食味がよい。味噌加工用に適し、淡色系である。広島では、サチユタカの播種時期が梅雨時に当たるため、湿害による出芽不良や初期生育不良などで収穫量が安定しないことから、近年は交配新品種「あきまろ」に転作されてきている。蒸し大豆として市販されている。

こうせん（香煎） イネ科の越年草であるオオムギを煎ってから粉にした製品。地域によって呼び名が異なる。砂糖を加えてそのまま食べたり、水または湯で練って食べたりする。

広島風お好み焼き

戦争で食料が不足した時代から戦後にかけて、少量の小麦粉と野菜を多く使用して作られたお好み焼きが始まりである。戦前は子供のおやつ代わりであったが、現在は広島県内に約1,700軒以上店があるといわれ、人口当たり日本一である。広島風お好み焼きは昔から一貫して生地と具材を混ぜずに焼く重ね焼きで、当初は肉が入っていなかったようだが、現在は野菜の重ね焼きで2つ折にしてクレープのように皮を作り、キャベツ、揚げ玉、焼きそば、卵焼きなどを重ねたものが中心である。2つ折にしてはさむというスタイルは、現在でも呉地方を中心に残っており、「呉焼」とも呼ばれている。広島風お好み焼きも最初のころはウスターソースを使っていたが、具が多くなり、そばを焼きそばのようにソースで味を付けて塗ったりした時期もあったようだが、お好み焼きの具材に合うような酸味のある液体ソースなどが出回り、いまは濃厚ソースなど、多種多様である。

＜一般的な製造工程＞

① 水に小麦粉を溶き、山芋などを入れたりしながら、鉄板の上で円形に薄く、クレープの皮のように生地を焼く。
② 生地の上に魚粉、キャベツ、天かす、豚肉などを乗せ、ひっくり返し、生地をふたとして具材を蒸し焼きにする。
③ 生地を上にし、炒めた中華麺やうどんを乗せる。
④ 卵を割って円形に伸ばし、その上に本体を乗せる。
⑤ ひっくり返して卵の面を上にし、ソースや青海苔をかける。そのほか、具材としてマヨネーズ、紅しょうが、かつお節、桜えびなどさまざまで、その店の特徴を出している。

広島県内でも、地域によってお好み焼きがいろいろなバリエーションに変化しているが、基本的には歴史に基づいて作られているようだ。

・三原市の三原焼きでは鳥もつ入り。
・世羅町の「せら恵み焼き」はトマト、大葉、チーズ入り。
・神石高原町は神石牛、こんにゃく麺、トマトソース入り。
・三次市はピリ辛、赤い色麺、カップソース使用。
・広島市はお好み焼き用ソースとチーズ入り。
・呉市は細うどんを使い、卵で閉じて半月状に折る。
・尾道市は砂ずり、いか天、わけぎ入り。

・廿日市市は牡蠣と大葉入り。

　以上に、地域の産物使用グランプリに出展した御当地お好み焼き例を示した。

音戸ちりめん　広島県呉市音戸町（現呉市）は、急潮の中で行きかう渡し船の多さで知られている。その音戸の近海で水揚げされたカタクチイワシの稚魚を素早く釜で炊き上げて天日乾燥で適度に加工した日本古来の自然食品である。瀬戸内海という波の穏やかな海域で育まれたしらすを、洗練された加工技術と選別に時間をかけ、人の手間のみで仕上げる大変な作業である。

音戸かえりいりこ　ちりめんが成長し（3〜4cm）加工されたものを帰りちりめんという。乾燥具合はいりこに近く、ちりめんを「モチモチ」したとたとえるとしたら、ちりめんは「サクサク」とした食感が受けている。「かえり」という名前の由来は、卵から稚魚に孵るからといわれている。

干しえび　瀬戸内海の朝一番に水揚げされた地元の赤えびだけにこだわって仕上げたうま味がいっぱい詰まった干しえびは、殻まで食べられる。干しえびは、うま味だけでなくカルシウムやタウリンがたっぷり含まれている。

片口いわし　口の上部より下部の方が小さいので、片口いわしと呼ばれている。身に歯ごたえがあり、いわしの中でも一番おいしいといわれている。中部日本でまんべんなく捕れるが、特に瀬戸内海の漁獲量が多くなっている。

　ちりめんとしらすの違いは、どちらもカタクチイワシの稚魚で、塩水で2〜3分茹でてから乾燥したもので、ちりめんじゃこは関西方面でよく使い、しらすは半生乾燥したものを、関東では多く使われている。

35 山口県

河豚ヒレ

地域特性

本州最西端に位置する山口県は、中国地方と九州地方の連接点にあり、北部は日本海に面し、南部は瀬戸内海に面し、海岸線は複雑で多くの島々が点在しており、漁場も多く、漁獲量も豊富である。とりわけ下関河豚(ふぐ)は有名である。北部地区は萩市、長門市から宇部、岩国と中央部には中国山地が横断し、中国山地から水源を発する河川の多くが存在するが、平野部は少なく、内陸部の川沿に盆地が点在する。

気候的にはおおむね温暖であるが、内陸部と沿岸部の気候の差が大きい。海岸線には臨海工業が立地し、重化学工業コンビナートを中心とした宇部興産をはじめとする鉱業、セメント工業などが盛んである。山陰地方に当たる日本海側は農業、漁業など一次産業があり、観光の中心地でもある。

知っておきたい乾物／干物とその加工品

蓮根パウダー　山口県岩国市は全国有数の蓮根の産地である。この蓮根は、江戸時代中期の藩主吉川公の命令で岡山県から備中種蓮根を持ち帰って栽培したのが始まりといわれている。吉川公の家紋の形に似ているということから、さらに普及した。

「岩国蓮根」はもっちりとしたねばりとシャキシャキとした食感があり、肥沃な土地と土壌、日照時間の長さなど蓮根の栽培に適した自然条件が重なり、産地として発展している。蓮根パウダーにはビタミンCが多く、花粉対策として脚光を浴びている。蓮根にはムチンという糖タンパク質の一種が含まれ、このムチンが体質改善によく、とくに花粉対策によいといわれている。また、不溶性食物繊維が豊富で、腸内環境をよくするという作用がある。

また、花粉症やアレルギー症状の改善効果が実証されており、栄養成分が多く、マグネシウム、カリウム、葉酸など多くの薬用効果が期待され、

粉は加熱水蒸気で殺菌加工してあり、粉末になっても茹で生野菜と同等の栄養がある。

料理には、ハンバークやパスタ、うどん、寒天吹き寄せ、レンコン餅、クリームスープなど多様に使うことができ、汎用性がある。

大島いりこ
山口県大島郡は瀬戸内海に浮かぶ島で、ここで獲れるカタクチイワシは雑味がなく、濃厚なダシが取れることで有名である。

北浦産天草
山口県北浦は、寒天の原料である品質のよい天草の原草が採れる。

角島産天然わかめ（かどしま）
山口県角島で採れる天然わかめは、色味、香り共に良好で、人気がある。

寒干し大根
山口県熊毛郡上関町祝島の産物で、地元では干瓢と呼ばれているようだ。瀬戸内海の島では土地の質がよく似ているといわれている。平郡島で生産されたものを使って、1～2月の冷たい西風が吹く時期に、海岸沿いや家の屋根などで4～5日間ほど天日干しすることにより、きれいな空気、海からの潮風を受け、ぐっと甘みが増す。

天日干しした祝い島の寒干し大根は、普通の大根と比べて甘みが強く、厚く切ってあるため、しっかりした歯ごたえがある。噛むほどに歯ごたえとぽりぽり感が口の中に広がる一方、煮物などでは柔らかい。ハリハリ漬けなどにも好まれている。

祝島ひじき（いわいじま）
1月末～3月ごろまで祝島ヒジキは最盛期で、干潮時の午前3時ごろ採取を開始する。根元15～20cmほどのところに鎌を当て、そこから若芽の部分だけを刈り取る。

根元の部分は少々固いので採らない。採取したヒジキは、鉄の大釜に入れて、薪でじっくり6～8時間ほどかけて炊き上げる。炊き上がった後、さらに8時間ほどかけて自然にさまし、3～4日間ほど天日干ししてでき上がる。家の屋上や海岸でひじきを干す風景は祝島の風物詩である。

びわ茶
農薬を使わないびわの木から、太陽の恵みをたっぷり浴びた青々した厚みのある葉を選び、葉を水で洗い、汚れや葉の裏側の細かい毛を落とし、葉を細かく刻む。硬い芯を取り除き、2～3日間発酵させる。この発酵により、祝島のびわ茶の独特の風味が出る。天気のよい日に浜辺で天日干しし、定温で保存。天日干ししている間、まんべんな

く天日に当てるために、ときどき手でかき混ぜる。袋詰めする直前に煎って香ばしさを出す。

瓦蕎麦　西南戦争、1877(明治10)年の際に熊本城を囲む兵士たちが野戦の合間に瓦を使って野菜や肉などを焼いて食べたということをヒントに生まれたとされている。茶蕎麦を具材にして、文字通り熱した瓦の上に載せたもので、温かい麺つゆで食べる。

河豚ひれ（ふく）　山口県といえば河豚。河豚は鮮魚だが、河豚ひれは乾物である。トラ河豚からヒレを切り取り、水洗いし、ぬめりを取った後に、天日干しにて乾燥する。

　おいしいひれ酒を作るには、まずヒレをきつね色になるまでとろ火であぶる。ヒレを熱燗の酒に入れて、ふたをして30秒間ほど蒸らす。ふたを取って、火をつけてアルコールを飛ばせばおいしいヒレ酒ができ上がる。冬の寒い夜の晩酌には最高。

剣先するめ　北長門海岸国定公園内の漁村では、昔から懐かしい味のために、昔ながらの漁師独特の加工方法で味付けしたものが、今日に伝えられている。密閉式定温乾燥天日干しで素朴で昔懐かしい味に仕上げた剣先するめは絶品である。

平太郎　長門市仙崎は日本海屈指の漁港として栄え、新鮮な魚が水揚げされている。中でも長門の平太郎といえばはずせない干物。魚名はオキヒイラギで、群れをなして行動し、大量に捕れるが、可食部が少ないため利用価値が低い魚として敬遠する地区がある。山口県北浦地域では昔からこの魚のうま味を知り尽くしており、最もおいしい干物として食べられている。

金太郎　鮮やかな朱色の美しい小ぶりな姿を形容している。地元では人気である。魚はスズキ目ヒメジで、長門ではこの金太郎が多く捕れる。主に干物に加工する。

　日本海の対馬流域に生息する。下顎に2本のあごひげがあり、見た目に特徴がある。漁獲量が少ないので市場に出回るのは少ない。成魚は15cm程度で、脂肪分の少ない白身魚として、その肉質からも練り製品の加工原料などにも利用されている。濃厚な甘みがあり、ほっこりするうまさが特徴である。

36 徳島県

灰干し若芽

地域特性

　阿波の国徳島は四国の南東に位置し、東は紀伊水道に面し、南は太平洋に面し、讃岐山脈と四国山脈に源を発する吉野川が広大に流れている。平野は吉野川下流の徳島平野のみであり、平地が少なく、全体的に山間地が多い。多くの山間地は、西日本でも有数の険しい山岳地帯から流れる吉野川、勝浦川、那賀川など豊富な河川を有し、瀬戸内の鳴門の渦潮や祖谷渓かずら橋などがあり、観光地としても有名である。また、明石海峡大橋が1998（平成10）年に開通し、徳島と本州が直結し、瀬戸大橋もつながり、四国との交通や物流も大幅に改善され、大きく変貌した。

　気候的には一般的に温暖で、冬季の雨も雪も少ない、瀬戸内海式気候である。県内は県北部、県南部、県西部と大きく3つに分かれる。気候が比較的安定していることから、鳴門わかめや海苔、淡路島素麺、玉葱、ちりめん、半田手延べそうめん、海産物などの産物も豊富である。

知っておきたい乾物／干物とその加工品

青海苔　アオサ科の緑藻であるアオノリを乾燥した製品。スジアオノリ、ボウアオノリ、ヒラアオノリ、ウサバアオノリなどアオノリ属の海藻全般を総称して青海苔と呼んでいる。全世界に分布しているが、静かな内海や、河口付近の海水と真水が混じり合う低塩分区域に生育する種もあれば、高塩分の外海に近い岩礁に生育する種もあり、適応性が高い。中でもスジアオノリで作られた青海苔がおいしいとされている。スジアオノリは体長が1m以上に成長する大型種である。見た目はヒラアオノリに似ているが、少し葉体が大きいボアアオノリは日本をはじめ南アメリカ、ヨーロッパなどで生育している。

　四国最大の大河である吉野川の周辺の河川口で、11月〜翌1月ごろが収穫期となる。スジアオノリは細い糸状の形状をしており、水洗いした後、

脱水、乾燥して製品化する。徳島産青海苔は毎年80t以上も採れ、スジアオノリとして国内最大である。特に色がよく風味がよいことから、お好み焼き、大根おろし、海苔餅などに用いられる。徳島県のほか、高知県、岡山県、愛媛県なども産地である。

阿波長ひじき

徳島産阿波長ひじきは、鳴門の渦潮海流にもまれ、原藻が他産地のものと比べて太く大きいのが特徴だ。蒸して乾燥する一般的な製法ではなく、「煮干製法」で作られる。短時間で調理でき、膨張率が高く、ふっくら柔らかく、味がよく、芯まで浸み込む。必要以上の塩抜きを行わないため、ひじきの風味が豊かなところが特徴である。

灰干しわかめ

徳島県鳴門産のワカメを採取して灰にまぶして7～10日間ほどおいて乾燥したものである。灰干しにすることで鳴門わかめが緑色に保たれると共に、歯ごたえがよく、おいしい。近年は衛生管理上問題があり、灰干し用の木炭の製造が難しいなどの理由で製品は少ないが、生産はされている。

阿波徳島半田手延べ

半田手延べの歴史は古く、300年前の藩政の時代、徳島の城下町麻植、美馬、そして上流の三好地方への物資の運搬はもっぱら捨石船に頼っていた。半田手延べは当時、その川の船頭衆の手によって奈良三輪の里より淡路島、そして鳴門海峡を経て半田の里に、その麺作りの技法が伝えられた。

四国山脈から吹き降ろす冷たい風と剣山系の伏流水、そして良質な小麦粉の内部胚乳の部分を主体に作られる。麺作りに適した気候、冬寒く乾燥した山間部の常連工場が一番大切な水を山奥から引くことにより、強い腰ともっちりした歯ごたえ、喉ごしが職人の手により伝えられてきている。さらに、原料は伯方の塩、紅花油を使っている。半田手延べ素麺は他産地の素麺と違い、麺線がやや太いのが特徴で、人気がある。

花切り大根

花切り大根は加工する前の大根を延べ1か月間もかけて天日乾燥し、仕上げるには大変日数がかかる。吉野川平野で育った大根の横の断面が扇形になるように、数本縦割りにする。長いまま天日乾燥し、細かく裁断した後に機械で乾燥する。名前の通り、水に戻すこと30～40分間で花の形のように戻り、煮ても歯ごたえがよく、切り干しとはまた一味違う食感が楽しめる。

蓬粉末（よもぎ）　蓬はキク科の多年草で、別名餅草とも呼ばれている。蓬の葉はビタミンやミネラルが豊富で、古くから薬草としても使われてきている。中国では乾布薬としても使われている。食用として、食欲改善や餅の中に入れることで柔らかい草餅ができることから、蓬草餅として全国的に食べられている。

　薬草としては、炎症止めや保湿の作用があり、抗菌作用や灸のもぐさなどにも作られている。

玄蕎麦徳島産在来　徳島県那賀郡木頭村の在来種、いわゆる「祖谷蕎麦」で、粒はかなり小さいのが特徴である。狭い地域で栽培されているが、生産量は少ないので、この地方での消費が多い。

和田島しらす　徳島県小松島市の和田島漁協では、紀伊水道で捕れるしらすは漁獲から加工まで一貫生産しており、漁師が漁獲したシラスをすぐに加工工場でボイルし、乾燥、釜揚げにすると、おいしいしらすちりめんができ上がる。小さい体の中に滋味はたっぷり含まれている。

蓮根　阿波特産蓮根は、吉野川の豊富な水と温暖な気候、粘土質の土壌で地中深く育てられた「鳴明の逸品」である。「鳴明蓮根」は色が白く、シャキシャキと歯切れよく、口さわやかである。旬は晩秋から冬で、おせちの時期が最盛期で品質もよい。乾燥粉末蓮根も人気がある。

37 香川県

アキアミ

地域特性

　香川県は四国の北東部に位置し、北部は瀬戸内海に面し、讃岐平野が広がり、南部は讃岐山脈が連なり、各地へは峠越えで行き来が行われている。瀬戸内海には小豆島をはじめ110余りの島が存在する。その多くの島々は川が少なく、昔から渇水対策に手を焼き、ため池が多く見受けられる。香川県は全国で一番面積が小さい県でもある。岡山県とは瀬戸大橋により道路、鉄路が結ばれ、高松市を中心に多くの交流が盛んになっている。

　讃岐平野から採れる小麦の文化から、うどん県として売り出している。腰の強い麺の特徴を売りとした讃岐うどん。金毘羅宮、四国八十八か所めぐり、善通寺、栗林公園など観光県としても有名である。気候的には瀬戸内海式気候で晴天の日が多く、雨量も少ないのが特徴で、かつては塩田香川などともいわれた時代もあった。

　一次産業は米作りをはじめ野菜類、レタス、玉葱、みかん、オリーブなど小規模であるが多種類の産物が栽培されている。中でも、うどん向け内麦小麦「さぬきの夢2000」は、地場産小麦として品種改良されている。漁業も盛んで、ハマチの養殖事業も行われている。

知っておきたい乾物 / 干物とその加工品

讃岐うどん　讃岐平野の小麦と瀬戸内海の塩の産地として、現在の香川県高松地方一帯に伝えられてきた。特徴は麺の食感、輝く光沢、冴えた黄色、なめらかで弾力のあるモチモチ感。これらが好まれ、今では全国的に讃岐ブランドは定着している。

　日本の暦二十四節気を補う季節の移り変わりの目安の雑節の1つに、暦日で夏至から数えて11日目（7月2日）ごろに当たる半夏生がある。讃岐地方はこの日にうどんを食べる習慣があり、この日をうどんの日と定めている。法要のときは湯だめうどんが出されたり、田植えの後の農作業の

節目にも食べるなど、一年中湯だめうどんを食べる習慣がある。

　香川県産の小麦は味と香りと風味が強く、昭和30年代には「ジュンレイコムギ」「ウシオコムギ」が、その後品種改良されて「さぬきの夢2000」などが出ている。

　現在は輸入小麦のASWといわれるオーストラリア小麦などとブレンドして使われている。この地方では「温三寒六常五杯」という文字が台所などにも貼ってあり、これは小麦粉に対して塩水の濃度の目安を示す言葉であった。食べ方も独特で、湯だめうどんは薬味がネギと生姜、かけうどんは煮干しのだし、ざるには生醤油ぶっかけうどんなどがある。

小豆島手延べそうめん

　香川県の瀬戸内海の小島、壺井栄の小説『二十四の瞳』でも有名になった小島小豆島の歴史は古い。大阪城築城時に城壁の石を運んだり、船の交易から、大阪、堺などとの交流が多く見られた。素麺の歴史は古く、今から約400年前の1598（慶長3）年に三輪素麺の技法による麺作りが瀬戸内海に浮かぶ小豆島に伝えられたといわれている。

　手延べ素麺の技法は各産地により違うが、小豆島の特徴は延ばしに胡麻油を使っているのが他産地との大きな違いである。讃岐平野の小麦と瀬戸内の粗塩を使った手延べ素麺は、腰、味共に絶品である。島のブランドである素麺、小豆島「島の光」は有名である。また、この島では醤油、佃煮、オリーブなどが特に観光物産として喜ばれている。

香川本鷹唐辛子

　辛味が強く、讃岐の味三傑といわれている在来種で、讃岐うどん、小豆島醤油、てんぱいには欠かせない香辛料。地元では青さやや葉っぱを佃煮にして食べている。果肉は5～7cmで、皮が薄く乾燥が早い。辛いうま味がある。

伊吹いりこ

　関西地方では、煮干しを「いりこ」と呼んでいる。煮干しの中でもカタクチイワシを使ったいりこは日本一と称される。瀬戸内海の燧灘に浮かぶ小島「伊吹島」のいりこは有名。伊吹いりこの中でも鱗のついた俗称「銀つき」と呼ばれる一部のものは、最高級品として料亭などに需要が多い。

　鮮度が命のいりこ。伊吹島全体が煮干しの島といわれるくらい生産が盛んである。漁場と海岸沿いに建つ加工工場は非常に近く、漁獲から加工場まで30分以内で、船からフィッシュポンプで水揚げし、洗浄、選別し、

すぐに煮沸した後乾燥する。その特徴は、脂肪が少なく、渋くなく、つやと照りがあり、折れや腹キレがないところにある。

香川県産板海苔
浮流し式漁法で、小豆島と直島周辺での生産が多く、葉質は硬めでしっかりしている。色つやがよいが、味に特別な特徴はない。

むきえび（干しえび）
瀬戸内海で捕れるアカエビ、トラエビを水揚げ後すばやく干して作るむきえびは、絶品である。肉質がよく、噛めば噛むほど口一杯にえびの味とうま味が広がり、料理やつまみにそのまま食べられる。

あきあみ
瀬戸内海で捕れるアキアミで、むきえびと同じく、水揚げのあと素早く干して作る。乾燥したあきあみをそのままつまみ、チャーハンの具材として使うほか、桜えびと同じようにお好み焼き、ふりかけなどにも使う。

38 愛媛県

煮干し

地域特性

　四国伊予の国こと松山市を県庁所在地に持つ愛媛県は瀬戸内海に面しており、しまなみ海道の開通から、広島県との文化的交流など結びつきは深い。気候は瀬戸内海側は比較的温暖であるが、大きな川や湖がなく、渇水することが多い。内陸部久万高原は冷涼であり、高原野菜などの栽培が盛んである。宇和島海側は黒潮の影響を受けて、温暖ながら台風の関係で雨量は多いが、台風を除けば比較的温暖で、柑橘類は県下各地で生産されており、キウイフルーツや栗など種類も多く、ミカンは和歌山県に次ぐ生産量がある。また、山間地は干し椎茸や小麦二次加工品のうどん、素麺などの生産量も多い。観光として松山城、道後温泉、今治、宇和島の海での真珠がある。ハマチの養殖は日本一である。

知っておきたい乾物/干物とその加工品

煮干し　煮干しは魚介類を煮沸して乾燥したものの総称である。煮干しとは、一般的にはイワシの煮干しを指し、最も多いのは「片口いわし」である。「片口イワシ」は下あごが上あごより小さいことからそう呼ばれているが、マイワシより形が小さく、脂肪分も少なくて肉質が締まっていることから、加工用に最も多く利用されている。暖流に乗って北上し、日本の沿岸各地で漁獲されている。なかでも瀬戸内海では、魚種も多く、生産量も多い。漁獲量の多いのは長崎県、愛媛県、千葉県、香川県の順である。

　イワシは奈良、平安時代から食用の魚として使われていたともいわれるが、その後、戦国時代から江戸時代にかけては、田畑の高級肥料としてたくさんの干鰯が作られ、普及した。

　煮干しの歴史はそれほど古いわけではない。1895（明治28）年の千葉県の資料に2tだが生産記録がある程度で、それ以前では田作りとしての

記録があるが、あまり生産されていない。おそらく1893（明治26）年〜1895（明治28）年ごろにかけて始まったと推察される。明治30年ごろになると、煮釜などが改良されたこともあり、各地で煮干しの加工が始められ、商品化の道が開かれた。反面、同じ原料を用いた「田作り」（ごまめ）の生産量は、1901（明治34）年を境にわずか1/10程度まで低下することになる。

煮釜の導入から鮮度が向上。田作りならば加工中にイノシン酸などが消失してしまうのに対し、煮干しはうま味を保つ食材として注目され、かつお節とは違うだしのおいしさが次第に認知されるようになった。値段もかつお節のように高嶺の花ではなく、庶民的で安価に手に入ることから、大きく需要が伸びた。

その後、煮干しの生産は増加の一途をたどり、1942（昭和17）年には全国で9万2,000tとピークを記録し、原料換算で約36万t、同年の魚類総水揚げ量の14％を占める水産加工品として、大きな位置を占めるようになった。

しかし、第二次世界大戦に突入すると、戦時下の統制により原料魚の調達が困難になり、その生産量は2万tくらいまで落ち込む。戦後になり、1950（昭和25）年には再び増加し、急回復を見ることとなった。その後、食生活の洋風化や化学調味料、風味調味料などの台頭で煮干しの生産量は減少し、生産量は5〜6万tレベルで安定している。最近は化学調味料などが避けられ、うま味調味料が使われるようになる中で、乾物の見直しや健康志向、本物志向もあって、若干ながら伸びている。

2000（平成12）年に新JAS規格が制定され、「煮干し魚類」という呼び名が使われることになった。この煮干し魚類という表示の適正化を図るため、新たに品質表示基準も制定され、「消費者の選択に資すること」が示された。
また、近年は、食べる煮干しとして塩分を抜いた小型の煮干しを真水で炊いた商品が好評で、子供のカルシウム補給や、塩分に関わる高血圧などを気にする人のために、健康志向食品として売れている。

<産地漁法>
瀬戸内海機船船曳網漁法（せんびきあみぎょほう）は、バッチ網ともいわれ、基幹漁法の1つとして発達してきた。母船と曳舟2艘（4〜10t）の合計3艘で操業する。稚

魚(シラス)もこの漁法が用いられている。

<煮干しの名称>

煮干しは、かつお節と並んで日本の食文化を作り上げてきた重要な食材である。東日本では「にぼし」が一般的だが、全国各地で呼び名が異なり、約20種類くらいの別の表現があるという。地域的に見れば、東北地方の「たつこ」「びと」、関東の「背黒」「しこ」「ひしこ」富山地方の「へしこ」、京阪・滋賀地方の「だしじゃこ」、和歌山地方の「いんなご」、中国・四国地方の「いりこ」、熊本地方の「だしこ」「ダシジャコ」などが代表的な呼び名である。

また、煮干しは大きさによっても呼び名が細かく分かれる。

煮干し名称と大きさ

	小 羽	大 羽	中 羽
マイワシ	8〜12cm	20cm以上	15〜18cm
カタクチイワシ	5〜8cm	13〜15cm	8〜10cm

イワシは、世界中には330種もの仲間がいるが、実際に煮干しに使われているものとしては、カタクチイワシが一般的である。

煮干しの原料はいわゆる青魚で、不飽和脂肪酸を多く含むため、製造から流通、保存に至るまで管理が適正に行われないと脂肪の酸化が進み、品質が低下する。酸化を防ぐ意味でもあまり脂が乗っていないものが適しており、大きな魚を使わないのはそのためである。カタクチイワシは魚体が小さく、脂肪分が少ないので、最も煮干しに適している。カタクチイワシは黒潮に乗ってやってくるが、近年、日本での漁獲量は年々減ってきており、年によっては豊漁と不漁の変動幅が大きいため、相場変動が高い商品である。

韓国、中国でも生産されているが、酸化が速く、また、防腐剤の使用基準も合致していないため、輸入はわずかな量にとどまっている。

海老ちりめん

瀬戸内海ではめったに捕れない幻の魚介類で、えびとちりめんが同じ網にかかったものをそのまま乾燥したもので、漁獲時期が短く、市場には出回りにくいが、わずかであるが市場に出回るときがある。漁獲量が少ないので漁師の間で消費されているの

が実情であろう。

寒採れひじき　　日本海有数の産地で、漁師がこだわり手摘みしたヒジキは、柔らかい茎がおいしく独特の味がある特産品である。塩分やうま味成分が白く表面に出ていることがあるが、水に浸すとすぐ溶ける。水で戻すと約10倍になる。

> **Column：煮干しのJASの定義**
>
> 煮干し魚類とは、マイワシ、カタクチイワシ、ウルメイワシ、イカナゴ、アジなどを煮沸して、タンパク質を凝固し、乾燥したもので、含有水分18％以下のものである。

39 高知県

碁石茶

地域特性

　四国の太平洋側に位置し、東西に長く、四国南部太平洋から四国山地の山脈の山間地は多く、山間地率は90％にも及び、平地が少なく、香長平野と南西部の四万十川市がやや広い平野となっているが、ほとんどが海の近くまで山の迫る典型的な山国である。水不足に悩まされることはないが、大規模な河川改修工事を実施している。高知県の太平洋側は黒潮が流れており、温暖多雨で、台風が鹿児島に次いで２番目に多く、足摺岬、室戸岬などは強力な台風の襲来で知られている。

　県南西部の山間は大きく開発されることなく、自然豊かな山林を抜けるダムのない大きな四万十川は、最後の清流として有名である。気候は年間日照時間が多く全国的には１〜２位で、降水量も多いが、晴れと降りが一気に変化しやすい特徴がある。

　温暖な気候を利用した早場米の「南国育ち」、花弁栽培なども盛んで「園芸王国」と称されている。近年、観光地としても、桂浜や幕末に討幕運動をした坂本龍馬、はりまや橋、よさこい踊りなどをもとに観光化している。

知っておきたい乾物／干物とその加工品

青すじ海苔

　清流の汽水域でしか採れない天然青海苔は、四万十川産が日本の大部分を占める。味と香りの豊かな高品質。12月上旬〜翌３月下旬が収穫期。冬の風物詩でもある。

青海苔（ヒトエグサ）

　愛媛県との県境に近い高知県津野町不入山（いらずやま）中腹に発した四万十川は穏やかに南下し、西に流れる。そして、西土佐で再び南に転じ、四万十市下田で土佐湾へと注ぐ。日本最後の清流として知られている。淡水と海水が混じり合う河口の汽水域では、アオサノリとアオノリの２種類の海苔が採れる。

　アオサノリは学名をヒトエグサといい、現在は100％が養殖もので、主

に佃煮などの原料になる。一方、アオノリは学名をスジアオノリといい、四万十川の水産資源の中でも特に有名で、天然ものは風味も香りもすばらしく、高級品として、漁期は12月下旬～4月上旬までで、2月ごろ採ったものは「寒海苔」、4月に採ったものは「春海苔」と呼ばれている。

太陽光がよく届く透明度の高い川底に自生していて、干潮時に熊手を使い手作業で採取する。雑物を取り除き、河原に張ったロープにかけて6時間ほど天日干し乾燥する。この乾燥過程が重要で、木枯しが吹く季節、ふっくらして柔らかく、みずみずしさと香りの豊かさがよい。

竹の皮

イネ科タケ亜科の多年生常緑植物であるタケの皮を乾燥した製品。近年は中国、台湾などからの輸入が大半であるが、国内では唯一高知県須崎市で土佐虎斑竹が生産されている。

昭和初期には6,000tの生産であったが、現在は1,000tぐらいである。地下茎から出た若い芽はタケノコとして春早く食用とするが、タケの皮は食物の包装や笠、草履の表などに利用されている。

タケの皮は葉鞘の発達したもので、成長すると自然に落ちる。タケの皮の多くは、一般的にはマダケ、モウソウタケ、ハチクである。マダケは皮が暗褐色で表面に毛がなく、滑らかで、肉も薄く、弾力に富み、包装用に用いられている。モウソウタケの皮の表面は柔らかいウブ毛に被われていて、皮が厚く、乾燥するとバシバシになる。ハチクの皮はふちがなく、白皮と呼ばれている。タケの皮にはフェノール物質の抗菌作用があり、気孔による通気性で防腐能力を高めている。湿気があるとカビが生えてしまうが、湿気に注意して保存すれば数年使うことができるほど丈夫である。

また、電子レンジでそのまま加熱、解凍することもできるし、乾燥し過ぎても10分間ぐらい水に浸し、水分を適度に与えれば柔らかくなることから、用途も広く、おにぎりを包む、蒸し羊羹、中華粽、天むす、棒サバ寿司、牛肉のしぐれ煮などに使われている。また版画のばれんの表にも使用されている。

ごいしちゃ（碁石茶）

高知県大豊町には、日本唯一の「碁石茶」という昔から伝わる不思議な茶がある。緑茶、紅茶と違い、微生物発酵茶。むしろに広げたさまが碁盤に碁石を並べたように見えることから「碁石茶」と呼ばれ、今なお吉野川上流域の山深い里で作られている。四国山地の自然が繁茂している大豊町の山間地は標高

430mで、霧が深く、日照時間が長いので生育に適し、この地に自生する茶樹はこの地に古来より自生していた山茶と茶園のヤブキタで、無農薬である。碁石茶は蒸す、寝かす、漬ける、干す、という秘伝の独特の工程を経て作られている。

<製造工程>
① 茶摘み：自生する山茶とヤブキタを枝ごと刈る。緑茶は5月ごろ収穫するが、碁石茶は肉厚な葉に育つ7月ごろに摘み採る。
② 蒸す：蒸し桶に茶葉を詰め、大釜で約2時間蒸す。
③ 寝かす：枝を切り除き、むしろをかぶせて数日間置く。
④ 漬ける：桶に漬け込み、重石を乗せて数週間置く。乳酸発酵させる。
⑤ 切る：桶から取り出し、3～4cm角に裁断する。
⑥ 乾燥：むしろに並べて数日間乾燥させる。

碁石茶は、ご飯と炊くと赤飯のような色合いと香り、食感が楽しめ、茶粥や芋などと一緒に食べたり、そのまま茶として飲用する。

Column

　碁石茶の歴史は古く、原産地は東南アジアの山間部ミャンマー、中国雲南省あたりと推測する。江戸時代に編纂した土佐の大叢書（だいそうしょ）『難路志』に、本革郷碁石茶の記述がある。ルーツは中国雲南省に住む少数民族プーラン族が作っていた酸茶。酸茶は、カビを発酵させた後に竹筒に入れて土中に埋め、嫌気発酵させたものと原理的に同じである。また、プアールチャカビ付け発酵したものもある。

　タンニンが少なく、甘酸っぱい香りと独特の風味、酸味がこの地方の特産でもある。

40 福岡県

かわはぎ干し

地域特性

　福岡県は九州本島の北部に位置し、九州地方では最も人口が多い福岡市が県庁所在地である。福岡市、北九州市は政令指定都市である。北は日本海、東は瀬戸内海、筑後は有明海に面し、県の中央部は筑紫山地が連なり、筑後川、矢部川、遠賀川流域などから平野部も広がっている。気候的には福岡、北九州地方は日本海式気候に近く、太平洋側気候と分かれており、山間部の一部は降雪もあるが、平野部は積雪することは少ない。真夏日になることも多いが、瀬戸内海式気候により、年間を通して温暖な条件がそろっている。筑後平野で米、小麦を産出する農業県である。種苗、苗木、菊、果樹園芸のイチゴの栽培、ネギなどの多くの野菜類、八女茶の産地でもある。

　水産物は、玄界灘からの鯛や平目など高級魚から鯖、イカなどの水揚げも多い。また、有明海は海苔の養殖が盛んで、よい海苔もたくさん採れている。有明海のワタリガニは絶品である。

　工業は久留米市で創業したブリジストンや、ゴム工業をはじめ筑豊炭田三池炭鉱などかつては石炭産業も発展していたが、現在は掘られていない。

知っておきたい乾物/干物とその加工品

干しおきうと　海藻のエゴノリとイギスを煮て、寒天分を出して固めた「おきうと」を乾燥した製品。小判形に乾燥したものもあるが、いずれも福岡・博多の名物になっており、醤、かつおのだしなどで食べる。

福岡産板海苔　支柱式漁法が行われている。色味はやや劣るが、味がよく、柔らかい。佐賀県産などと同じく、ギフトの需要が多い。

　時期のよいものは佐賀県産に匹敵する品質を持つ。11～12月に生産さ

れる秋芽、冷凍網の2〜3回摘みのものは主に中級ものとして味付け用に使用されている。大手加工メーカーの仕入れの主力産地となっている。

涅槃会こうせん（ねはんえ）　2月15日はお釈迦様が亡くなった日で、寺では涅槃会という法事をする。寺々、町々ではいろいろな品が振る舞われたが、福岡県柳川市付近では麦こがしを食べたそうで、麦こがしを含めた香煎を振る舞う風習がある。新潟県では丸いうるち米だんごをまき、佐賀県では、吊るし柿を作るときにむいた皮を乾燥して粉にしたもの（こうせん）を供えたという（香煎は大麦の粉を煎ったもの）。

ニシカゼコムギ　福岡県推奨品種であるニシカゼコムギ（農林129号）は、西海120号とウシオコムギの交配種から生まれた品種で、うどんこ病、赤さび病に強く、ごく多収性の早生小麦品種である。耐倒性が強く、多肥栽培で安定しており、多収穫である。

子実は豊満な大粒で、外観・品質に優れ、粉は薄力小麦系で、めん用粉加工性が優れている。適地は九州平坦肥沃地および関東地方以西の温暖な肥沃地帯である。

八女茶（やめちゃ）　八女茶は福岡県内で作られたブランド名で、全国生産の緑茶の約3％を占める。産地は筑後市、八女郡、広川町、朝倉市に広がる。筑紫南部は地質的に筑後川と矢部川の両河川から運搬された堆積平野が栽培に適している。この地質と霧の発生しやすい土地柄（なだらかな山の斜面が霧に覆われる）、太陽の光などから茶のうま味成分のアミノ酸であるテアニン、グルタミン、アルギニン等が生成され、天然の玉露茶として珍重されてきた。特に日中の気温が高く、夜間は冷え込むことと、年間の降雨量が茶の栽培に適していることから、主力生産地として発展してきた。福岡県の奨励品種「やぶきた」「かなやみどり」「おくみどり」など9種の品種が導入されている。特に玉露の生産高が日本全体の約45％を占めている。806（延暦25）年、空海が唐から比叡山へ伝えたという説がある。

現在は、かつて筑後茶、笠原茶、星野茶など複数の地名で呼ばれていた産地ブランドを改良した高品質蒸製緑茶から「八女茶」と統一し、生産と流通両面の拡大が図られている。

豚骨ラーメン　九州ラーメンを代表する豚骨らーめんは、久留米市が発祥の地といわれている。屋台「南京千両」の店主

は長崎県の出身で、ふるさとのチャンポンと当時横浜で流行していた支那そばをヒントに考案したといわれ、その後、屋台の「三九」で偶然豚骨スープが誕生し、九州広域に広がったといわれている。その代表格として認知されている博多ラーメンは、硬めの細麺と麺のおかわりができる替え玉戦略がある。博多中洲の屋台店長浜ラーメンの紅しょうがと海苔の入ったトッピングが相性がよい。

かわはぎ干し　玄界灘で捕れた新鮮なウマヅラハギの一夜干しで、北九州地区の産物として有名になっているが、最近は漁獲量が減ってきており、希少価値になっている。

41 佐賀県

佐賀県産海苔

地域特性

　佐賀県は九州の北西部に位置し、玄界灘と有明海の2つの海に面する。また伊万里焼、唐津焼、有田焼に見るように、古くから陶磁器の産地としても有名である。県内の区分は、唐津市を中心とした北部地区と、佐賀市を中心とした南部地区に分けられ、人口、面積共に全国的には小さい。リアス式海岸と砂浜の玄界灘と干拓地有明海の、まったく異なる2つの海に接している。筑後川沿いには佐賀平野が広がり、面積の3割を占める。

　気候的には比較的温暖であるが、県内全域は太平洋側気候であり、降水量は北部と南部では異なるが、台風などの被害はほかの九州地方より少ない。古代吉野ヶ里遺跡や唐津城、虹ノ松原、有田、嬉野温泉など観光化されてもいる。

　佐賀平野の一次産業は米中心であるが、多くの穀類、野菜類、果樹園芸、嬉野茶なども盛んである。漁業も盛んであるが、有明海の佐賀一番海苔の養殖は全国の生産量の約22％のシェアを誇り、第1位である。海苔の生産王国である。

知っておきたい乾物/干物とその加工品

佐賀県産海苔

　日本一の生産量を誇る佐賀県有明海で採れる海苔は、肉質が柔らかく、香り高いことで知られている。日本人の誇りをかけて行う伝統の技には、多くの秘密が隠されている。干満の差が激しい有明海では、支柱式製法で干潮時に網が海面から上がる。この時に乾燥することで、生命力が引き出され、丈夫な海苔ができるといわれている。

　網を吊り上げる位置などを微妙に調整することなどは生産者の腕の見せどころである。海苔の収穫は真冬の11月下旬から翌3月中旬ごろの寒い真夜中で、日中の光を避けることで、昼間ため込んだ栄養素が中に閉じ込

められ、引き締まった状態になるからだ。

バラ干し海苔

佐賀県佐賀市川副町で採れる有明海の海苔がおいしいのにはわけがある。1つは、有明海には筑後川など大小120もの河川が流れ込み、豊かな栄養を運んでくる。淡水と海水が混ざり合うことで塩分濃度がさがり、海苔の柔らかさを生む。

さらにもう1つが最大6mにもなる干満の差だ。有明海の養殖は遠浅の海岸に支柱を建てる支柱式製法で、干潮時には支柱に固定した網が太陽に干し出され、海苔の光合成によって成長が促され、潮が満ちると海の栄養を取り込み、うま味を閉じ込める。水の中に浸かったままの海苔が黒味を帯びるのに対して、有明海の海苔は赤褐色（赤みを帯びた黒色）が特徴である。

10月には海苔の種付けが始まる。かきの殻の中で育てた海苔の胞子を網に吊るす。これを落下傘方式という（千葉県などでは水車方式といわれる）。水温が23℃ぐらいになると、かきの殻に付着していた胞子が飛び出し、海苔網に付着する。この網から海苔芽が出てきて、11月ごろから秋海苔が収穫され始める。これが初摘みだ。摘み採った後、また15日くらいでまた芽が出て伸び、10番摘みくらいまで採れるという。

回数が多くなると固さが増すので、初摘みが最もおいしいとされ、価格も高い。この後、種付けして冷凍保存した海苔網を養殖場に出し、冬海苔として翌年の春先まで収穫される。海苔といえば漉いていた海苔として生海苔を乾燥したものが多いが、見た目は岩海苔やアオサに似ているが、袋を開けると磯の香りが広がり、香ばしく、うま味も強い。

そのまま手でほぐし、乾燥し、焼き上げることで、細胞を傷めないように収穫したままで乾燥焙煎する。板海苔は、海苔の芽を細かく刻み、漉く際に大量の水を使うため、どうしてもうま味成分や栄養成分が流出しやすい。バラ干し海苔はその点、海苔本来のうま味、栄養を味わうことができる。

有明板海苔

日本で最大の生産量を誇る有明板海苔は、紅藻類ウシケノリ科の海藻であるノリを板状にして乾燥した製品である。天然のウシケノリ科アマノリ属は日本では約28種くらいあるが、いまは養殖品種はスサビノリと浅草ノリである。

1947（昭和22）年にイギリスの海洋学博士であるキャサリン・メアリー・

ドリュー（1901～1957）が、夏から秋に向かう海苔の胞子が海水の中を遊走し、貝殻に付着してカビ菌のような糸状態であることなどを発見した。これにより、それまで謎であった夏場の海苔の生態がわかり、急速に養殖技術が進歩したのである。

　紅藻類の仲間であるノリは、10月下旬～12月ごろにかけて急成長する。ノリの葉態は雌雄同株で、雄精細胞は造精器、雌精細胞器は造果器と呼ばれる。造精器は分裂して精子を作り、水流によって運ばれ受精する。それがまた分裂して果胞子を作る。これが3～4月ごろまで続き、その後水温が上がるに従って葉態は老化していく。

　一方、葉態から分かれた果胞子は、かきの貝殻などの真珠層の孔を開けて入り込み、真珠層の内部で糸状になって成長する。貝殻の中で夏を越し、糸状体はあちこちに殻胞子嚢を形成する。9月ごろになるとその胞子が飛び出し、それが海苔網にくっついて発芽。そして海苔の葉態となる。人工採苗の技術が確立されたことにより、それまでは天然に頼っていたため生産量が非常に不安定であった海苔が、人の手で管理できるようになったのである。これにより、胞子を付けた海苔網を冷凍保管し、海水の温度や浜の状態によって、網を張り養殖して、飛躍的に生産量が増加した。現在は85～90億万枚が安定して生産されるようになった。一時、韓国などからも輸入されていたが、いまは国内産で安定供給ができるようになった。世界的には日本で最も多く食べられているが、韓国や中国でも食べられている。韓国風に海苔巻（キンパッ）にしたり、ヨーロッパ風にスープに入れたり、バターと一緒に混ぜてパンに塗ったり、パスタなどに混ぜたりと、全体的に洋風化されてきている。

佐賀県産大豆「フクユタカ」

九州産大豆「フクユタカ」はタンパク質含有量が多く、ショ糖含有量が少ないので、あっさりした味わいがあり、甘みがしっかりしている。豆乳や菓子加工用プリンなど食感がソフトのため向いているので人気がある。

> **Column**
>
> 　海苔のうまさとは、磯の香りとまろやかさに加え、色、つや、柔らかさ、そして食べた時に口の中でとろけるうま味、芳醇な味わいがある。秋海苔は草が柔らかく、冬海苔はうま味が深いとされ、これを走りという。
>
> 　海苔の養殖方法は、今では２通りの方法が取られている。支柱式漁法は水深の浅い内海湾で、海中に竹の支柱を立てて（グラスファイバー製の）海苔網を張る方式で、愛知県、三重県などの木曽三河口や佐賀県有明湾などで行われている。かきの殻に付けた種は落下傘方式にて種付けをする。浮流し式漁法は、水深が深いところでは沖合にブイを浮かべ、その間に海苔網を張る。千葉県、宮城県、兵庫県などで行われている。水車式種付け方式は「千葉県」の項目を参照のこと。

42 長崎県

唐墨

地域特性

　長崎県は九州西端部に位置し、佐賀県と隣接し、東シナ海に面し、周囲が海に囲まれ、壱岐島、対馬、五島列島など多くの島々を有し、半島や山間地は丘陵地である。海岸線はリアス式海岸で、地形的には特徴があり、複雑に入り組んでいることから、海産物、ひじき、わかめ、トビウオ、カタクチイワシ、など多くの海産物の宝庫でもある。

　気候的には、対馬海流である暖流が流入し、全般的には温暖である。冬は東シナ海側を中心に降雪は見られるが、量は少ない。島原半島は活火山地帯で、雲仙普賢岳の噴火はまだ記憶に新しい。台風は多く上陸はするが、被害は少ない。県庁所在地である長崎市は、オランダ、中国、ポルトガル船が寄港し、江戸時代から幕末にかけて貿易が盛んに行われ、数々の文化が入り込んでいる。

　長崎カステラ、チャンポン、チャーメン、島原手延べ素麺、五島手延べ素麺など粉文化も多く定着している。

知っておきたい乾物／干物とその加工品

茹で干し大根

　長崎県西海市面高地区の、五島灘に面した海辺の町は、海の上に高さ50mの断岩絶壁にある。冬の北風が吹く季節になると、地元の人は「だいこん風」と呼ぶ季節風にさらすため、海沿いに組んだやぐらで茹でた干し大根を干す。真っ白な大根が青い海の色に反射しているその景観——巨大な干場「やぐら」から立ち昇る湯気、雪化粧のような茹で干し大根——は、この地方の冬の風物詩でもある。

　長崎県でも特有の冬の季節風を利用して、西海市と五島地区だけで作られている茹で干し大根は、古くから保存食品として作られ、佐世保や長崎の市場などで売られていたというが、本格化したのは昭和30年ごろのようである。

以前は竹でやぐらを組んで、大根洗いも、切るも茹でるもみんな手作業であったが、今は徐々に機械化され、竹のやぐらは鉄製に変わり、効率もよくなったことから、生産者も増えてきているという。

　使う大根は緻密な肉質で煮崩れしにくい「大栄大蔵大根」という品種で、茹でることで甘みを増し、身が固く煮崩れしない。また、干し上がりがきれいになる。調理したときに染みやすくなり、太く厚めにカットすることで独特な歯ごたえが生まれる。茹でた大根を一昼夜で乾燥させることで、あめ色になる。冬の北西の季節風を利用した食材である。

＜製造工程＞
① 畑から運んできた大根をまず洗浄機できれいに洗う。
② ひげねや傷、色の悪い大根や鬆の入った部分などを丁寧に取り除き、皮をむき上げる。皮むきがいい加減だと仕上りの色が悪くなる。
③ 専用機で短冊状にカットした大根を、大きなかごに一杯になるまで入れる。
④ かごごとクレーンでボイラーの中に沈め、茹でむらがないように混ぜながら15分間くらい茹でる。茹で過ぎると煮崩れが起き、足りないとつやのない白っぽい仕上りになってしまう。
⑤ 茹で上がった大根は軽トラックに積み、やぐらまで運び、一気にやぐらの上のネットにばらまく。干場にむらなく平らに広げる。
⑥ 乾燥場では、干場の広げ方、その日の風の強さなどを考え、飛ばされないように厚くしたり、薄くしたり、大根同士がくっつかないようにほぐしたり、乾燥むらが出ないよう細心の注意を払う。乾燥が難しい。

　茹で干し大根のほとんどが風任せである。西高東低の冬型の季節風が海から強く吹き付ける日が最もよく、一昼夜で乾き、上質の茹で干し大根が仕上がる。茹で干し大根は、ほかの切り干しなどと同じく、食物繊維は生の20倍もあり、リンは17倍、マグネシウム、カルシウムなども大変多く含む。最近は健康食品の代表としての人気も高い。手間をかけて作った茹で干し大根は透明感があり、15分間ほどで水戻しができる。そのままサラダでも食べられる。

対馬椎茸　九州の最北端福岡から138kmのところに位置する対馬は面積の89％が山林で、シイタケ栽培が盛んであるが、生産量は少ない。入江と島々が複雑に入り組んだリアス式海岸で、海産物も豊富である。どんこ椎茸は肉厚で歯ごたえがよく、うま味、香りも良好で、原木栽培で関東市場にも出ている。

五島手延べうどん　元寇の役に捕虜となり、五島に住み着いた中国人が教えたといわれる伝承の技が今日に至った（確かではない）。美しい海に囲まれた五島では、塩作りが盛んで、五島の海水から作る「五島の塩」は見た目も美しく、ほのかなうま味がある。この塩と厳選された小麦粉を混ぜ合わせる。

五島手延べうどんの特徴は、手延べを作るときの油返しに、五島に自生する椿の実から搾った「椿油」で丹念に延ばし、腰の強いうどんに仕上げることである。また、地元では長崎産の焼飛び魚のだしから取ったあごだしで食べるが、このだしはまた格別である。

対馬あおさ　島の海岸線は2月から春先にかけて旬であるあおさが一面に広がり、磯の香りが高く、人気がある。

揉みわかめ　ワカメの茎を取り、葉の部分だけを何回ももみながら乾燥して細かく仕上げた製品。長崎県島原市の特産品である。

対馬長ひじき　対馬長ひじきは煮物にしたときに煮崩れしにくく、味がしっかり採れることから人気がある特産品である。そのほか、壱岐、五島天草で採取されるヒジキは、太さのそろった長ヒジキであり、歯ざわり、風味もよい。

対馬ろくべえ　さつま芋を発酵させて作った製品。さつま芋を発酵させ、侵漬させ、乾燥させる工程を繰り返し、麺線状に切ったもので、郷土料理「ろくべえ」「せんだんご」として人気がある。

かじめ　コンブ科の褐藻類の一種であるカジメを乾燥した製品。乾燥カジメは、長崎県壱岐の特産である。日本では房総半島金屋、神奈川県下、東京湾の一部、ほかに本州中部、太平洋岸にも生息する。長い茎部の先に「はたき」のような葉を持っている。カジメはアラメに似ているため、地方によってはアラメとカジメを区別せず、同じものとして扱っているところもある。しかし、カジメは茎部が枝分かれしないのに対して、アラメは2つに分岐している。また、カジメは側葉の表面が波打たず

に平滑である。

　古くからヨードチンキなどの薬品に使われ、アラメより高価である。アラメに比べ、アルギン酸の含有量が高い。カジメのほうがよく粘る。わかめと同様にして食べる。九州北部あたりでは湯船に入れて入浴する「カジメ湯」という習慣もある。

焼あご　トビウオの煮干し製品。長崎県平戸市生月島(いきつき)では焼きあごの生産が盛んに行われている。トビウオの漁期は短く、10月ごろの3週間くらいに限られ、生産が不安定で貴重である。近年はタイや中国からの輸入ものが多くなってきているが、長崎産には勝てない。

　あごはトビウオの独特な甘みと上品なだしが取れることから、西日本、九州地方はもちろん、全国の料亭などでも人気が高い。トビウオは青背魚だが脂肪が少ないため、甘味のある淡泊なだしが取れる。10cmぐらいであまり大きなものは避け（大きくなると脂肪が多くなるため）、串に10匹くらい頭の近くに刺して、炭火の上で頭としっぽを重ね合わせるようにして焼く。焼くことによって魚の臭みが取れて、うま味が凝縮されて、より強い味となる。長崎県の郷土料理「卓袱料理(しっぽく)」に使われたり、近年は和風ラーメン店が使うなど業務用の需要が多い。島原半島での生産が多い。長崎県では島原手延べ素麺の麺つゆとしての利用が大変人気である。

うるめ煮干し　ウルメイワシで作った煮干しである。長崎県が主な産地でカタクチイワシに比べ、ウルメイワシは脂肪分が少なく（約1/3）、クセのないあっさりしただしが取れることで人気がある。

平子煮干し　マイワシの稚魚で作った煮干し。あっさりとしたカタクチニボシよりさらに淡白な味のだしが取れる。近年マイワシが不魚のため生産量が少なく、希少品となっている。

五島ひじき　長崎県五島産ひじきは、長ひじき（茎の部分）と米ひじき（姫ひじき）と呼ばれる葉の部分を指す。昔ながらの天日干しが多く、天気のよい日に釜揚げされたひじきは、昼から専用の敷地内で手作業により天日に広げられ、翌日には夕方までまた天日干しにされる。ひじきの色合いを均一にするために煮汁で色上げされ、最終仕上げとして再び朝8時ごろから夕方5時ごろまで天日干しをする。天日干ししたひじきは、長ひじきと米ひじきに選別し、袋詰めするという大変手間がか

かる作業である。

水いかするめ

五島のスルメイカはうま味を引き出すために鮮度にこだわり、水揚げされたイカをその日に天日干しし、温度、湿度の天候状態によって仕上げまで早いもので4〜5日かかる。水イカは10日近くもかかる。

水イカは、夏ごろに孵化し、冬場にかけて親イカへと成長し、孵化した後に生涯が終わる1年ものである。産卵を前にした春ごろの水イカが一番大振りのものが増えるが、その質は身が薄く、固くなり、うま味や甘みが薄くなってしまう。いつの水イカがおいしいのかといえば、それは親イカに成長してしまう前の水イカで、まだ親イカへ成長しきっていない、秋から冬の子供の水イカ。このころの水イカは身も厚く、柔らかく、何よりもうま味、甘みが濃いのである。

唐墨

長崎唐墨はボラの卵巣を塩干ししたもので、越前うに、尾張このわたと共に三大珍味と珍重されているが、長崎県野母崎半島や五島列島で捕れるものが最高級品といわれている。唐墨の名前は、形状が中国伝来の墨「唐墨」に似ていることから付いたといわれている。ボラの卵は一つひとつが違うので、手作業で丁寧に塩漬けし、塩抜きし、天日で干し、2〜3週間かけて干し上げる。難しいのは塩抜きと干し上がりの見極めで、この工程が味を大きく左右する。経験と技術を要する。

43 熊本県

銀杏

地域特性

熊本県は九州地方の中央部に位置し、福岡県、大分県、宮崎県、鹿児島県などと接し、海上では有明海を隔てて長崎県とも接する。東部の阿蘇地方にはカルデラ火山を持つ阿蘇山や山地の山々を抱え、西部は島原湾、八代湾、天草諸島に続き、熊本平野、八代平野と、山と海の幸に恵まれている。熊本城を構え、かつては肥後の国、江戸時代には加藤清正がこの地を領したことも有名である。

気候的には全域が太平洋側気候に属し、温暖であるが、冬と夏の温度差は激しい。

一次産業である稲作の農業県でもあり、さらにトマト、スイカ、イグサなどは日本一を誇り、野菜から果樹園芸と幅広く、イチゴ、ミカン、デコポン、さつま芋、レンコンなどの多くを産し、阿蘇地区の和牛畜産も盛んである。海側はクルマエビ、海苔、真珠の養殖も盛んに行われている。

知っておきたい乾物/干物とその加工品

あわ（粟） イネ科の一年草アワの穂になる実種で、日本では昔から栽培されており、豊作祈願に登場する5穀の1つである。現在はあまり食べられていないが、戦後の食糧不足のときは粟餅や炊いた粥にしたり、米に混ぜて日常的に食べられていた。生育期間が短く、3～4か月で収穫でき、ヒエと共に栽培され、現在は食用餅粟があり、うるち粟は小鳥の餌として市販されている。熊本県のほか鹿児島県、岩手県などでも栽培されている。雑穀としてタンパク質、ビタミンB_1、鉄、ミネラルが豊富であるため、近年は健康志向から人気が出始めている。

いもがら、ずいき（芋茎、芋幹） 熊本城を築城するときに籠城を予見し、畳の芯になる畳床として用いられたことや、太平洋戦争のときには乾パンの原料に用いたり、

肥後ずいきは有名である。サトイモ科の多年草である里芋の茎を乾燥させたものである。今は熊本県のほか、高知県、徳島県、山形県など東北から九州まで幅広く栽培されている。

生の葉柄を「ずいき」と呼ぶが、葉柄が緑色のカラドリイモやハスイモなどで作った葉柄専用種「青ガラ」、葉柄が赤紫色のヤツガシラやトウノイモなどで作った「赤ガラ」がある。

また、いもがらの葉茎を2つ、3つに割って乾燥した割菜（わりな）がある。割菜は生のときは湯がいて、熱いうちに酢をかけると赤くなる。おいしく食べられるアルカリ食品である。血圧を下げる効果があり、カリウムのほか、カルシウムや食物繊維が豊富で、脂肪も含まず低カロリー食品である。多少のエグ味があるが、熱湯につけて、冷めたら水を取り替えて煮るとエグ味もとれてよい。

粉末蓮根

熊本県八代郡氷川町に蓮根畑がある。古代蓮大和種の在来種で、背が高く赤褐色の肌が赤色ピンクで「熊本産あか根れんこん」という名が付けられたもの。9月中旬から翌3月が収穫期で、水田の深い泥の中に潜り込み、深い根が特徴で、ポンプの水圧を使った収穫は厳しい。レンコンの節と新芽などを収穫の後に選別し、よく水洗いし、乾燥機にかけて昼夜乾燥し、その後さらに1週間乾燥して、品質が安定したら粉末に挽いて作る。加工品として蓮根蕎麦、うどん、素麺、レンコン饅頭などがある。

粉末玉ねぎ

無農薬玉ねぎを1週間ほど天日乾燥し、粉末にしたもので、玉ねぎに含まれるケルセチンは、天日乾燥することにより格段に品質が上がる。

熊本産板海苔

浮流し式漁法で、支柱式漁法では行われていない。葉質は柔らかく色付きもよい。西日本地域での一般製品が主体である。

水前寺海苔

淡水産の藍藻であるスイゼンジノリを乾燥した製品。淡水池に生育し、群体を形成しながら成長する。寒天質で、黒褐色や暗緑色をしている。熊本県の江津湖（えつこ）で発見されて以降、江戸時代には肥後細川藩によって幕府の献上品として管理するなどされてきた。現在は国指定の天然記念物である。九州地方の一部だけに生育する。養殖がまだできないので、現在は、福岡県朝倉市の黄金川の伏流水などで少量な

がら採取されているのみである。

鶏冠海苔（とさか）　ミリン科トサカ属の多年生海藻であるトサカノリを乾燥した製品。太平洋沿岸中部から瀬戸内海、九州に分布し、海藻としてはやや深い場所（水深5～20mの岩礁）に生息する。葉状態の縁が不規則に裂けて枝分かれし、高さ30cm、幅5cmで、不規則な形がとさかに見えることから「鶏冠海苔」の名が付いた。乾燥品のほかに塩蔵品が多く、寿司屋や日本料理店のさしみの褄や海藻サラダの色付けには欠かせない脇役である。

・赤とさか：海から採取した海藻を天日干しにすると、くすんだ紫色が鮮やかな赤色に変化する。その後洗浄し、乾燥したものである。
・青とさか：くすんだ紫色のとさかをアルカリ処理すると色が緑色になる。消石灰に2週間ほど浸けて、その後洗浄し、乾燥する。
・白とさか：天日干しとアルカリ処理を白くなるまで数回繰り返した後に乾燥させると、海藻は脱色され真っ白なとさかに変わる。熊本県天草、有明のほか長崎県などが主な産地である。

室鯵節　アジ科の海水魚ムロアジで作った削り節。鹿児島県でも漁獲はあるが、熊本産のほうが多い。生産量は減少傾向にあるが、ムロアジは脂肪が少なく、肉にあまり締りがないため、鮮魚として食べられることはない。ムロアジ節は中部地方では特に好まれている。コクのある黄色っぽいだしが取れる。サバ節に似ているが、魚臭くないのが特徴。西日本では、うどんのだしに利用されている。

Column

ケルセチンとはイソフラボノイド系のポリフェノールの一種で、野菜に多く含まれる。レタス、ブロッコリー、特に玉ねぎに大量に含まれており、抗酸化、抗炎症、脂肪吸収抑制効果などにより、生活習慣病の予防改善効果があるといわれている。

44 大分県

干し椎茸

地域特性

　九州の東部にある大分県は温泉の源泉数、湧出量ともに日本一である。別府温泉を有し、県中央部の湯布院温泉などは、全国的にも知名度が高い。

　北は瀬戸内海豊後水道、八重山などの火山地帯、北東部に国東半島、別府湾と、海、山共に自然に恵まれている。気候的には全体に温暖で自然災害も比較的少なく、やや多雨である。食文化の推進で「一村一品」運動を推進し、地域の活性化を目的に活動したことは有名である。宇目町、大竹市、竹田市山中では干し椎茸の栽培が盛んであり、生産量は日本一である。温暖なので果樹栽培に適し、特に柑橘類がある。そのほか一次産業は野菜、カボチャ、キュウリ、ニンジン、サトイモ、高菜などの地野菜。佐賀海苔、豊後水道の関サバ、関アジ、カレイなど、天然、養殖ともに盛んで水揚げ量も大変多い。

知っておきたい乾物 / 干物とその加工品

ぎんなん（銀杏）　イチョウ科の落葉樹であるイチョウの種子を乾燥したものである。原産国は中国といわれている。仏教の伝来と共に朝鮮半島を経て日本に伝えられ、神社、寺院などに多数植えられるようになり、現在は街路樹などとしても植えられている。

　古くから食用として親しまれてきたが、外皮肉に独特の臭いがある。気楽に拾うことができるが、直接手でさわると灰汁で手がかゆくなるので、ゴム手袋などを着用し、拾った実を数日間土の中に埋めておくか、皮などを撹拌しながら洗い流し、外種皮の中にある白い堅い種皮（鬼皮）の胚乳部分を乾燥させて食べる。大分県の丸ぎんなんは人気があり、品種は「金兵衛」「久寿」「藤九郎」などがある。

　現在は東北地方から九州地方まで採取できているが、大分県の他は新潟県、秋田県、愛知県などが有名である。木には雄と雌があり、主に街路樹

九州・沖縄地方　233

には雄を使用している。

干し椎茸　マツタケ目キシメジ科に分類される生椎茸を干した製品。ヒラタケ科、ホウライタケ科、ツキヨタケ科、ハラタケキンメジ科という説もあるが、今は菌の培養技術で多くの種類のものが出ている。椎の木に多く発生する茸(きのこ)が語源。香りがよい菌「香菌(こうたけ)」とも呼ばれる。地方名は、ナバ、コケ、ナラノコケなどがある。

　干し椎茸にすることによって、うま味であるグアニル酸によって味や香りが生椎茸より増し、天日干しによってエルゴステロールという物質がビタミンD_2に変化し、栄養価が上がる。

　椎茸が発生する椎は縄文時代の遺跡からも発見され、平安貴族の饗膳にも「椎子」の名があり、古くから食べられていたと考えられる。精進料理の祖道元の『典座教訓』に、宋に渡った1223年に中国寺院の典座(てんそ)が椎茸を買いに来たとされている。生椎茸は傷みやすいので、当時は干し椎茸しか出回っていなかった。現在は中国での栽培原木、菌床で多く栽培されているが、品質的には国内ものより少し品質が劣るものの価格が安いのが特徴である。世界ではフランス、オランダでも栽培されており、もともと日本から菌が持ち出されたものである。

＜栽培の歴史＞

　シイ、ナラ、シデ、クヌギなどの木に自然に発生した茸を採取していた。茸を人工的に発生させようと栽培方法が考案されたのは1600年ごろだという。木に傷をつけて根元を焼く「まき散らし」から始まり、椎茸発生木に原木を並べ菌が付くのを待つ方法などから、幕末ごろには、原木に傷を付けて菌を接種する「なた目法」が普及したが、いずれも効率が悪かった。

　1896（明治29）年、菌を培養して植え付ける植菌法が開発され、1943（昭和18）年、群馬の森喜作による、くさび型木片に椎茸菌を純粋培養した種駒菌による栽培で、人工栽培技術が確立された。これは1945（昭和20）年以降は他のキノコ類にも応用され、急激に生産されるようになった。戦後、新しい栽培方法が確立され、薪炭用の雑木の用途転換策として、また、輸出用振興策として、海外に多く輸出され、香港、台湾、中国、シンガポールなどでも多く求められ、高価な贈答品としての価値を生んでいった。国内での生産量は大分県がトップで、静岡県、宮崎県、鹿児島県、兵庫県などでも生産されている。岩手県、秋田県、福島県なども生産されていた

が、現在、東北地方は放射能問題で中止されているところもある。

近年、国内需要の6～7割以上が中国、韓国から輸入され、国内生産は1984年以降はピーク時の1/3に落ち込み、高齢化により、地方の産業としての生産が難しくなってきている。

都道府県別の干し椎茸生産量（2011年度）

合　計	3,630 t
大分県	42%
宮崎県	17%
熊本県	8%
愛媛県	7%
岩手県	6%
その他	20%

（出典：農林水産省特用林産統計より）

干し椎茸の生産方法には原木栽培と菌床栽培がある。原木栽培による生産方法は以下の通りである。

<生産方法>
① 原木はナラ、クヌギ、ドングリ、シイ、カシ、クリなどの雑木。切り出すタイミングとしては、クヌギの葉が3～5分くらい色づき始めたら伐採し、1か月間ほど乾燥させる。
② 原木に穴を開けて駒菌（工場で椎茸菌を培養したもの）を植え付ける。その後、原野で気候管理しながら2年半～3年間ほど経つと椎茸が発生する。太さ10～20cmぐらいの丸太に均等に穴を開ける。駒菌は4種類くらいあり、品種と土地柄によって生産者が選ぶ。
③ 接種は11月～翌5月上旬ごろ、接種間隔は縦20cm、横4cm。千鳥植えで1mの灌木で32個。駒菌は9.2mm、深さ25～30mmに開ける。シメジなども同様な方法で栽培する。
④ 菌床栽培は、おがくずなどを固めて、室内やビニールハウスにて温度管理をして栽培する。エノキタケは瓶にオガクズなどを詰めて栽培する。
⑤ ホダ木は収穫まで無農薬で、クヌギ、ナラなどを使い、ホダ場は竹林などがよいとされている。木漏れ日、風の強い日、風向きなどによ

って本寄せなどもする。
⑥ 仮伏せ：接種後に横伏せや縦伏せなどし、ワラ、ムシロなどで覆い、水を散布し、仮伏せの内部の温度が25℃を超えないようにする。
⑦ 本伏せ：4〜5月になったらホダ場に移し、合掌伏せなどしながら、2回ほど天地返しする。

よろい伏せ（井桁積み）、合掌伏せなどがある。

天日干しと天日仕上げなどがあるが、一般的には乾燥機によるボイラー乾燥がほとんどである。天日干しでも、裏返しにして太陽の紫外線を2〜3分でも再度当てることで、椎茸の持つ成分エステゴリンが20〜30倍にも増える。ボイラー乾燥のものでも再度天日に当てるほうがよい。

<選び方>
乾燥がしっかりしており、表面は茶褐色でシワが少なくつやがあること。
裏面は明るい淡黄色で虫食いがなく、黒い斑点がないこと。椎茸の軸が太くしっかりしているものを選ぶ。

<保存方法>
密閉容器に入れて冷暗所に保存する。賞味期間は、保存状態によっては1〜2年ももつが、梅雨の時期を過ぎると虫が出やすくなる。開封後は直射日光を避け、密閉容器かポリ袋に入れて、乾燥剤などを使用すればなおよい。また、高温多湿は嫌う。

<戻し方>
干し椎茸特有のうま味と香りの元となるグアニル酸といううま味成分とレチオニンという成分は、香りはどちらも干しシイタケの酵素の働きによって生まれる。利用・調理前に冷蔵庫などで冷やして使う。お湯や電子レンジなどで早く戻す方法があるが、加熱すると酵素の働きが失われる。時間が限られる場合は4つ切りか8つ切りにして使うか、スライスものを用意する。天白冬菇はさっと水洗いして冷蔵庫に入れ、30時間ぐらいの時間をかけてゆっくり戻す。

香信類は使う前日に冷蔵庫に一晩置いて、だしに使う。コレステロールを下げる成分は水に溶けやすいので、だし汁を炊き込み、捨てないで料理などに使うとよい。

<椎茸の種類>
・どんこ（冬菇）：丸形で傘目が開かずに、縁が内側に巻き込んでいる、

いわゆる「つぼみ」の椎茸(干し椎茸品質表示基準で傘が7分開き以上にならないうちに収穫したもの)で、肉厚なので時間をかけて戻す。煮込み料理や和食の一品料理、中華料理などの高級品として扱われる。
・花冬菇または天白冬菇:真冬の厳冬期に芽を時間をかけてじっくりと育てる。一般に、芽が出てから1週間で大きくなるが、この天白冬菇は温度5〜8℃、湿度35%以下の状態で30日間かけてゆっくりと、最も肉厚に育て上げた最高級品の逸品である。椎茸の表面に白い亀裂が入り、花が咲いたように見えることから名付けられた。主に贈答品や中華料理などに使われている。
・香姑:「冬菇」と「香信」の中間の椎茸で、「肉厚香信」ともいう。若いホダ木からしか収穫できない上質の椎茸で、肉も厚く、風味もよく、ステーキ、焼肉、中華料理など幅広いメニューに適している。
・香信:平らで肉質が薄く、傘が大きく開いているもの(品質標準では傘が7分開きになってから収穫したもの)。身が薄いので戻し時間が短くてすみ、刻んで煮物や汁物や具物、炒めものなどに用いるのに最適である。
・バレ葉:椎茸は天候などによって収穫がずれることがある。採り遅れたために、傘が開き過ぎて大きくなったり、欠けたりしてしまったものをバレ葉という。風味は多少落ちるが早く水戻しができ、家庭用としては経済的である。
・スライス:生椎茸を収穫して、薄くスライスして乾燥したもので、「バレ葉」「香信」などを用いる。足切りしているので無駄がなく、水戻しも早く、炒めもの、寿司、汁物などに色々使えて便利である。
・その他:業界用語で茶花冬菇、信貫、シッポク、小間斤、茶選、小茶選、セロなどの呼び名がある。以前は日本農林規格があったが、現在は廃止され、自主規格となっている。

<収穫期による呼び名>

・春子(はるこ):2月下旬から4月中旬ごろ収穫したもので、重厚な味と香りがあり、冬菇、香信、バレ葉などがよく採れて、年間の70〜80%を占める。
・秋子(あきこ):9月末から12月中旬ごろ収穫し、薄葉で華やかな香りがある。高温多湿のため成長が早く、中葉以上のバレ葉系が中心であるが、まだ冬菇は採れない。

・その他：発生の時期に応じて、寒子、藤子、梅雨子、夏子、不二子などと呼ばれているが、肉厚系が好まれる春子が大半を占める。

＜栄養と機能成分＞

茸(きのこ)は微生物の子実体で、菌類である。特に椎茸は独特の機能とうま味を持つ代表的食品である。ビタミンDのもとになるエルゴステロールが豊富で、紫外線に当たるとビタミンDとなり、体内に入ってカルシウムの吸収を促す。また、食物繊維の大半は不溶性のセルロースやリグニンなどビタミンB_2の生成を促し、免疫力を高める。

・レンチナン：$β$グルカンと呼ばれる多糖類で、椎茸だけに含まれているものをレンチナンという。免疫抗体の性質からがんなどの治療薬に使われている。
・エリタデニン：水溶性の成分で、加熱したり乾燥しても失われず、脂質の代謝を促し、血中のコレステロールを低下させ、血圧を正常化し、腎機能障害などにも効果を示すといわれる。

やせうま

小麦粉で作った大分県の郷土料理でもあるやせ馬は、お釈迦様が死んだ日（2月15日）などの涅槃会に供えるほか、盆、七夕などにも供えることがある。小麦粉の薄力粉または上新粉の団子粉を、大分県の場合は形状を麺に近くしている。手で平たく作り、茹でたもので、包丁は使わずに手で平たく押し広げたうどんに似ている。野菜や味噌汁に入れたりして食べる。また、おやつとしてそのまま冷やして食べたりもする。学校給食にも使われている。山梨のほうとうに似ており、庶民の食べ物として、別府市などでは店頭でも食べさせてくれる。

手で握った形が馬に似ていることで「やせうま」の名が付いたともいわれる。東北、北関東などには、色を付けたり、餅をのし巻き込んで渦巻き模様にしたものを「やせうま」と呼んでいる地域があるなど、場所によって形が違う。また、東北の一部では、正月に子供に与えるお年玉の小銭を松葉に通し、これを「馬銭」または「やせ馬」ともいった。

Column

　大分県の山間部に位置する宇目町や竹田市郊外の山中の山深い椎茸山にはイノシシが多く出る。彼らは椎茸を食べてしまう。被害がある街道筋にはボタン鍋の店がたくさんある。自然といかに共有するか、問題が多い。後継者不足や放射能問題など今後の課題である。
　家庭で椎茸を栽培したい場合は、ホームセンター、農協などでホダ木に種駒を植え込んだ1年物、2年物などの市販品を利用してみるとよい。

45 宮崎県

かちぐり

地域特性

宮崎県は九州南東部に位置し、東は太平洋日向灘に宮崎平野が広がり、北部、北西部は九州山地から連なる霧島火山帯からなる。県庁所在地である宮崎市は南部大淀川河口の宮崎平野にあり、その南部海岸には、かつては新婚旅行のメッカであった日南海岸、青島、フェニックス街道がある。

気候的には温暖であるが、日照時間、降雨量は共に多く、降雪はまれである。えびの高原、霧島山脈から吹き降ろす季節風が冬の風物詩となっている。切り干し大根の生産量は日本一で、つぼ漬け大根用の乾燥風景が見られる。農業県でもあり、宮崎平野で収穫される米の早場米は、日本一早く生産される新米である。果実では日向夏、ミカンをはじめ野菜の促成栽培、葉タバコ、キュウリ、ピーマン、さつま芋などの生産が盛んである。畜産は乳牛、肉牛、豚、鶏においても、加工品を含めて日本有数の生産県でもある。

知っておきたい乾物／干物とその加工品

かちぐり　ブナ科の栗の実をからのまま干して、殻と渋皮を取り除いた製品で、岩手県の一部などでは押し栗とも呼ばれている。日本では野生のシバグリが多く、「勝ち」に通じることから出陣や勝利の祝いにちなみ、正月のおせちに使われたり、選挙、受験、競技など縁起ものとして人気がある。最近は中国やイタリアなどからの輸入品があり、韓国産の和栗なども市場では販売されている。

干し大根（切り干し大根）　アブラナ科の二年草である大根を千切りや薄切りなどにして乾燥した製品。一般的に、大根を保存・加工した製品を総称して干し大根というが、関西方面では千切り大根、関東では切り干し大根と呼んでいる。加工方法によって異なる種類が多く市場に出ており、乾物野菜の栽培量のトップの座を占

め、食卓に欠かせない野菜。若い世代にも人気の商品であるが、日本全国在来の大根があり、種類も多く、各地各様に加工した地方色豊かな干し大根が市場に出ている。

大根は『日本書紀』に於朋泥(おほね)の名で登場し、これが大根(おおね)となり、だいこんとなった。大根の原産地は小アジアから地中海東海岸とされ、日本には記紀の時代に中国を経てもたらされた。中国の大根は、大型で水分が多い華南系と、皮に色があり、でんぷん質が多く耐寒性のある華北系がある。

この2系統の種類は共に日本に伝来し、時代と共に交雑が進み、各地の地質や気候に合う品種が誕生した。かつては数百種類があったが、1980年代に華北系の子孫、愛知県渥美半島地方の宮重大根を改良した青首大根が人気を集めて、今日に至っている。

干し大根は保存食品として古くから作られていた。平安時代には干し大根を塩と糠で漬けるたくあんが誕生し、これが元祖となって、室町時代には点心として、食物辞典『木朝食鑑』にも名があるほどである。その後、大根は全国で作られ、さまざまな品種の質の違いなどから、切り干し大根もさまざまで、切り方、戻し方、保存の仕方の違うさまざまな種類が各地で作られている。

中でも、切り干し大根の大半は宮崎県である。かつては千葉県房総が主流産地であったが、愛知県の渥美半島に移り、戦後は宮崎県に移った。その理由は、愛知県では自動車や楽器類の工業製品の産業が発達し、農地が少なくなったため農家の次男・三男が宮崎に移住したという時代背景によって今日の産地となった。栽培と共に青首大根も委嘱された。

青首大根はでんぷん質が多く水分が少ないので、乾物に向き、また、生長が早く、スが入りにくく病気にも強いことから、宮崎県の北部地区、国富、西部、綾町、新富、宮崎市、尾鈴などで80％生産されており、田野町、清武、木花地区で20％生産されている。また、少量だが山間部でも作付けされている。

特に、北部地区は平野部であるため作付面積が広く、風があり乾燥もよく、異物の混入が少ない。他方、南部地区は切り干し大根以外につぼ漬け大根の生産もしており、材料の大根が漬物、干し大根に向くことから、品質共に人気がある。また、北部地区よりも約5℃前後気温が低く、乾燥条件もよく、色が白く仕上がり、大根のうま味が表面に出にくいため、よい

ものができている。

<製造方法>
① 収穫した大根をよく水洗いして、葉の部分と尾の部分をカットする。
② 千切り用に刀の付いた回転式のスライサーで3mmにカットする。
③ 外気温が5℃前後の冬の寒い時期、霧島高原の寒風が吹く日に、畑に木材で棚を作り、その上にむしろやよしず、網を張り、大根を広げる。
④ 日光と寒風で1～2日間ほど乾燥して、収穫となる。

<栄養と機能成分>
　乾物の特徴であるが、生より水分が減った分だけ成分が凝縮されて驚くほど多くなる。切り干し大根の場合は94％が水分で、各成分は生大根の15～16倍にもなる。カルシウムは生大根の15倍だから乾燥した分凝固され、生よりカルシウムが23倍、鉄分は49倍。生では消化酵素ジアスターゼがあるが、切り干しは太陽の恵み、現代人に不足しがちな栄養分の補給効果がある。

　切り干し大根に含まれる食物繊維は100g中20.7gで、生大根の約15倍だから、水分が減った分だけ凝縮したに過ぎない。生大根100g分の食物繊維1.4gは切り干し大根なら21g弱で取れる。さらに生大根を100g食べるのは大変だが、切り干し大根なら1食に10～20gは食べられる。切り干し大根10g中の食物繊維は2.1g、20gなら4.2g。少ない量でたくさんの食物繊維が取れるから、野菜が苦手な人や食事量の少ない老人、子供の補給には最適である。不溶性の食物繊維が多く、セルロースやリグニンを含む。コレステロールの低下作用や腸内細菌叢の改善作用があり、動脈硬化やがんの予防によいと考えられる。

<調理の戻し方>
　乾物は、乾燥することによって細胞が委縮するために、独特の歯ごたえが出る。水に長く漬けておくと水分を吸い過ぎるので、歯ごたえが悪くなるし、水溶性成分が抜けてしまうので、15分くらい水戻しし、しんなりしたら簡単に手で絞る。ゆで干しや、輪切り、小花切りなど種類によって戻し時間は異なる。

<選び方と保存方法>
　乾燥状態が第一条件であるが、色はやや緑がかった白色の物で淡黄色系

が望ましい。製品をメーカー組合の在庫は冷凍庫にて保存しているが、包装して市販したものは切り干し大根に含まれるアミノ酸と糖が反応するため、褐変現象が起こる。さらに長く置くと、少量含む脂質が酸化して臭いが出てくるので、賞味期間は6か月間ぐらいを目途に判断する。梅雨時から夏にかけては変質しやすいので、その前に食べきるか、冷蔵庫保管が望ましい。多少の褐変現象が起きた製品でも、乾物は微生物が繁殖することはないので、食べても問題はないが、早めの処理がよい。

Column

　宮崎の平野部の冬の風物詩ともいえる切り干し大根の生産が始まる11月下旬〜2月ごろ。青い空、霧島高原の吹き下ろしの風を受けた黒い土の背景に真っ白な干し大根の乾燥風景はとてもきれいである。秋の9月ごろに種をまくが、その後、台風によって被害が出ると、不作の年となる。価格の相場が変動し、消費地の近郊野菜として冬に不作になると相場が上がるなど、販売も難しい商品である。この時期、宮崎の特産であるツボ漬け大根を稲架かけの棚に大根を干している風景をつくり、大根一色になる季節である。

　淡泊な食材でもあり、特有の香りと甘みは若い人からも好まれ、居酒屋の付け出しなどによく登場する。乾燥によって組織が破壊されて大根のもつ酵素が働き、新たに甘味成分が形成されるためである。甘味は、大根に含まれるでんぷんから糖が生成され、4割増しになる。

　糖は戻し汁に溶け出し、30分間浸すと60％流出する。したがって、戻し汁は捨てないで、カツオや椎茸などとうま味、合わせだしと同じように使おう。甘味が強い分、甘味調味料を使わずに自然の味を楽しめる。加工方法によって茹で干し大根（長崎）、割り干し大根（岡山）、花きり大根（徳島）、丸きり大根（香川）、寒干し大根（岐阜県）、へそ大根（宮城県）などがある。

46 鹿児島県

鰹節

地域特性

　九州南部に位置する鹿児島県は2つの半島、薩摩半島、大隅半島を有し、南北に広がり、世界遺産である屋久島、種子島宇宙センター、霧島山脈、指宿温泉などがあり、自然、文化、観光など多くの資源を有している。

　気候は南北600kmに及ぶことから積雪地帯から亜熱帯地方奄美群島に至るまで存在している。鹿児島市は夏は日照時間も降水量も多く、季節風の関係による台風の影響や桜島の活火山噴火など、自然の変動も大きい県でもある。

　農産物はさつま芋、チンゲンサイ、日本茶などの生産が多く、産物であるさつま芋からは焼酎の製造が盛んで、焼酎酒造会社が大変多く、生産もされている。畜産業は黒豚の養豚が年々増加し、鹿児島牛も盛んである。

　薩摩半島の枕崎を中心とするかつお節の生産は古くから日本一であり、大隅半島の鰻の養殖も盛んである。

知っておきたい乾物/干物とその加工品

まぐろ節　サバ科の海水魚であるキハダの幼魚で作った削り節。キハダはマグロ類の中でも最も漁獲量の多い魚で、日本では鮮魚として利用されることが多い。1.5〜3.0kgのものが節に加工される。血合いを抜いて作られたまぐろ節は、特に甘みのある上品なだしが取れる。

枕崎かつお節　鹿児島県を代表するかつお節は、カツオを燻蒸し、乾燥し、カビ付けなど加工して、刃もので削った製品。かつお節は、料亭から家庭に至るまで、すまし汁、お好み焼き、おひたしに載せて。かつお節は日本が誇るうま味の素材として、今や世界に誇れる和食にかくも必要な食材である。

玄蕎麦鹿児島在来　鹿児島県鹿屋市の在来種で、大隅半島の在来種として古くから知られ、鹿児島県の主力品種とな

っている。玄蕎麦は色が茶色く、少し形が小さい。

大隅本葛

葛の産地である鹿児島県大隅半島で採れる葛は、生産量日本一である。シラス台地の地層により地下茎葛芋から取り出せる良質なでんぷんは、水にさらしながら取り出す。

清らかな水の流れがあり、冬は雪が積もるほど寒い環境の中で空気が乾燥している。良質の葛粉を作るには、これらの条件が必要である。葛といえば、良質な水があり、かつ冬の寒さが厳しい奈良県の吉野の里や福岡県秋月などの産地が有名だが、今は生産者の高齢化や減少により、鹿屋市が主な生産地となっている。本葛にはイソフラノイド（ダイセン）という成分が多く含まれる。葛湯などで飲むと体が温まり、心と体の活性化による効果がある。

志布志の里山椎茸

鹿児島県の志布志市では原木栽培の椎茸が盛んに生産されており、里山でじっくり育てられ、低温乾燥で製品化した椎茸は、その味と香りが大変評価されている。

干し芋

大隅半島のさつま芋「紅はるか」で作る天日干し乾燥干し芋は抜群に甘い。安納芋の糖度が35〜45度以上であるが、紅はるかで作る干し芋はなんと50度に近い甘さである。表面の白い粉状のものは、芋のでんぷん質が糖化したもので、カビではない。また、種子島産の安納芋の干し芋も有名で、新種の飴のような甘さが好評である。

鹿児島米

鹿児島県は早場米の種子島産を筆頭に、超早場米の産地として、全国の消費者に新米の味をいち早く届けていることで有名である。

上乾ちりめん

カルシウムたっぷりの鹿児島県産ちりめん。釜揚げちりめんを天日干しした上乾ちりめんは、噛めば噛むほどうま味が口に広がる。

かるかん（軽羹）

鹿児島県の銘菓である軽羹は「軽い羹」という意味からきたとの説がある。米の粉である軽羹粉に砂糖と山芋を用いて、これらの原料に水を加えて蒸し、弾力性のある白色の半スポンジ状に仕上げたお菓子の具類である。

Column：重量歩留まり

　生のかつおを解凍したものを100%とすれば、その利用部分は75%、なまり節にすると50%、荒節22%、本枯れ節15%となる。生かつおが重さ4.5キロとして、水分は70%。これを加工すると、かつお荒節で重さ950g、水分は24%。本枯れ節になると重さが650g、水分15%になる。

　全国各地で生産されるかつお節は、その産地ごとの製造方法に特徴がある。現在は焼津方式と薩摩方式があり、基本的には同じだが、切り方、燻蒸の仕方などが違う（焼津方式については「静岡県」の項目の中のかつお手火山方式で説明）。

47 沖縄県

島唐辛子

地域特性

沖縄県は日本の南西部に位置する県で、東シナ海、太平洋に面し、49の有人島と大小の無人島を含めて360を数える島々からなり、宮古島、石垣島、与論島、西表島、八重山島など観光立国である。

かつて15世紀には琉球王国が成立し、海洋貿易国として栄え、特に中国からの文化の影響を受けた。明治時代に日本に編入されたが、第二次世界大戦以降は米国の占領統治下に置かれ、米軍基地の島となり、その後1972年に日本に復帰した経緯がある。歴史的、地理的、政治的背景から、他県に比べて特色ある文化圏(文化、芸能、風俗など)を持つ県となっている。

気候的には亜熱帯気候で、季節風や毎年の梅雨前線活動による降雨多湿、台風が沖縄本島をはじめ島々を襲うと、各地で冠水や土砂崩れなどの被害に見舞われる。また、大きな河川もなく、雨水は即、海に流れることから渇水にもなり、給水問題なども抱えている。

一次産業である農業は、平野部が少ないため大きな経営はないが、サトウキビ、さつま芋、果樹ではマンゴー、アセロラ、パイン、ドラゴンフルーツなどの生産が多い。また、漁業としてはマグロ、ブリ、クルマエビの養殖も盛んである。

知っておきたい乾物／干物とその加工品

島唐辛子 キダチ唐辛子ともいい、沖縄地方ではたくさん栽培されており、泡盛などに漬けて調味料として販売されている。果実は小さくても大辛で、胡麻油と混ぜて辣油に使ったり、南国の用途幅が多い。

からし粉(芥子粉) 香辛料であるからし粉には、「和からし」と「洋からし」がある。ブラックマスタードの種を粉

末にした「黒からし」を「和からし」としてきたが、最近はカラシ菜の種を粉末にしたものを「和からし」と呼び、それを練ったものが練りからしとして市販されている。「洋からし」はホワイトマスタードの種を粉末にしたもので、これに水や酢、小麦粉などを加えたものがマスタードとして市販されている。天然の色素であるウコンを使用して、鮮やかな黄色に着色している。沖縄県では島菜が原料である。

ウコン粉末　ウコンはショウガ科の多年草で、英語名ターメリックである。原産国はインドである。根茎に含まれるクルクミンは黄色の染料として、食品添加物、カレーの色付け香辛料として、広く用いられてきている。近年は健康食品として、またサプリメントとして、粉末ものが市場に出回っている。春ウコンと秋ウコンがあるが、効能の違いはわからない。

沖縄乾燥もずく　沖縄では日本で一番生産量の多いもずく。沖縄の海で育ったモズクは冬から初夏にかけて繁茂する褐藻類である。モズクは海藻に付着して育つことから、「藻付く」と名前が付けられた。フコダイン、カルシウム、マグネシウムなど多く含む海藻。

沖縄ひじき　与那原町ひじきは中城湾に面する起伏状の地勢が富んで軟らかく、おいしい。ほかにも、うるま島ひじき、姫島村などが産地。3月が収穫期で、翌年のために根っこの部分を残し、クワで根元を刈り取り、よく水洗いした後シンメー鍋で1時間ほど煮込み、乾燥する。澄んだ青い海の沖縄モズクは未選別で茎が柔らかく、芽ひじきも一緒に食べられるのが特徴である。

沖縄アーサ　沖縄アーサとは、海藻のヒトエグサのことで沖縄ではアーサと呼んでいる。乾燥したアーサは、海の香り、ミネラルが豊富で、評判である。

沖縄イラブー　エラブウミヘビ属である。ヒロオウミヘビや青マダラウミヘビが産卵のために上陸したところを捕獲し、これを硬く乾燥し、燻製にして保存したもの。これを「たわし」でよく洗い流し、ヌルを取り、島豆腐や豚肉、昆布を煮込んでだし汁を作る。利尿作用があり、滋養があるとして人気がある。

沖縄紅芋　皮ごと粉末にしたパウダー。紫紅芋はアントシアニン系色素をもち、抗酸化作用、動脈硬化、コレステロール効果をも

つ。また沖縄紅芋のポリフェノールは活性酸素の働きを抑制する。また食物繊維が多いので、便秘解消にも効果が期待できる。

タピオカ（キャッサバ澱粉）

トウダイグサ科の低木であるキャッサバの根から採ったでんぷん。南米の北東ブラジルが原産で、根茎に多くのでんぷんを持っていることから、食用や工業用原料として広く利用されている。タピオカには小麦粉が含むグルテン質がないので、水分を加えて加熱すると糊化しやすく、食品の増粘剤として冷凍うどん、乾麺類、菓子、ヌードル、ドーナツ、白いたい焼きなどにモチモチ感を出す特徴から利用されている。また、デザート用にスターチボール、タピオカパールなどの小粒に加工したり、かき氷やコンソメスープなどにカラフルな色に染めて使用など用途は広い。近年はインドネシアやフィリピンなどからの輸入がされている。

Column：でんぷん

スーパーマーケットなどに並ぶ食品加工品の多くに、たくさんのでんぷんが使われている。成分表示には「でんぷん」「デンプン」「スターチ」「澱粉」などいろいろな表示がされているが、今から150年ほど前にオランダ語からできた言葉と実証されている。

幕末の洋学者宇田川榕菴のオランダ語の有機化学の訳本の中に「澱粉」の文字が出ている。「沈殿しやすい粉」すなわち「澱粉」と訳したわけである。さらに意訳すれば、「葛粉」「獎粉」「天花粉」なども総称してでんぷんともいえる。根と種子にでんぷんは多く、水に溶けず、放置すれば沈んでしまう。水に混ぜて180℃に加熱すると凝固して糊となる。でんぷんは水素、炭素、酸素からなり、基礎的な特性は今日でも通じる。

現在世界で生産されているでんぷんのほとんどはコーンスターチ、小麦でんぷん、馬鈴薯でんぷん、甘藷でんぷん、タピオカでんぷんである。下記のように原料の種類により、物性が異なるので、加工食品などの要求、利用方法で工夫されている。

・穀類でんぷん：コーンスターチ、小麦でんぷん、米でんぷん、モロコシでんぷん
・いも類でんぷん：馬鈴薯でんぷん、甘藷でんぷん、タピオカでんぷん、ほかにレンコン、クワイなど

- 豆類でんぷん：緑豆でんぷん、エンドウ、ソラマメなど
- 野草類でんぷん：クズでんぷん、カタクリでんぷん、わらびでんぷん
- 幹茎でんぷん：サゴでんぷん

(出典：松谷化学工業HPより)

付　　　録

付録1：乾物と年中行事、季節・雑節の行事

　日本の気候風土、年中行事は先祖から受け継いだ伝統が今日に至るまで伝え、守られ、引き継がれている。月日を定めて行われる行事の中で、それぞれのやり方がある。中には実施する地方、場所、その地方固有の風習があり、新暦、旧暦など1年中人々を楽しませてくれる中で受け継がれた食文化には、中でも乾物との相関関係が多く登場する。

【1月】
1月1日　正月、正月の節句
　まず正月を迎えるとは、新しい歳神様が訪れるための大事な行事で、12月13日のすす払いから始まり、松飾りは、神様が下りてくるための目印として、門や玄関に飾り、しめ縄が神聖な空間を作り、魔除けの目的など多くのしきたりがある。正月の節句の料理は、昆布巻、黒豆、田作りなど乾物を利用したおせち料理が多数作られる。
＜使用乾物関連商材＞
　おせち：小豆、黒豆、大福豆、高野豆腐、昆布、鰹節、椎茸、田作り、勝栗、寒天、干瓢。

1月7日　人日(じんじつ)の節句
　江戸時代に幕府が公的な行事の祝日として1年に5つの節句「五大節句」を定めた。その中の1つで、人日とはズバリ「人の日」の意味で正月の7日に邪気を祓って1年の無事を祈るとして、「七草粥」を食べるという習慣があったそうだ。御粥に餅と七草を入れていただく。
　七草とはセリ、ナズナ、ゴギョウ、ハコベラ、ホトケノザ、スズナ、スズシロである。
＜使用乾物関連商材＞
　寒餅、胡麻、大豆、黒豆、青海苔、餅とり粉。

1月11日　鏡開き
　鏡開きの日には、供え物にしていた鏡餅を下して食べる。このときに供え物に刃を向ける（切る）行為を避けるため、鏡餅は小槌などで砕く。砕いた餅は雑煮にしたり、邪気を祓うとされる小豆とともに小豆粥やぜんざいにして食べられる。
　鏡餅飾りには縁起物を飾る。乾物のホンダワラ、昆布のほか、橙、えび、

ウラジロ、ゴヘイ、シホウ紅、白木の台などを飾る。
＜使用乾物関連商材＞
　小豆、黄粉、さらし餡、海苔。
1月15日　15日粥、1月20日　えびす講
＜使用乾物関連食品＞
　干瓢、椎茸、高野豆腐、ゆば、黄粉、小豆。

【2月】
2月3日　節分
　立春の前日。もともとは立春、立夏、立秋、立冬の式の分かれ目の前日を意味する言葉が「節分」であったが、立春が1年での最初の節目であったためか、春の節分が最も有名になった。

　煎った大豆をまいて鬼を追い払い厄を払う習慣は、中国から伝わったもので、平安時代の宮中では「鬼遣（おにやらい）」、「追儺（ついな）」といって、大晦日に行う年中行事の1つであった。豆まきは「福は内、鬼は外」、豆をまいて邪気を祓い、自分の年の数より1粒多く食べて、年齢を1つ重ねる日でもあった。玄関に柊の枝に鰯の頭を刺す習慣があり、これは柊の葉のトゲと鰯の悪臭が鬼を追い払うという意味がある。地方によっては大豆をまかずに、まったく異なることをする地域もある。
＜使用乾物関連商材＞
　大豆、その他の豆菓子、ピーナツ、煮物干し大根、ひじき、金時豆。
2月8日　針供養
　初午、2月最初の午の日であるが、これは稲荷神社の鎮座日で、京都では、からし菜和え、揚げ豆腐を食べる。狐の好物を食べる。
2月15日　涅槃
　お釈迦様の往生の日で、関西では黒豆、霰（餅をさいの目に切って揚げたもの）を煎って食べ、これをお釈迦様の鼻糞という。

【3月】
3月3日　「上巳」桃の節句
　中国では魏の時代に3月3日を上巳とし、川で身を清め、不浄を祓う習慣があったという。日本では平安時代に紙の人形を作り、穢れを移して川

や海に流した。流しびなはもともと貴族の行事だったが、江戸時代には庶民の間にも、女の子の健やかな成長を願う行事として広まった。ひな飾りを飾り、ちらしや桜餅を食べ御祝をする。

＜使用乾物関連商材＞

ひな祭り：ささげ、食紅、いりごま、道明寺、花麩。

3月21日ごろ　お彼岸

春分の日をはさんだ前後の計7日間。

春分と秋分はちょうど太陽が真東から昇り、真西に沈む時。西方に極楽浄土があるとの考えから、沈む太陽を見て極楽へ旅立つ故人をしのび、祈る。

小豆の赤色が邪気を祓うとされているため、春彼岸の供え物として餅米を餡子で包んだ「牡丹餅」が作られる。餅米にごま・黄粉をまぶすこともある。名前が異なるだけで、秋彼岸に作られる「お萩」と同じものである。この時期が牡丹の季節であることから「牡丹餅」と呼ばれる。

＜使用乾物関連商材＞

牡丹餅（おはぎ）：黄粉、胡麻、団子粉、小豆、上新粉、白玉粉、さらし餡、餅米。

彼岸材料：干瓢、花麩、干し椎茸、切り干し大根、大豆、ひじき、削り節、だし昆布。

【4月】

4月8日　花祭り

お釈迦様が生まれた日。「仏生会」「灌仏会」ともいわれ、誕生を祝う。寺院では釈迦が右手を上げて、天上天下唯我独尊といったときの仏像をハンデ飾り、「花御堂」を置き、甘茶を注ぐ。降誕のとき、龍が天から温冷の水を産湯としてかけたという故事にちなんでいる。

＜使用乾物関連商材＞

上新粉、白玉粉、小豆、黄粉、わらび粉。

花見

おもに桜の花を観賞する花見は、もともと農事を始めるときの物忌のための行事であったといわれている。緑と白と桜色の団子をつないだ花見団

子や、桜の葉を巻いた桜餅などが花見の供の定番となっている。
＜使用乾物関連商材＞

春の行楽：干し椎茸、干瓢、海苔、てんぷら粉、パン粉、干しえび、麦茶。

お祝いの赤飯：ささげ、食紅、ごま塩、餅米。

【5月】
八十八夜

雑節の1つで、立春から数えて88日に当たる日で、5月2日。この日に摘んだ茶は上等なものとされ、このお茶を飲むと長生きするといわれている。この時期は遅霜が発生することから、「八十八夜の別れ霜」などといわれている。

5月5日 「端午」の節句 菖蒲の節句

5月5日は端午といって、5月の初めの午という意味であるが、後に5日と改まった。中国では縁起の悪い日で、庶民は入浴し、菖蒲、蓬を身につけて厄を払った。

この風習が日本に伝わり、聖徳太子は菖蒲酒の薬草を集め合う競技をされ、平安時代以来、菖蒲、蓬で屋根をふき、菖蒲酒を飲み、菖蒲、蓬を湯に入れて入浴し、枕とした。

江戸時代には、男子のいる武士の家では兜や武者人形を飾り、「菖蒲」に「尚武」をかけて男の子の成長を願う行事となっていく。金太郎、桃太郎、鍾馗、弁慶などの人形を飾る。鯉のぼりは「黄河の龍門の滝に鯉がさかのぼり龍になった」という中国の故事から、立身出世の象徴である。

柏餅での祝いは、柏の葉は新芽が出るまで葉が落ちないことに由来する縁起ものである。

＜使用乾物関連商材＞

柏の葉、笹の葉、ほう葉、上新粉、白玉粉、小豆、あんこ、椎茸、干瓢、ゆば、高野豆腐。

【6月】
氷の朔日

氷の朔日とは、朝廷や幕府に氷を献上する日であったといわれている。

「氷室の節会」や「氷室の節句」とも呼ばれ、地域によって行事内容は異なり、正月から残していた鏡餅の一部を煎って食べたり、氷に見立てた「水無月」という和菓子を食べたりする。水無月は米の粉で作った餅や、外郎の上に小豆を乗せた和菓子である。

＜使用乾物関連商材＞

煎り糠、みょうばん、ぬか味噌辛し、乾燥分葱、すりごま、カットわかめ。

【7月】
「七夕」

シチセキの節句（7月7日）。

1年に1回、牽牛と織姫が天の川をはさんで会えるという中国の伝説から、牽牛に農作を祈り、織姫に染色裁縫の巧みを祈り、かねて恋愛、文芸の才、詩歌、書道の巧みを祈る。元禄のころから青竹を立てて五色糸を垂らしたことから、五色紙や網を吊るすことになった。

平安時代には、里芋の葉に集まった夜露を集めて墨をすり、梶の葉に願い事を書く。平安期の文献『延喜式』には7月7日の七夕の儀式に、そうめんが供物の1つに供えられたと書かれている。中国の故事にのっとり、この日に食べると疫病にかからないという。17世紀の料理書『料理切方秘伝抄』は、素麺が織姫の機織にかけた糸に見立てたものだとも記していることから、この日を全乾麺組合は素麺の日としている。

土用の丑

この日には鰻を食べる習慣が有名だが、「う」の付く食べ物をこの日に食べると運がつくともいわれ、乾物では「うどん」が食べられる。

＜使用乾物関連商材＞

素麺、冷麦、うどん、干瓢、椎茸、高野豆腐、花麩、白玉粉。

【8月】
8月1日　八朔

八朔は五穀豊穣を祈る行事である。五穀は米、麦、粟、稗、豆の乾物である。

旧盆

「盂蘭盆会」という。印度の目蓮が、母が餓鬼道に落ちたのを知り、これを救いたいと仏に尋ねたところ、7月15日の僧自悠の日に百味の飯食を盆に盛り、僧を供養せよとのことで、その供養と同時に祖先の精霊を祀る。仏壇には霊が乗るナスで作った馬や果実、花、素麺や冷麦、団子などを供える。盆の行事は地方によって異なり、13日に家の門口で迎え火を焚くに始まり、霊を迎える。8月16日に行われる大文字焼きで有名な京都の「五山の送り火」も、盆の送りの火の1つで、先祖の霊を送る火として大文字焼きを眺める行事。

<使用乾物関連商材>

盆料理：冷麦、凍り豆腐、棒たら、だし昆布、大豆、ひじき、ゆば、干瓢、白玉粉。

冷たい菓子：寒天、白木耳、食紅、小豆、白玉粉、さらし餡、麦茶。

【9月】

9月1日ごろ　二百十日

雑節の1つで、立春から数えて210日目の日で、9月1日ごろに当たる。このころはちょうど稲の完熟期であり、台風が多く来襲する季節と一致することから、農家は厄日として注意している。

9月9日　重陽の節句

中国の陰陽説では奇数を陽として、陽の究極の数字、9が重なるこの日は大変おめでたい日とされていた。旧暦の9月は菊の季節でもあり、菊の節句とも呼ばれている。菊は延寿の花なので、縁起を祝い、菊の花を入れた菊酒を飲み、蒸栗を贈答する。菊は仏事のイメージが強いが、もともとは高貴さと長寿の象徴である。平安時代には「観菊の宴」が行われ、菊の花に真綿を広げ、菊の香りを付け、朝露が浸み込んだ真綿で身体を清め、若さと長寿を祈る習慣があった。この習慣は「菊の着せ綿」と呼ばれ、『枕草子』や『紫式部日記』にも記されている。

9月23日ごろ　秋分の日

秋のお彼岸。小豆の赤色が邪気を祓うとされて、秋の彼岸の供え物として、餅米を餡子で包んで、あるいは黄粉、胡麻をまぶして、萩の季節から

「お萩」が作られる。彼岸煮物は精進煮物である。
＜使用乾物関連商材＞
　黄粉、小豆、胡麻、団子粉、さらし餡、上新粉、粳米。
　彼岸煮物：椎茸、昆布、かつお節。

【10月】
十三夜、十五夜
　中秋節、芋名月などとも呼ばれ、月見で楽しむ。白玉団子を飾る。
秋祭り
　田の神に秋の収穫を感謝する秋祭りは、日本全国各地で行われてきた祭りごとで、地域色が強い。新穀物を供える地域もあれば、栗や胡麻、大豆、小豆、ささげなどを使って餅を供える地域もあり、さまざまである。
十月亥日
　いのこといって祝う、猪は多産することでこれにあやかって、婦人が猪形の餅を作って贈り合った。餅は小豆を入れたり、お萩にしたりして祝う。
＜使用乾物関連商材＞
　秋の行楽：干し椎茸、干瓢、海苔、胡麻、味噌汁、麩、煮干し、わかめ、昆布。
　鍋物：葛きり、うどん、春雨マロニー、削り節、椎茸。

【11月】
七五三
　男の子は3歳、5歳、女の子は3歳、7歳で祝うが、地方によって年齢や祝い方に違いがある。古くは、3歳は髪置き、5歳は袴着、7歳は帯解きと呼ばれ、「7歳までは神の内」といい、神様まかせだった。江戸時代に定着し、5代将軍綱吉の長男、徳松の祝いに9月15日になったといわれ、縁起物の千歳あめは元禄ごろ浅草で売り出されたのが始まりといわれている。

＜使用乾物関連商材＞
　七五三：ささげ、赤飯、上新粉、白玉粉、小豆、干瓢、黄粉。
新嘗祭（にいなめさい）
　しんじょうさいともいう。秋の稲の収穫を祝い、翌年の豊穣を祈る、古

くからの祭儀で、天皇が新穀を天神、地祇(ちぎ)にすすめ、その思想に感謝し、みずからも食するほか、伊勢神宮、出雲大社でも行う。11月23日であったが、いまは11月の祝日の日に変更となっている。

【12月】
年の市
新年の飾りものや、さまざまな正月用品を集めた年の市で、おせち料理の材料となる乾物がたくさん売られ、売れる。毎年開催される市のうち、年末に立つ市を年の市と呼んでいる。

針供養
2月8日と12月8日に分かれるが、関西では12月が多い。この日は釈迦成道の日で、温臓粥といって、昆布、串柿、大豆粉、菜を粥に入れて食う。

冬至
1年の中で昼が最も短い冬至の日にはカボチャを食べることが有名だが、「ん」の付く食べ物を食べる習慣もあるため、寒天、昆布、うどん、にんじん、だいこん、レンコン、ぎんなんなども利用される。冬至の「と」にちなんで、「と」の付くものから唐茄子（カボチャ）、豆腐、ドジョウ。南瓜は運盛の1つ、陰（北）から陽（南）に向かう。

大晦日
大祓。大晦日は年越しの行事が行われ、除夜ともいう。旧暦では毎月最後の日を晦日といった。30日は新暦の12月31日を大晦日とした。

年越しそばは金粉をそば粉で集めたことに由来する金運があるという。また年越し魚なども縁起を担ぐ。

＜使用乾物関連商材＞
年越し蕎麦、うどん、唐辛子、椎茸、海苔、柚子、麸、寒天、いんげん豆。

付録2：乾物料理の縁起と由来

　おせち料理には、乾物を使った料理が多い。もちろん乾物ばかりではないが、昆布やかつお節、煮干しなどでだしを取ることを考えると、料理のほとんどに乾物が利用されている。ここでは主なおせち料理などの縁起と由来を紹介する。

黒豆

　豆に「マメに黒くなるほど働け、暮らせるように。」という語呂合わせから、おせちなどに欠かせない祝いの膳の肴の1つである。

　栄養的にもすぐれ、ふっくらと含め煮にする。あるいはしわになるまで長寿でという意味から、しわをよせて煮ることもある。兵庫県の丹波篠山地方の黒豆は、大粒で黒光して艶があり人気である。ほかに、青森、北海道産もある。

昆布巻

　昆布は「喜ぶ」の言葉尻から縁起ものとされる。昆布の末広がりの形から「ひろめ」とも呼ばれる。代表的な神前に供えていた乾かした海藻の乾物で、その土地で採れるものや、身欠きにしん、ゴボウ、ハゼ生たらこなど土地の習慣のものを芯に巻く。

栗きんとん

　勝栗はその名に「勝」が付くことから縁起ものとして使われ、栗きんとんは、栗の色が金色に似るように金を表し、金運を呼び込む。

田作り

　田作りはごまめとも呼ばれ、五万米とも書く。カタクチイワシの稚魚を干したもの。昔はたくさん捕れたため、肥料にして米を育てたところ、5万俵も収穫できたことから、豊作を願うという意味が込められている。小さくてもお頭付きなので、形の壊れないものを選ぶのがよい。脂やけがなく、皮が銀色で光沢のあるものが良質である。

数の子

　数の子は鰊の卵で、腹にたくさんの卵が集まっている様子から、子孫繁栄、子宝に恵まれますようにという願いが込められている。名の由来として、古くはにしんかどと呼び、かどの子が転じてかずのことなったという説がある。

するめ

　寿留女とも書くため、縁起がよい。末広と保存が長い。

ほんだわら（馬尾藻）

　米のような粒がたくさんついている姿から、豊作を連想する海藻。

付録3：乾物となじみ深い懐石料理（会席料理）について

　食品としての乾物は精進料理の基本や懐石料理の基本である肉などへの「もどき」を、なぞらう事も多い。ここでは乾物となじみ深い懐石料理について紹介する。

茶懐石

　茶懐石とは、茶事の席で客をもてなすための料理の略称である。

　懐石という言葉は、本来、修行中の禅僧が温石を懐に入れて空腹と寒さをしのいだことをいう。そのうち、その意味は一時の空腹を癒すためのささやかな料理、それが転じて茶の湯では濃茶をおいしく飲むための軽い食事という、茶席で供する料理をさすようになった。

　献立は原則として一汁三菜とされている。

　一汁とは味噌汁、三菜とは向付、椀物、焼き物の3つを指す。

向　付：飯、汁椀の向う側に置くことに由来する。
　　　　向いとも呼び、三菜のうちの一菜目になる。

汁　物：基本的には味噌仕立てにして、一口分か二口分にする。

椀　盛：「煮物椀」、「菜盛り椀」、「平椀」とも呼び、三菜のうち二菜目に当たり、懐石に特有な料理である。

焼　物：一般的には魚や肉を焼いたものだが、野菜を用いたり、焼いていないものもある。三菜のうち三菜目に当たる。

強　肴：進肴。すすめとも呼び、亭主の心使いとして出される料理。
　　　　主に炊合せ、酢の物、浸し物が供される。

箸洗い：食事の途中で口をすすぎ、箸を洗うという吸い物である。

八　寸：酒の肴としての料理で、8寸四方（24cm×24cm）のへぎ盆に盛って供される。

湯　桶：器の名称に由来して焦がし湯（こげを湯で煮て塩加減する）。
　　　　香物と共に最後に供される。
香　物：季節の漬物を数種盛り合わせるが、1品だけ四季を問わずたくあんを入れるのが一般的。

会席料理

　煮物で季節感を出す「炊き合わせ」。関西では器の真ん中に大きいもの、高いもの、厚みのあるものを置き、配置を考えて添えるものを取り合わせる。

　あまり満腹感を与えないように、量は少な目に食欲をそそるような色使いと飾り付けをし、まず見た瞬間の美しさを十分に楽しむ。「煮方＋年」料理人の腕前を試させられるほど難しい。

　旬の味が豊かに盛り込まれ、食べるときは料理を作る人の心映えと季節の味を静かに味わう。煮物には汁のあるものと汁のないものがある。汁のある煮物のときは、手に持てる器であれば手に持って食べる。少し大きめの器はふたや懐紙で受けて食べる。手を受け皿にする「手皿」や、箸先から汁をたらしながら口まで運ぶ「涙箸」にならないように、汁を切るときは器の側面に具を付ける。箸で一口大にちぎってから食べる。

　会席料理は江戸時代に作られたもので、酒をおいしくいただくための料理で、初めに供されるのは「お通し」である。

　前菜、吸い物、刺身、焼き物、揚げ物、蒸し物、煮物、酢の物、ご飯と止め椀（味噌汁）と香の物。

　関東ではお通し、関西では付け出しといって、「料理人に通したので、少しつまんで待っていてください」の意味である。

　最初の前菜は季節的なもので、酒と調和するようなもので、3種、5種、7種などの盛合せが基本である。どれから食べるかは、まず、盛られた前菜は左から右に移り、最後に中央にあるものを食べる。淡泊の味の物、簡単に食べられるものを右に置き、左にちょっと食べにくいものを、濃いの味のものを並べてあるから、交互に食べるとよい。小鉢ものは器を持って食べてもよい。

付録4：代表的な乾物の戻し率（倍率）

　乾物は冷蔵庫がなかった時代から、知恵を絞って考え出した保存方法を使っている。人々が太陽エネルギーの恵みを受け、食品から水分を抜いて乾燥させる方法である。乾物を使うときに戻すと、思った以上に増えてしまうことがあるので、目安として、戻し率を知っておくと便利である。

名　称	倍率　（重さ）	簡単な戻し方
干瓢	約7倍	水戻ししながら、塩少々で洗いもむ。
黒木耳	約12倍	水戻し約20〜30分
白木耳	約10倍	水戻し約20〜30分
大豆	約10倍	豆の4〜5倍の水を豆の上2〜3cmまで入れて、一晩置いておく。
春雨	約4.5倍	たっぷりの水、10〜20分で簡単に戻る。
車麩	約6倍	水に浸し、20分間ぐらいで戻る。水切りして調理。
小町麩	約6倍	水戻し10分か、そのまま調理する。
干し椎茸冬菇	約4.5倍	前日に水戻しし、冷蔵庫にて1昼夜。
干し椎茸香信	約4倍	前日に水戻しし、冷蔵庫にて1昼夜。
切干し大根	約4倍	水戻し。15分くらいしたら水を切り、調理する。
干しぜんまい	約4倍	前日から水に浸し戻し、一度茹でこぼししてから、煮汁を取り換えて調理する。
角寒天	約100倍	用途に応じて倍率を決め、沸騰10分間で、常温で固まる。
糸寒天	約9倍	目的・用途に応じて倍率を決め、煮詰める。
日高昆布	約3倍	水戻しし、柔らかくなったら調理する。だし昆布は水に2〜3時間浸す。
早煮昆布	約2.5倍	水戻しし、柔らかくなったら調理する。

刻み昆布	約3倍	水で簡単に洗い流し、調理する。
芽ひじき	約8.5倍	水に20分間ぐらい浸しておく。
長ひじき	約5倍	水に25分間ぐらい浸してから、調理する。
カットわかめ	約14倍	水戻し10分間ぐらいで戻る。
いもがらずいき	約7倍	たっぷりの水、3分か、えぐみが気になるときは、熱湯でさっと湯こぼししてから調理する。
凍み豆腐	約6倍	ぬるま湯（50℃ぐらい）に落しぶたをして、15～20分間でふっくらしたら水切りする。
平ゆば	約3倍	たっぷりの水に3分、または直接調理する。

付録5：乾物 / 干物の主な栄養・機能性成分一覧表

乾物名	栄養・機能性成分
昆布	食物繊維（アルギン酸、フコダイン、カラギナン、ポルフィラン）ヨウ素、カリウム、マグネシウム、鉄、亜鉛
わかめ	アルギン酸、カリウム、カルシウム、マグネシウム、鉄、亜鉛、銅、マンガン、ビタミンB、βカロチン
海苔	ビタミンA、ビタミンB_{12}、タンパク質、カルシウム、鉄、食物繊維、マグネシウム、βカロチン、葉酸
ひじき	カルシウム、マグネシウム、鉄、亜鉛、食物繊維、βカロチン、アルギン酸
鰹節	タンパク質、ビタミンB、ビタミンD、カリウム、カルシウム、マグネシウム、鉄、銅
煮干し	ビタミンB、カルシウム、カリウム、鉄、ビタミンD、脂質
干しえび	アルギニン、グリシン、ベタイン、カルシウム
干し貝柱	タンパク質、アミノ酸、グリシン酸、アラニン
するめ	タウリン、ベタイン、コラーゲン
身欠き鰊	カリウム、カルシウム、マグネシウム、ビタミンD、DHA、EPA
小豆	炭水化物、タンパク質、カリウム、リン、葉酸、鉄、亜鉛、銅、ビタミンB_1、アントシアニン、サポニン、食物繊維
アマランサス	炭水化物、カリウム、リン、マグネシウム、マンガン
栗	炭水化物、タンパク質、カリウム、リン、パントテン酸
芋がら	ビタミンB、カリウム、カルシウム、マグネシウム、鉄、食物繊維
煎り糠	タンパク質、ビタミンB
いんげん豆	炭水化物、タンパク質、カリウム、マグネシウム、リン、食物繊維、アントシアニン、サポニン、ビタミンB_1
えんどう豆	炭水化物、カリウム、リン、鉄、食物繊維

干し椎茸	エルゴステロール、ビタミンD、セルロース、リグニン、レンチナン（βグルカン）、エリタデニン
乾燥舞茸	炭水化物、カリウム、リン、銅、食物繊維
干瓢	炭水化物、カリウム、カルシウム、マンガン、鉄、亜鉛、食物繊維
木耳	炭水化物、カリウム、カルシウム、マンガン、ビタミンD、食物繊維。
ぜんまい	カロテン、ビタミンK、パントテン酸、鉄、銅
黍（きび）	タンパク質、炭水化物、鉄、ナイアシン
ぎんなん	タンパク質、脂質、鉄、ビタミンA、ビタミンB
葛粉	イソフラボン、ブドウ糖
胡桃	タンパク質、脂質、ビタミンB、ビタミンC
芥子の実	カリウム、カルシウム、リン、鉄
凍りこんにゃく（こおり）	カルシウム、食物繊維、グルコマンナン
凍り豆腐	タンパク質、脂質、炭水化物、カルシウム、マウネシウム、鉄、植物繊維、ビタミンE、ペプチド、リノール酸
粉わさび	アリルイソチオシアネート
胡麻	脂質、ビタミン、セサミン、セサモリン（リグナン類）、カリウム、カルシウム、マグネシウム、鉄、ビタミンE、ビタミンB_1、ビタミンB_6
米の粉	炭水化物、食物繊維、ビタミン、ミネラル
桜の葉	クマリン
ささげ	タンパク質、炭水化物、カリウム、リン、鉄、葉酸、亜鉛、ビタミンB_1、食物繊維、アントシアニン、サポニン
甘藷でんぷん	炭水化物、カリウム、鉄
馬鈴薯でんぷん	炭水化物、カリウム
蕎麦	タンパク質、リジン、カリウム、マグネシウム、ビタミンB_1、ビタミンB_2、ビタミンB_6、鉄、亜鉛、銅、マンガン、食物繊維、ルチン

大豆	タンパク質、カリウム、カルシウム、リン、鉄、葉酸
ゆば	メチオニン、タンパク質、鉄、亜鉛、カリウム
タピオカ	炭水化物、カリウム
唐辛子	炭水化物、灰分、カリウム、カプサイシン、食物繊維
春雨	炭水化物、カルシウム
パン粉	炭水化物、ナトリウム、葉酸
ひえ	タンパク質、カルシウム、ビタミンB、亜鉛、銅
ひょっこ豆	タンパク質、炭水化物、カリウム、マグネシウム、葉酸
切干し大根	カリウム、鉄、食物繊維、セルロース、リグニン
麩(ふ)	タンパク質、リジン、カルシウム、(アミノ酸)

付録6：乾物の保存について

乾物類の保存法

保存を目的に加工された乾物類は、きちんと保存すれば1年、2年ともつものもあるが、一度開封して水分や酸素を含むと、カビなどの変化や酸化が起きるので、忘れない、使いやすい、工夫して楽しむことが重要である。

① 密閉容器に入れて

常温で保存できる乾物は、密閉性のあるガラス瓶やプラスチック容器へ入れて保存し、商品によっては容器の大きさもそろえよう。

② 乾燥材と一緒に

乾物の大敵は湿気。保存する際は、乾燥剤と一緒に袋に入れて保存する。

③ チャック式の袋に入れて

調理に使う大きさにあらかじめ小分けしておく。昆布、干瓢、長ひじきなど長いものはカットして保存する。

④ 冷蔵庫での保存

魚介類の干物や加工食品はラップした後、密閉袋に入れて冷蔵庫にて保存する。

⑤ 冷凍庫での保存

干し野菜やドライフルーツ、魚介類の乾物はそのままで。

乾物の保存と賞味期間について

① 乾野菜類

湿気を帯びるとカビが生えたり虫が出やすいので、乾燥材と密閉容器がよい。

天作物であるので収穫から基本的には1年である。加工保存方法で違いがある。パッキングした製品は加工月日から1年と表示している。

② 海藻類

　基本的には1年間である。昆布は熟成を目的に、湿度管理によっては3〜5年間在庫しておいたものもあるが、加工品はものによって表示する。

　海苔は1年間であるが、冷凍、冷蔵保存方法によっては1〜2年間の加工品がある。寒天、ひじき、わかめなど乾燥品は製品にしてから1年間である。

③ 魚介類

　干物などの天日干しで塩蔵処理したものは、商品によって賞味期間は違う。

　かつお本枯れ節は2〜3年間、削ったら2〜3日間以内、パックしたものは6か月〜1年間、煮干しは6か月間、ふかひれ、干しなまこ、するめは1年間。

④ 豆類

　収穫年度により加工月日から1年間の表示。ひね物（古くなった物）になってもあまり問題ないが、煮えが悪く、時間が多少かかる。

⑤ 麺類

　機械製造の乾麺は、うどん・きしめんは1年間、冷麦・蕎麦は1年6か月間、素麺は2年間が基本である。蕎麦粉の割合が多いものは1年間としているものもある。

　手延べそうめんでは、原料保存状況によっては3年ものもある。手延べそうめんは3年6か月間、手延べ冷麦は1年6か月間、うどんは1年間以内。

乾物とカビ

　カビには黒カビ、青カビなど150種類以上が存在し有毒なものと食品の保存などに良いものがある。麹などにつかわれているカビ、清酒や味噌などに使われている麹カビやかつお節などは、麹カビの一種でカビの分泌する酵素でタンパク質がアミノ酸に分解される優良カビである。ここでは有害なカビについて解説する。

食品をそのまま放置しておくと腐敗するか、青カビが発生する。カビの繁殖には、湿度、温度、栄養源の3要素が必要である。温度が10～40℃で最も繁殖し、80℃まで増殖する。各温度によってカビの種類が違う。空気中のカビ菌は5月ごろから8月ごろまでがピークで、梅雨の時期を越すと椎茸などは害虫が発生してきやすくなる。カビが増殖してしまうと発熱する。熱が上がると害虫の卵が孵化し、活動が激しくなり、害虫の糞が発酵して、また別の種の害虫が増殖する。この繰返しとなる。

　乾燥によって、カビは防げるが、商品によっては乾燥し過ぎると品質が劣化する。乾麺は乾燥し過ぎると折れやすくなるし、豆類は煮えにくくなる。また梅雨の時期は、椎茸は乾燥しても虫が発生するので、湿度に注意する。切り干し大根は、粉や褐変現象が起こりやすくなる。冷暗所か密閉容器、冷蔵庫のそばなどにはおかないようにする。棚の上なら、目で見て中身の見える容器がよい。

乾物を乾燥することによる成分の変化

　太陽に当てる天日乾燥は、人間が発明した食品加工法の中で最も古い方法である。灯油や電気などでの人工乾燥法では得られない、自然の風味を得ることができる。太陽に当てて水分が飛ばされていくと、そこに含まれている栄養素が凝結される。少しの量でも、たくさんの栄養成分を含むことになる。

　食品類は、水分が40％以下になると、微生物の繁殖や食品の中の酵素の働きが緩やかになり、水分が15％以下になるとほとんどこれらの活動は休止状態になる。さらに、10％以下になると、ほとんどの微生物や酵素、腐敗による変化は停止し、長期の保存に耐えることができる。

付録7：手軽な乾物料理の例（豆料理）

栄養のある豆料理を手軽に作りたい

おせち料理の黒豆、節分のいり豆、赤飯のささげ。豆を食べる機会は多い。栄養価が高く、食物繊維が多く、サラダにトッピングにと需要は多いが、茹でたりするのが面倒だと感じている方も多いだろう。もっと気楽に乾物を。

代表的な種類

いんげん（隠元）

原産地は中南米。甘煮に限らず、幅広く料理に向いている。金時豆、白いんげん、虎豆、うずら豆など種類がたくさんある。

大豆

豆の中で最も栄養価が高く、豆腐、味噌、納豆、醤油など用途範囲が広い。

小豆・ささげ

ビタミン B_1 を多く含み、大粒の小豆は大納言小豆という。ささげは赤飯に使うことが多い。

豆を戻す

① 豆を洗い、水で戻す

洗うときはやさしく、浸水時間は7～8時間が目安だが、早めにふっくらしていればOK。種類によって多少違うが、熱湯で戻すと1／3か1／4に短縮できる。

② 豆を茹でて蒸らす

料理に使うときは0.5％ぐらいの塩を加える。豆がぐらぐらして破れないように落しぶたかクッキングシートを使う。

煮立ったら、豆が踊らないように弱火で、その後、火を止めてふたをして、15～20分間ぐらい蒸らす。

大豆、黒豆：15～20分、金時：30～40分、小豆：40～50分。

破れても料理なら気にしないで、ペーストにして使うなどの工夫をする。

③ 豆を保存する

保存容器に入れて冷蔵、味付けしたものは2～3日以内に食べよう。
すぐに使わない場合は冷凍保存する。小分けして平らに並べて冷凍する。

生豆の場合は、見た目で品質を見極めるのは難しい

　包装年月日または年度産を確認する。9月から10月ごろ収穫されるので、新豆を使い、豆も生鮮食品だから時間と共に風味が落ちる。新豆とヒネを一緒に煮ると煮えむらができるので、避けること。乾燥保存は秋から冬は常温でよいが、夏の気温が上がってくると虫が発生したりするので、冷蔵保管しよう。節分豆が残ったときなどは、味噌炒りか、ご飯と一緒に炊き込もう。

＊＊花豆、ベニバナ紫いんげんの煮豆＊＊

　花豆は信州戸隠高原など1,000m以上の高原で育ち、オレンジ色の真っ赤な花が初夏に咲く蔓性のいんげんマメで、完全乾燥製品である。

　使用方法については、以下のとおりである。

① 水に1晩浸けてから、2～3回煮込ぼしを繰り返す。
② とろ火でゆっくり煮る。
③ このときに酒を盃で2～3杯加えると、柔らかさが倍増する。
④ 圧力釜の利用で一層柔らかく煮える。
⑤ 後は砂糖などで、お好みの味付けで食べられる。
⑥ 味付けは、完全に柔らかく煮上がってから行う。
⑦ 現物より約2～3倍大きく膨れるので、戻し過ぎないようにする。

＊＊大玉飛切り、丹波黒豆の煮豆＊＊

　兵庫県発祥の丹波黒大豆は、大粒で晩生種の「丹波黒」という品種名の大豆で、古い時代の黒豆は畔豆としてごくわずかに栽培されていた在来種である。これを地元の生産業者が種子を農家に配り、栽培方法を伝授して、収穫し、手よりで仕上げ、製品化したものである。

・調理法
材料：黒大豆（乾燥）600ｇ（五合）、醤油50mg、水2.5ℓ、塩小さじ1、
　　　砂糖500ｇ（調味料はお好み調整）
錆びた釘（10本位を布袋に入れて）を入れると豆が黒く煮上がる。
＊＊黒大豆300ｇの場合は、調味料は半分だが、水は1.8ℓぐらいにする。

煮方：① 黒豆を水で洗い、ざるにとる。
　　　② 厚手の大鍋に水2.5ℓを入れて、強火にかけ、沸騰したら調味料全部（錆び釘）を入れて、火を止め、黒豆を入れてそのまま5時間ほど浸けておく。
　　　③ この鍋を中火にかけ、沸騰前に火を弱くして泡を取り、差し水1／2カップぐらいをして、もう一度煮立てて、さらに同量の差し水をする。この間、泡は全部取っておく。
　　　④ 落し蓋をし、さらに鍋にふたをして、吹きこぼれないようにごく弱火で5〜6時間ほど煮立てる（この間、途中でふたを取らないこと）。煮汁が豆に含んでからおろす。煮汁がひたひたくらいになるのがよい。もし早く煮詰まったときには水を足して、また、煮詰まりが足りないときはさらに時間をかけて煮る。
　　　⑤ そのまま煮汁に浸けた状態で1昼夜おいて、十分に味を含ませる。

付録8：乾物親父が語る四方山話

　日本の食材には歴史と文化があり、今に伝えらえている太陽の恵み、日本の四季から生まれたお皿の向こうの作り人、畑作の農家のおじさん、舟に乗る漁師さんが作る魅力がある。代表的な乾物と、乾物の原料になる採取場の風景には、下記のようなものがある。

①こんぶ（昆布）

　7月に入ると昆布の浜は忙しい。7月7日は真昆布の浜、道南茅部の浜は気もそぞろ、地域のお祭りが終わるころには、山に白旗が上がる。今は有線放送なども使うが、天気を見て一斉に天然昆布の浜に漁船が向かう。7月20日の土用の入りのころは最盛期を迎える。

　水深5mから20mの海底で荒波にもまれること3年。幅30～60cm、長さ2～10mまでに育った昆布を、長い竿の柄の先が二股に分かれたマッカで巻き上げて根元をねじり切り、舟に引き上げる。生昆布は想像以上に重い。これを繰り返し、舟に積み込み、自分の浜に引き上げてくる。舟が浜に着くと、女房、子供、家族総出で待ちあげる。

　海水で昆布を洗い上げたら、浜の海岸の小石を敷き詰めた干場（かんば）に丁寧に1つずつ広げ、天日干しをすると、あの重かった昆布が嘘のように乾いてくる。この一連の作業は重労働だが、機械化ができず、今だに人の手による浜仕事だ。これからやがて秋から冬に向かって、1年中昆布の加工など、手間仕事が続くのだ。北国の短い夏の陽で干し上げられた昆布が、大阪や京都での食文化の花を咲かせ、南国沖縄の食生活にも根づいている。昆布は中世以来、日本海を舞台に繰り広げられた交易と時世の証人だ。そして今は、昆布は無形文化遺産「和の食材」として、だしとうま味、健康食品として、欧米の人々、世界から注目されている。江戸時代の北前船の昆布ロードは日本海から出てどこまで伸びていくか楽しみだ。

②わかめ（若芽）

　1年中家庭の食卓に登場する海藻といったらわかめだろうか。わかめはいい方はわるいが、海の雑草みたいのもので、日本列島沿岸の至るところで採れる。北は青森三陸海岸から日本海佐渡沖、はては長崎五島に至るま

で、乾燥したり、一度ボイルして再度塩を混ぜて塩蔵にしたり、保存も冷蔵保管と今はあらゆる方法で商品化されている。比較的安い価格で買うことができる。隣国の中国、韓国からの輸入品がカットわかめとして店頭に並んでいる。わかめは栄養豊富で、食物繊維が多く便秘が改善され、肌もきれいになり、低エネルギーだからダイエットにも最適である。韓国では、赤ちゃんが生まれると、1年間はお母さんの栄養のために食べるという風習が今なお残っている。老化防止によいとされるヨウ素や骨を強化するカルシウムも豊富に含んでいる。健康に欠かせない成分をたっぷり含んでいる割には安い食材だ。収穫してそのまま浜で干した「素干しわかめ」は、今や希少品となってしまった。徳島鳴門の「灰干しわかめ」は衛生上の管理から、規制が多くなって、市場には出回りにくくなってしまった。塩蔵わかめは生わかめと表示しながら、「湯通し塩蔵わかめ」と書いてある。なんといい加減消費さん意味わかっているのかな。価格割安感かな、塩分も40〜60数％、これもまたいい加減。天然わかめはもう見ることは少ないが、佐渡や地方では土産品程度に販売されている。海の匂いがする、朝寝起きのおふくろの味噌汁のわかめの香りがなつかしい。

③のり（海苔）

　七輪でおふくろが、練炭の上で真っ黒な生海苔をあぶると、プーンと海苔の磯の香りが漂う。秋の稲刈りのころ、田んぼのあぜ道で食べる御昼どき、海苔に包まれたでっかいおにぎりをほおばると、ちぎれそうもなかった海苔がご飯の水分と混じり口の中でさっと溶けて、磯の香りが白米のうま味を包み込み、なんとこのうまいおにぎり、梅干しの味とのバランスが何ともいえないおいしさである。焦げた醤油と磯の香りが混じった磯部巻煎餅、網焼きした餅に巻いた磯部餅。

　蕎麦屋で食べる海苔がうまい。昔から「蕎麦屋でお酒を呑むのは通」といわれる。東京上野の池之端の蕎麦どころ、蓮玉庵に行って「焼き海苔ください」といったら、四角い抽斗がついており、底に張ったアルミ焼きの板に焼き海苔が入って出てきた。抽斗の下には小さな堅炭が1個入っていた。つまり、焼き海苔を下から火で温めて乾燥しながらだ。海苔の香りがする。こだわっているのだ。この焼き海苔と蕎麦味噌があれば、肴はもう

十分。蕎麦屋のだし玉、板わさ、蕎麦屋の酒がうまいといわれるのんべいへの配慮が憎い。お茶漬け、ふりかけ、蕎麦巻、手巻き寿司、……海苔は和食の最高の引き立て役だ。厳冬の冬の朝は寒い。北風すさぶ中朝が早い、漁師は船で沖に出る。海苔は太陽が上がる前に摘み取らなければならない。有明海では真夜中から朝方にかけて摘み取る。浜によって違うが、取り立てた海苔はすぐに浜上げされて、加工場に運ばれて約2時間で製品となって、板海苔として組合の選化場に運ばれてくる。機械化が進み、船にもモーターがついているとはいえ、限られた時間との闘いである。賞味する私たちも、たまには手間をかけて、生の干し海苔を求めて、炭火であおり、焼き立ての風味を楽しんでみてはいかがだろうか。

④ ひじき（鹿尾菜）

　ひじきは雪国ではよく食卓に登場した。子供のころからよく食べさせられた。特に鮮明に覚えているのは、ひじきご飯だ。白いはずの御飯が何か黒いものが混じっている。黒いのがなんだかわからないまま、おいしく食べていた記憶がある。

　ひじきは生では食べられない。海藻独特のヒ素と毒性がある、ひじきは最初から黒いわけではなく茶褐色であるが、ボイルして乾燥して初めて黒くなると知ったのは社会人になってかなり経ってからだ。ひじきは成長につながるカルシウムの宝庫だ。子供たちに大いに食べてほしい乾物の代表作だ。磯の香りが苦手な子供には、一度さっと茹でてから油を使って調理すれば、ぐんと食べやすくなるはずだ。居酒屋の付け出しの五目煮は若者の人気メニューでもある。

⑤ かんてん（寒天）

　昔、友達と初めて西伊豆にトヨタカローラなる車でドライブに行ったときに、伊豆半島、西伊豆海岸に「心太」という看板がやけに多く見られる。しんたってなんだろう？

　田舎から出てきて漢字が読めない。看板心太……。

　それにしても、テングサからトコロテンができることさえ知らない、テ

ングサの産地。

　売っているトコロテンは、干したテングサから直接作るせいか？　薄緑色がかって弾力があり、磯の香りが強く、いかにも健康によさそうだ。寒天はいわばトコロテンの乾物である。磯の香りは消えて、そのおかげで、さまざまな和菓子、エスニックのスイーツ。最近では洋菓子にも使われている。さらに寒天は工業用原料に、入れ歯の形取りや、微生物培養地形などにも広く活躍している。我が家の食卓では活躍の場は、毎日夕食時にトコロテンを晩酌の前に、おわんに一杯食べるのが日課である。野菜不足は補えるし、翌朝の便通が大変よい。だから我が家の冷蔵庫には1年中心太があるし、食べている。

　信州の寒天作りの朝はこれまた早い。タコ部屋といわれるところ、出稼ぎにきた職人が、寝泊りしながら、真冬の朝3時ごろから作業を始める。太陽の光を求め、乾燥して仕上げる手間と時間はかなりきつい重労働である。乾物屋さんは暑くて寒い。極端である。

⑥かつおぶし（鰹節）

　かつお節をカビ付けしてから太陽の方向に並べて干し、干しては室にしまい、これを繰り返すうちにかつお節から青みが消えて、たたくとカーンと金属音がするようになる。ここまでくるのに半年間、冷凍から煮沸、陪勲、カビ付けと数多くの手間と時間と多くの人出が必要とされる乾物の王様。かつお節は近年、カツオ、マグロ、煮干し用の節など需要が多いが、漁獲量は多くない。狂牛病や鳥インフルエンザといった動物性の病気などの影響で、欧米などでの需要が拡大しているため、魚の需要が拡大しているためである。

　マグロの漁獲制限による価格高騰から、缶詰メーカーのかつおの需要増から、かつお節メーカーとの競合が起きているのだ。とにかくかつおの相場変動は激しく、缶詰工場の集中しているタイ、バンコクの相場に伴い日本の相場も上昇するし、バンコクで缶詰にされてまた日本に輸入されてくるペットフードとしての人気が高まり、猫の餌との連動がなんと皮肉なことだろう。

⑦干ししいたけ（干し椎茸）

　椎茸は何年たっても変わらないと思われる食材の1つかな？　九州全域に春霞がわくころになると、椎茸屋の親父の仕事は忙しくなる。クヌギやナラの木を伐採し、長さを切り揃え、原木にシイタケ菌を植え付ける。この原木にまんべんなく木漏れ日と風が当たるように、何十本もの原木を組み重ねたり、合せたり組んだり立てたりしながらの移動はかなり重労働である。原木栽培、栽培全域にわたり自然との闘いがきわめて高く、地域が違えば同じ地方でも温度、降水量など気候や森林組成は大きく異なり、同一地区でも気象、地形が微妙に違い、一年中四季によってこれまた違う。それだけに自然から体で学ぶしかない。経験と勘でもある。

　「草鞋も山の肥やしなり」と先人の言葉のとおり、山を歩き回れば、草鞋も擦り切れて役には立たなくなるが、捨てられた草鞋は山の肥やしとなって樹木を育てるというのである。ともかく山を見て回る。「椎茸の肥料はほだ場の足跡」という言葉が伊豆地方に伝わるほど、とりわけ原木栽培は難しい。ほだ木、ほだ場との会話ができるようになりたいものだ。

　大分県の山中宇目町（現佐伯市）や竹田市の山深い生産地にはイノシシが出没する。イノシシはところ構わず品構わずかき荒らす。彼らが椎茸を食べ荒した被害は大きい。被害と闘い、近在の食堂は牡丹なべの看板が目に付く。生産者は椎茸を山から収穫し、乾燥した状態の無選別で、選化場に運び込み、入札にかかる。これを「山成」という。

⑧ほしだいこん（干し大根）

　切り干しとも千切りとも地方により呼び名が違うが、宮崎県北部の霧島おろしの高原畑では寒風が吹きさらす。その風に乗って、秋9月に種まきし、植えつけた青首大根の収穫が始まる。夜が明けないうちから作業は始まる。耕運機に乗っている。発動機にロープで動力を取り、刃の付いた大根切り台につなげ、千切り大根の作業が始まる。畑に並べた柵で作った棚に葦簀で編んだ簾の棚に薄く薄く播いていく。寒ければ寒いほど、おいしい切り干し大根ができる。南国とはいえ冬の霧島おろしは寒い。指はこごえ、足の先まで冷気が忍び寄る。やがて日が昇り、大根の真っ白な絨毯の

ように引きつめた切り干しがだんだんと曙色に染まって輝く。まわりの景色を振り返ると、大きな稲架に壺漬け大根は所狭しと吊るされて干されているこの風景は、畑の黒と大根の白さが太陽に照らされた美しさは、冬の風物詩である。まさに太陽の恵みだ。

⑨かんぴょう（干瓢）

　干瓢作りが始まるのは朝の3時。乾物屋の朝はどこも早い。1玉6〜8kg、もっと大きくなったのもあるが、ユウガオ科のふくべを玉むきの機械に鉄の芯棒を刺して機械にはめ、回転する玉に刃を当てると、ものすごい勢いで果肉のテープが飛び出す。1つむくのに約1分間、1日に300玉ほどむく技はまさしく職人技である。むいた干瓢のもとを竿に通して吊るす作業がこれまた重く重労働である。ふくべをむく親父と乾燥する干し場に運ぶ奥さんとの2人3脚での作業だ。天日に干せば、雨雲や雷の音が聞こえればすぐに取り込まなければならず、干しむらが出ないように絡まった裾を分けたり離したりしながら乾燥を仕上げる。7〜8月のこの時期は、文字通り猫の手も借りたいほどの忙しさだ。もっと難しいのは、よいゆうがおを栽培することだ。小さ過ぎれば果肉に苦みが出て、仕上がりが黒ずむし、大き過ぎれば果肉が柔らか過ぎるし、品質は落ちる。これまた自然との闘いだ。今は栃木の壬生、この地方も少子高齢化が進み、生産農家が合同で加工センターを作り、ゆうがお作りから干瓢の加工生産まで協同作業するなど、システムを作っている。干瓢の乾燥も今はボイラーや扇風機などを使い、乾燥もビニールハウスなどで行っている。

⑩とうがらし（唐辛子）

　唐辛子は唐の国から伝来してきたのかな？　からし菜の種から採る芥子に対して、唐芥子とも書くくらし。いずれにせよ激辛ブームで、青トウガラシや世界の香辛料などと食卓にも登場してきた今日このごろであるが、日本食の精細な味と文化を好む日本人には、スパイスとしての使用はなかなか一般化していないようだ。スパイスといえばカレーくらいかな？　うちの親父がことあるごとに、唐辛子を売れ、唐辛子は儲かるという。意味

がよくわからなかった。有名な寺の門前にはなぜか唐辛子屋がある。長野県の善光寺山門には「八幡屋磯五郎商店」、店の前には大きな唐辛子の提灯がぶら下がっているからすぐにわかる。東京は浅草の浅草寺の新仲見世には「やげん掘り」がある。やげん掘りは日本橋にあるので、浅草は菊谷橋井桁屋さだったのが、(今はない)進出してきたのだろうか？　京都の清水寺山門には七味堂本舗などなど……。江戸の昔、善男善女が寺参りに行くには大変な費用がかかった。持参した金がなくなり、ご飯に唐辛子と醤油をかけて食べたという。また、帰りのふるさとへの土産に一番安いのが七味唐辛子であったとか？　土産の定番になっている。全国各地で神社仏閣でのお祭りの夜店というと必ず唐辛子屋さんのテントが出ている。浅草の年の瀬、大鷲神社の酉の市でも、辛みを自分で調整配合しながら好みの味を作ることが受けている。

⑪だいず（大豆）

　早春の山々が芽吹き始めるころ、雪解けのころに、田んぼでは田植えが始まる。私のふるさと新潟妻有の里では、田んぼの畔にスコップの頭のないT字型に作った棒の先を尖らして作った棒をもって、まだ畔が柔らかいうちに約30cm間隔くらいに穴を開け、その穴の中に黒豆を2〜3粒入れて、田んぼの柔らかい土で穴を埋める作業を子供のころやった記憶がある。やがて夏が来るころになると、大きな枝になんと葉月の枝豆ができる。

　畑には秋になると大豆の収穫になる。これは乾燥して各人茹でたりしながら味噌作りの原料にもなる。なぜ田んぼの畔道なのかわからなかったが、大豆を植えることで大豆の根が張り、畔の補強となり、窒素分の活性化となることが後でわかった。なんとお百姓さんの知恵である。

⑫あずき（小豆）

　雑穀の中でも特に小豆には郷愁が感じられる。雪国新潟魚沼地方は、秋の稲刈りが終わると、菊の花や萩の花が咲き終わるころ、すぐに冬支度が始まる。短い秋は早い。雁木に戸板をはめて、彼岸が終わり、村の鎮守様の秋祭り。それが終わるともう雪空。11月下旬になるともう初雪が降る。

大仕事が待っている。野沢菜の漬け込み。味噌樽に味噌の仕込み。白菜に新聞紙を幾重にも巻いて、藁囲いにはさみ、大根やほうれん草は藁で作ったツグラの大きいものに屋根を付けたようのものに保存した。冬のビタミン、タンパク質源となる野菜の保存は重要な仕事。各家庭での生活の知恵を結集したものである。

　小豆、いんげん豆、大豆は天日でよく乾燥し、回転棒で莢をたたき、唐箕で豆と殻の選別をして保存する。やがて迎える正月の雑煮に初めて小豆が登場する。これから1年間、この小豆たちの出番だ。長い冬が明けて春になるとひな祭り、入学式。田植えが終わるころになると牡丹の花が咲き始める。ぼたもちの登場である。保存していた小豆の甘い餡子は何ともいえないご馳走である。ぼたもち、おはぎ、一年中お祝いの席に登場する小豆。おかげで自給率も農産乾物の中でもトップである。

索 引

あ 行

アーサ ················· 248
愛知県産板海苔 ········· 158
愛知八丁味噌 ··········· 158
会津裁ち蕎麦 ············ 95
青えんどう ·············· 68
青口煮干し ············· 113
あおさ（長崎県） ········ 227
あおさ（三重県） ········ 160
青すじ海苔 ············· 215
青大豆（新潟県） ········ 124
青大豆（福島県） ········· 96
青海苔（高知県） ········ 215
青海苔（徳島県） ········ 205
青森県産大豆おおすず ····· 73
青森県産ホタテ ·········· 74
赤いこんにゃく ········· 165
赤えんどう ·············· 68
明石焼き ··············· 180
赤ずいき ··············· 136
赤むつの干物 ··········· 139
赤目（秋田県） ·········· 86
赤目（神奈川県） ········ 120
あきあみ ··············· 210
秋子（椎茸） ··········· 237
秋田乾燥蕨 ·············· 88
秋田黒ささげ ············ 88
秋田極太ぜんまい ········· 87
秋田大豆リュウホウ ······· 88
あけぼの大豆 ··········· 141
あごのやき ············· 195
浅草海苔 ··············· 116
朝倉粉山椒 ············· 179
麻の実 ················· 194

明日葉粉末 ············· 118
鯵煮干し ··············· 193
小豆 ···················· 45
小豆（岡山県） ········· 196
小豆（奈良県） ········· 185
小豆（兵庫県） ········· 178
小豆（福島県） ·········· 94
小豆（北海道） ·········· 66
安曇野蕎麦 ············· 147
厚削り ·················· 29
厚葉昆布 ················ 60
油麩 ···················· 82
あま茶 ·················· 78
甘唐辛子 ··············· 171
アマランサス ············ 77
荒布 ··················· 161
荒芽（島根県） ········· 191
荒芽（三重県） ········· 161
有明板海苔 ············· 222
粟 ····················· 230
阿波徳島半田手延べ ····· 206
阿波長ひじき ··········· 206
餡粉 ··················· 159
杏（長野県） ··········· 145
杏（新潟県） ··········· 124
杏（山形県） ············ 93

いぎす ················· 194
伊勢の赤福 ············· 163
伊勢ひじき ············· 162
伊勢湾板海苔 ··········· 162
板海苔（愛知県） ······· 158
板海苔（香川県） ······· 210
板海苔（熊本県） ······· 231
板海苔（佐賀県） ······· 222

板海苔（兵庫県）	179
板海苔（福岡県）	218
板海苔（三重県）	162
板海苔（宮城県）	84
一番摘み青飛び海苔	114
一味唐辛子	103
糸がき	29
糸寒天	151
いなきび	77
稲庭うどん	87
茨城県産麦	100
伊吹いりこ	209
伊吹蕎麦	166
芋幹	230
イラブー	248
煎り糠	117
祝島ひじき	203
いんげん豆	44
いんげん豆（北海道）	67
浮粉	170
うこぎ	92
ウコン粉末	248
うずら豆	67
宇陀大豆	186
宇陀大納言小豆	185
打ち豆	124
十六島海苔	191
うどん（秋田県）	87
粳粉	128
うるめ煮干し	228
荏ごま	94
海老ちりめん	213
遠州焼き	155
えんどう豆	68
大鯵の干物	188
大門素麺	132
大阪お好み焼き	175
大阪粉物	176
大島いりこ	203
大隅本葛	245
オオツル	165
大浜大豆	136
大原木湯葉	170
大間産ツルアラメ	72
大麦	110
大矢知饂飩	163
岡山県産海苔	197
小川青山在来大豆	110
沖縄アーサ	248
沖縄イラブー	248
沖縄乾燥もずく	248
沖縄ひじき	248
沖縄紅芋	248
奥出雲蕎麦	190
おしゃぶり昆布	62
おだんごの粉	129
鬼昆布	60
おぼろ昆布	61
音戸かえりいりこ	201
音戸ちりめん	201

か行

会席料理	263
開田蕎麦	148
加賀麩	137
香川県産板海苔	210
香川本鷹唐辛子	209
柿の葉寿司	189
鹿児島米	245
かごめ昆布	59
かじめ	227
柏の葉	145
数の子	261
かすべ	31
片口いわし	201
かたくり	91
片栗粉	69

加太わかめ	188	岸和田かしみん焼	175
かちぐり	240	黄大豆	65
かつお荒本節	29	北浦産天草	203
かつお節	22	黄粉（岐阜県）	150
かつお節（鹿児島県）	244	黄粉（北海道）	66
かつお本亀節	29	きぬの波小麦	98
かつお本枯れ節	29	きばさ	87
角島産天然わかめ	203	きび（岩手県）	77
金田産一番摘みあま海苔	114	きび（岡山県）	197
カマスの干物	188	岐阜県産薄力粉	151
鴨川手延べ	198	岐阜県産発芽玄米	151
からし粉	247	キャッサバ澱粉	249
唐墨	229	行田フライ	110
かるかん（軽羹）	245	京都笹粽	172
ガルバンソ	68	京都湯豆腐	172
かわはぎ干し	220	京の薬味	170
瓦蕎麦	204	京湯葉	169
がんくい豆	78	清水森ナンバ	71
寒晒し蕎麦	147	切り干し	21
かんずり	127	切り干し大根	39
乾燥かたくり	91	切り干し大根（宮崎県）	240
乾燥九頭竜まいたけ	139	金太郎	204
乾燥白えび	132	金時生姜	159
乾燥まいたけ	124	銀杏	233
乾燥もずく	248	銀杏藻	63
乾燥蕨	88	ぎんばさ	135
寒天	15		
寒天（長崎県）	144	くきなが昆布	60
寒採れひじき	214	葛	245
干瓢	38	葛きり	183
干瓢（栃木県）	102	葛粉	183
寒風大根	82	九頭竜まいたけ	139
寒干し大根	203	熊本産板海苔	231
乾麺	51	くらかけ豆	124
		栗きんとん	260
木耳	37	車麩	125
木耳（岡山県）	197	胡桃	144
木耳（群馬県）	107	黒幻魚	124
刻み昆布	61	黒ささげ（秋田県）	88
きしめん（愛知県）	157	黒千石大豆	69

黒大豆（滋賀県）	165
黒大豆（北海道）	66
黒にんにく	72
黒豆	260
黒豆（兵庫県）	178
桑の葉	92
剣先するめ	204
玄蕎麦鹿児島在来	244
玄蕎麦キタワセ	69
玄蕎麦信濃1号	148
玄蕎麦徳島産在来	207
碁石茶	216
高原花豆	144
香煎	199
高野豆腐	145
凍り蒟蒻	97
凍り豆腐	145
五家宝	110
極太ぜんまい	87
小鯛煮干	140
五島手延べうどん	227
五島ひじき	228
ことゆたか	165
粉山椒	150
粉生姜	188
粉わさび	69
五平餅	149
胡麻	47
氷下魚	63
ごま豆腐	188
小麦（滋賀県）	165
小麦さとのそら	109
米の加工品	128
五郎島金時	136
枯露柿	141
こんにゃく	198
昆布	7
昆布（北海道）	58
昆布飴	63
昆布加工品	61
昆布茶	62
昆布の文化	174
昆布巻	260

さ行

細工昆布	62
埼玉大豆行田在来	110
蔵王寒風大根	82
蔵王菊	91
棹前昆布	60
佐賀県産大豆フクユタカ	223
佐賀県産海苔	221
桜えび	153
さくらの葉	154
さけ冬葉	71
ささぎ	196
笹粽	127
さちゆたか	199
雑穀	75
さつま芋澱粉	113
讃岐うどん	208
猿島わかめ	122
椎茸	36
椎茸（大分県）	234
椎茸（鹿児島）	245
椎茸（鳥取県）	193
椎茸（長崎県）	227
汐吹き昆布	62
塩干し	21
滋賀県産小麦ふくさやか	165
滋賀県産在来大豆	165
獅子唐辛子	172
七味唐辛子	117
信濃大蕎麦	148
志布志の里山椎茸	245
島唐辛子	247
島根荒芽	191

島根くろもじ	192
凍み豆腐（長野県）	145
凍み豆腐（福島県）	95
凍み豆腐（宮城県）	81
凍み餅(福島県)	95
凍み餅（宮城県）	82
じゅうね「えごま」	76
十六ささげ	66
上乾ちりめん	245
聖護院干し大根	170
精進乾物	140
上新粉	127
小豆島手延べそうめん	209
荘内麩	90
食用干し菊（青森県）	72
食用干し菊（山形県）	90
白石島海苔	198
白板昆布	61
しらえび	133
しらす	121
白玉粉	128
白小豆	196
白石温麺	81
白木耳	107
白とろす	186
白丸麦	74
しわめ	154
信州産大豆中尾早生	146
信州産大豆ナカセンナリ	146
信州蕎麦	146
深大寺蕎麦	117
新引	129
新挽き	175
芋茎	230
水前寺海苔	231
すき昆布（青森県）	74
すき昆布（北海道）	62
剥き身鱈	63
素干し	21

するめ	32, 261
するめ（山形県）	90
関金わさび	194
仙大豆ミヤギシロメ	80
ぜんまい	87
蕎麦会津の香	95
そば粉	49
蕎麦米	90
蕎麦出羽香り	92

た行

大正金時	67
大豆	40
大豆（秋田県）	88
大豆（茨城県）	100
大豆（埼玉県）	110
大豆（佐賀県）	223
大豆（滋賀県）	165
大豆（鳥取県）	193
大豆（奈良県）	186
大豆（広島県）	199
大豆（北海道）	65
大豆（宮城県）	81
大豆（山形県）	92
大豆（山梨県）	141
大豆おおすず	73
大豆ふくゆたか	166
大山蕎麦	194
大納言小豆	178
大福豆	67
たかきび	77
高遠蕎麦	147
鷹の爪唐辛子	104
竹の皮	216
だだちゃ豆	92
田作り	260
立子山凍み豆腐	95
韃靼蕎麦満天きらり	68

索引　287

タピオカ	249	富倉蕎麦	147
たまふくら大豆	66	虎豆	67
タマホマレ	165	とろろ昆布	61
丹波黒豆	178	どんこ	236
丹波大納言小豆	178	豚骨ラーメン	219
		どんちっち干物	192
血合い抜き花かつお	29		
茶懐石	262		

な行

長昆布	59
丁字麩	164
蝶々湯葉	170
調味干し	21
ちょぼ焼	177

長昆布	59		
ながも	127		
名古屋きしめん	157		
菜種	73		
納豆昆布	62		
津久井在来大豆	121	納豆大豆	100
対馬あおさ	227	生しらす	188
対馬椎茸	227	奈良在来青大豆	186
対馬長ひじき	227	奈良わらび餅	185
対馬ろくべえ	227	南部小麦	76
つのなしおきあみ	77	南部煎餅	78
つるし柿	186		
		ニシカセ小麦	219
手入れ海苔	114	日光唐辛子	104
丁稚羊羹	166	日光湯波	104
手亡	67	煮干し	21
天草	153	煮干し（愛媛県）	211
天白冬菇	237	煮干し（千葉県）	113
でんぷん	48		
		ねこ足昆布	60
唐辛子（岡山県）	198	根昆布	62
唐辛子（香川県）	209	涅槃会こうせん	219
唐辛子（京都府）	169		
唐辛子（東京都）	117	能登てまり115	137
唐辛子（栃木県）	103	能登干し岩海苔	135
凍結春雨	182	海苔（岡山県）	197
投汁蕎麦	147	海苔（佐賀県）	221
道明寺粉	175		
戸隠蕎麦	147		

は行

特大するめ	73
鶏冠海苔	232
鳥取大山大豆	193

灰干し	21
灰干し若芽	206
薄力粉（岐阜県）	151

はしぎ	91	氷見うどん	133
八戸産すき昆布	72	ひめの餅	198
発芽玄米（岐阜県）	151	姫ひじき	188
はったい粉	174	ひもかわうどん	106
八丁味噌（愛知県）	158	干物幻魚	132
はとむぎ	136	兵庫県産板海苔	179
はとむぎ茶	198	ひよこ豆	68
ハトムギ中里在来	74	開き干し	21
花いんげん	108	平子煮干し	228
花かつお	29	平太郎	204
花切り大根	206	蒜山そば	197
花冬菇	237	広島大豆さちゆたか	199
巾海苔	114	広島風お好み焼き	200
浜納豆	155	びわ茶	203
早蕎麦	147	麩（石川県）	137
早煮昆布	61	麩（滋賀県）	164
バラ干し海苔	222	麩（新潟県）	125
春子（椎茸）	237	麩（宮城県）	82
春雨	181	麩（山形県）	90
馬鈴薯澱粉	107		
播州そうめん	179	福岡産板海苔	218
		ふくさやか	165
ビーフン	54	河豚ひれ	204
稗	75	福勝	67
比叡湯葉	166	フクユタカ（佐賀県）	223
ひじき（愛媛県）	214	フクユタカ（滋賀県）	165
ひじき（沖縄県）	248	伏見唐辛子	169
ひじき（神奈川県）	122	ぶどう山椒粉	187
ひじき（千葉県）	113	ふのり（岩手県）	78
ひじき（徳島県）	206	ふのり（布海苔）	19
ひじき（長崎県）	227	文化干し	21
ひじき（三重県）	162	粉末蒟蒻	108
ひじき（和歌山県）	188	粉末沢野ゴボウ	135
飛騨押し麦	151	粉末玉ねぎ	231
飛騨粉山椒	150	粉末蓮根	231
常陸秋蕎麦	98		
ひっつみ	76	へぎ蕎麦	123
非凍結春雨	182	へしこ	140
ヒトエグサ	215	へそ大根	82
日干しの水たこ	74	紅芋	248

索　引　289

紅花花弁	91
房州ひじき	113
棒鱈	31
ほうとう（山梨県）	141
朴の葉	131
干し杏（長野県）	145
干し杏（新潟県）	124
干し杏・山形三号	93
糒	158
干し芋（茨城県）	99
干し芋（鹿児島県）	245
干しえび	30
干しえび（香川県）	210
干しえび（広島県）	201
干しおきうと	218
干し貝柱	30
干し貝柱（北海道）	64
干し柿	198
干し菊	90
干し口子	134
干し椎茸	36
干し椎茸（大分県）	234
干し椎茸（鳥取県）	193
干し薇	125
干し大根	240
干し鱈	31
干し鱈（北海道）	64
干し真鱈	83
干し麺	51
干し若芽（若布）	83
細目昆布	60
ほっけの一夜干し	74
本鷹唐辛子	209
ほんだわら	261
ほんだわら（島根県）	191

ま行

まいたけ（新潟県）	124
まいたけ（福井県）	139
前川金時	67
巻湯葉	170
まくさ	171
枕崎かつお節	244
まぐろ節	244
真昆布	59
真鯖の干物	188
マタタビの実	92
真鱈	83
松前漬け	62
松藻	78
豆類	65
丸干し	21
万願寺唐辛子	171
まんじゅう麩	127
身欠きにしん	34
身欠きにしん（北海道）	64
みじん粉（大阪府）	176
みじん粉（新潟県）	129
水いかするめ	229
ミズクグリ	165
水沢うどん	108
三石昆布	59
水口干瓢	166
耳うどん	104
宮城県産板海苔	84
ミヤギシロメ	80
宮城大豆東北164号	81
宮城タンレイ	80
三輪素麺	184
むかご	100
麦焦がし	117
結び昆布	62
紫花豆	68
室鯵節	232
餅粉	129
もってのほか	91

揉みわかめ	227
盛岡冷麺	76
もんじゃ焼き	118

や行

ヤーコン	142
焼あご	228
焼板わかめ	191
焼さば素麺	166
焼き干し	21
焼き干し（青森県）	71
夜久野の蕎麦	168
やせうま	238
八房唐辛子	169
山形大粒大豆里のほほえみ	92
大和のつるし柿	186
山梨ほうとう	141
八女茶	219
ややん昆布	60
茹で干し大根	225
湯波（栃木県）	104
湯葉巻き	188
横須賀海苔	121
嫁小豆	94
蓬粉末	207

ら行

羅臼昆布	60
ラジオ焼き	177
落花生	112
利尻昆布	61
リュウホウ	88
蓮根（愛知県）	158
蓮根（徳島県）	207
蓮根パウダー	202

わ行

若狭かれい	140
わかめ	10
わかめ（島根県）	191
若芽（若布）	83
わかめ（和歌山県）	188
わさび(鳥取県)	194
和田島しらす	207
わらび	88
わらび粉	185
わらび餅	185
割菜	113
割り干し大根（岡山県）	197
割り干し大根（兵庫県）	179
わんこそば	76

47都道府県・乾物/干物百科

平成29年1月30日　発行

著作者　星　名　桂　治

発行者　池　田　和　博

発行所　丸善出版株式会社
〒101-0051 東京都千代田区神田神保町二丁目17番
編集：電話 (03) 3512-3264／FAX (03) 3512-3272
営業：電話 (03) 3512-3256／FAX (03) 3512-3270
http://pub.maruzen.co.jp/

© Keiji Hoshina, 2017

組版印刷・富士美術印刷株式会社／製本・株式会社 星共社

ISBN 978-4-621-30047-3　C 0577　　　　Printed in Japan

JCOPY 〈(社)出版者著作権管理機構 委託出版物〉
本書の無断複写は著作権法上での例外を除き禁じられています。複写される場合は、そのつど事前に、(社)出版者著作権管理機構(電話03-3513-6969, FAX 03-3513-6979, e-mail：info@jcopy.or.jp)の許諾を得てください。

【好評関連書】

ISBN 978-4-621-08065-8
定価（本体3,800円＋税）

ISBN 978-4-621-08204-1
定価（本体3,800円＋税）

ISBN 978-4-621-08406-9
定価（本体3,800円＋税）

ISBN 978-4-621-08543-1
定価（本体3,800円＋税）

ISBN 978-4-621-08553-0
定価（本体3,800円＋税）

ISBN 978-4-621-08681-0
定価（本体3,800円＋税）

ISBN 978-4-621-08801-2
定価（本体3,800円＋税）

ISBN 978-4-621-08761-9
定価（本体3,800円＋税）

ISBN 978-4-621-08826-5
定価（本体3,800円＋税）

ISBN 978-4-621-08947-7
定価（本体3,800円＋税）

ISBN 978-4-621-08996-5
定価（本体3,800円＋税）

ISBN 978-4-621-08975-0
定価（本体3,800円＋税）

ISBN 978-4-621-30122-7
定価（本体3,800円＋税）